あるくみるきく双書

田村善次郎・宮本千晴【監修】

宮本常

国四国②

農文協

『宮本常一とあるいた昭和の日本５中国四国②』正誤表

下記のとおり誤りがありました。お詫びして訂正いたします。

	誤	正
3頁目次 後から4行目	215	216
53頁上段 12行目	定住ってどうことだろう	定住ってどういうことだろう
213頁上段 後から11行目	あったといえる	あったといえる。
214頁末尾につづけて	(1行欠落)	す。それは簡単に売れるんです。しかし、人
215頁上段 後から5行目	シャンとのばし、。	シャンとのばし、

54010205

はじめに

——そこはぼくらの「発見」の場であった——

「私にとって旅は発見であった。私自身の発見であり、日本の発見であった。書物の中で得られないものを得た。歩いてみると、その印象は実にひろく深いものであり、体験はまた多くのことを反省させてくれる。」これは『私の日本地図』の第一巻「天竜川にそって」の付録に書かれた宮本常一の「旅に学ぶ」という文章の一節である。これは宮本先生の持論でもあった。近畿日本ツーリスト・日本観光文化研究所に集まる若者の誰もが幾度となく聞かされ、旅ゆくことを奨められた。そして「どうじゃー、面白かったろうが」というのが旅から帰った者への先生の第一声であった。一生を旅に過ごしたといっても過言ではないほど、旅を続けた宮本先生にとって、旅は面白いものに決まっていた。それは発見があるからであった。発見は人を昂奮させ、魅了する。

　この双書に収録された文章の多くは宮本常一に魅せられ、けしかけられて旅に出、旅に学ぶ楽しみと、発見の喜びを知った若者達の旅の記録である。一編一編は限られた村や町の紀行文であるが、こうして地域ごとに集めてみると、期せずして「昭和の風土記日本」と言ってもよいものになっている。

　日本観光文化研究所は、宮本常一の私的な大学院みたいなものだといった人がいるが、この大学院は学歴も職歴も年齢も一切を問わない、皆平等で来るものを拒まないところであった。それだけに旺盛な好奇心と情熱をもった多様な性向の若者が出入りしていた。『あるく みる きく』は、この研究所の機関誌的な性格を持った月刊誌であり、所員、同人が写真を撮り、原稿を書き、レイアウトも編集もすることを原則としていた。編集者もデザイナーも筆者もカメラマンも、当時は皆まだ若かったし、素人であった。公刊が前提の原稿を書くのは初めてという人も少なくなかった。発見の喜び、感激を素直に表現し、紙面に定着させるのは容易なことではない。何回も写真を選び直し、原稿を書き改め、練り直す。徹夜は日常であった。素人の手作りからの出発であったが、この初心、発見の喜びと感激を素直に表現しようという姿勢、は最後まで貫かれていた。

　月刊誌であるから毎月の刊行は義務である。多少のずれは許されても、欠号は許されない。特集の幾つかに宮本先生の古くからのお仲間や友人の執筆があるし、宮本先生も特集の何本かを執筆されているが、これらは欠号を出さず月刊を維持する苦心を物語るものである。

　『あるく みる きく』の各号には、いま改めて読み返してみて、瑞々しい情熱と問題意識を感ずるものが多い。それは、私の贔屓目だけではなく、最後まで持ち続けられた初心、の故であるに違いない。

田村善次郎　宮本千晴

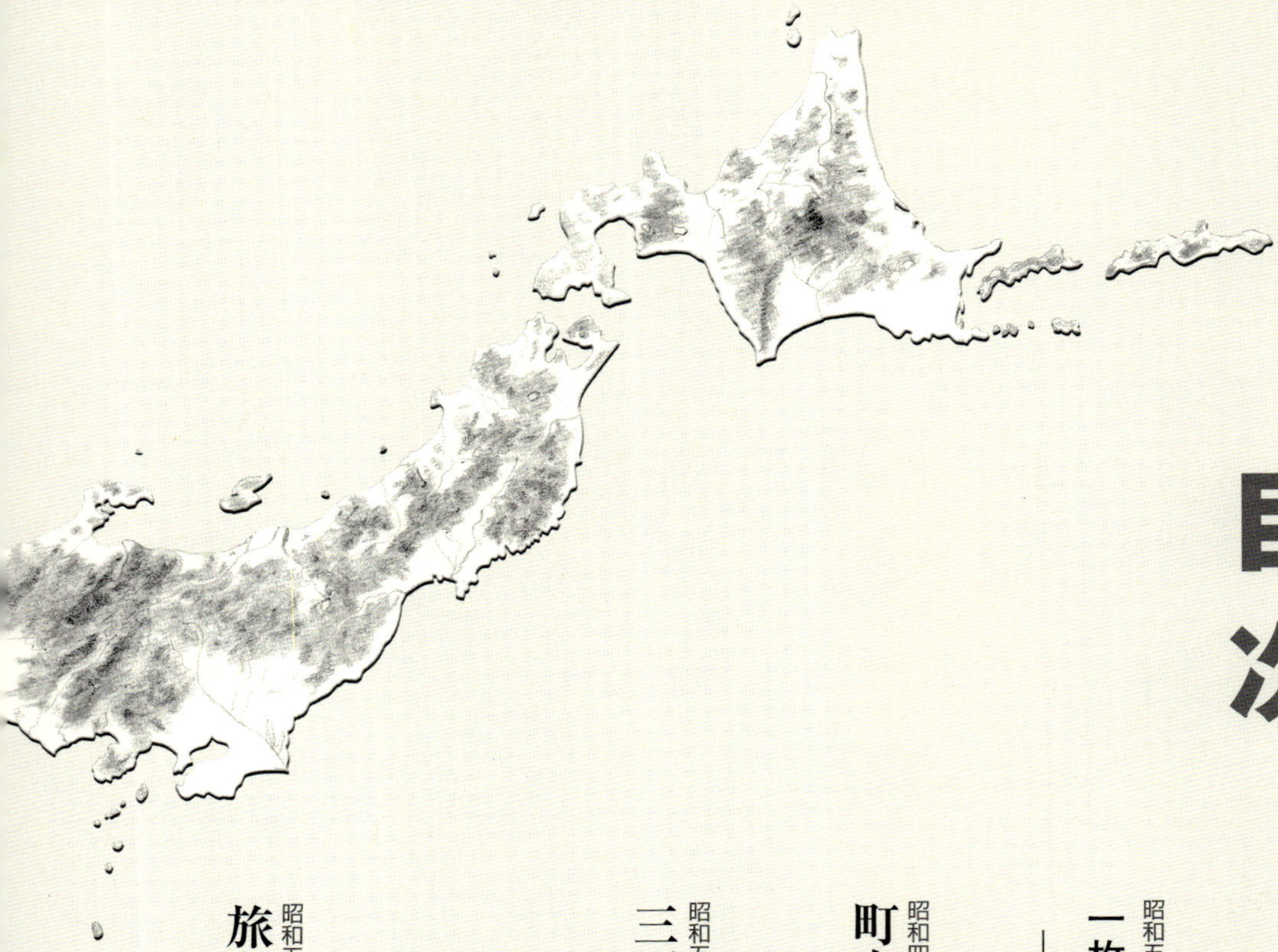

中国四国②

目次

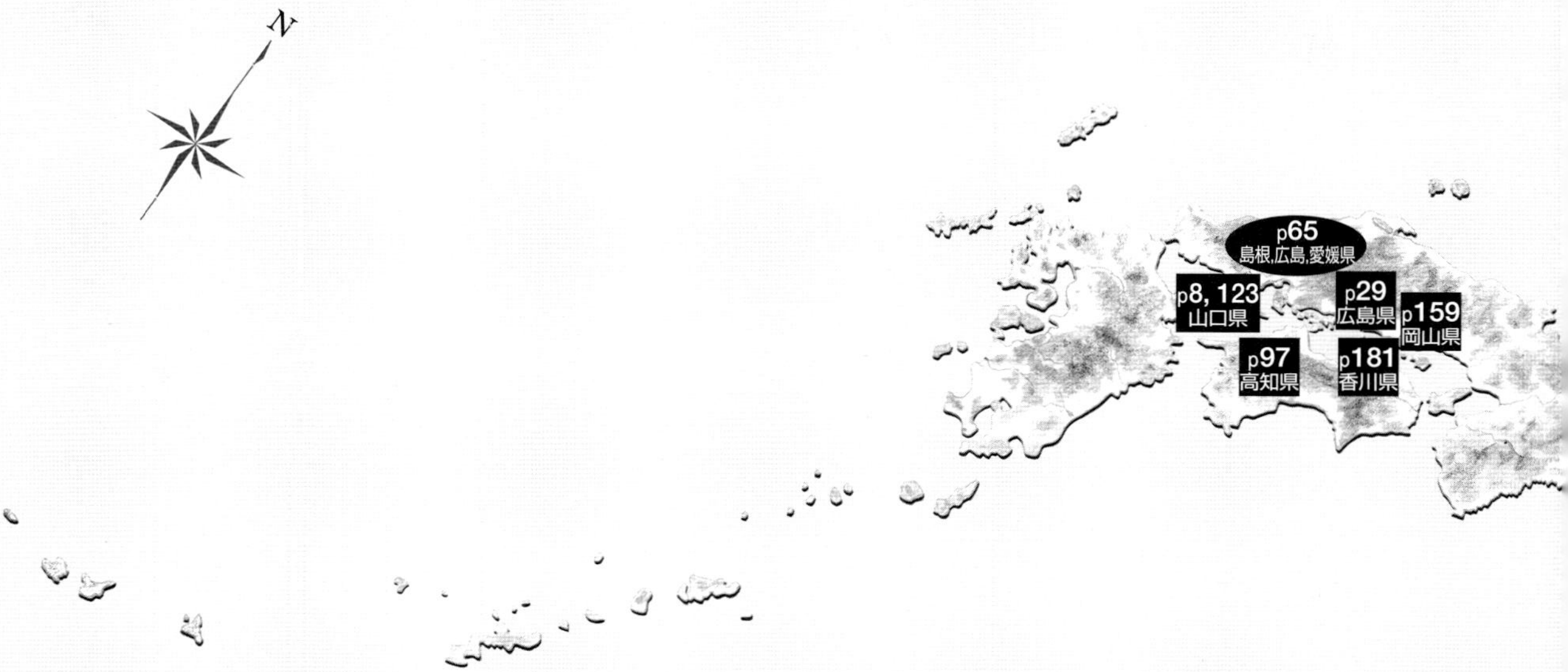
N
p65
島根,広島,愛媛県
p8, 123
山口県
p29
広島県
p159
岡山県
p97
高知県
p181
香川県

凡例

＊この双書は『あるくみるきく』全二六三号のうち、日本国内の旅、地方の歴史・文化、祭礼行事などを特集したものを選出し、それを原本として地域および題目ごとに編集し合冊したものである。
＊原本の『あるくみるきく』は、近畿日本ツーリストが開設した「日本観光文化研究所」の所長、民俗学者の宮本常一監修のもとに編集し昭和四二年（一九六七）三月創刊、昭和六三年（一九八八）一二月に終刊した月刊誌である。
＊原本の『あるくみるきく』は一号ごとに特集の形を取り、表紙にその特集名を記した。合冊の中扉はその特集名を表題にした。
＊編集にあたり、それぞれの執筆者に原本の原稿に加筆および訂正を入れてもらった。ただし文体は個性を尊重し、使用漢字、数字、送仮名などの統一はしていない。
＊印字の都合により原本の旧字体を新字体におきかえたものもある。
＊写真は原本の『あるくみるきく』に掲載のものもあれば、あらたに組み替えたものもある。また、原本の写真を複写して使用したものもある。
＊図版、表は原本を複写して使用した。また収録に際し省いたもの、新たに作成したものもある。
＊掲載写真の多くは原本の発行時の少し前に撮られているので、撮影年月は特に記載していないものもある。
＊市町村名は原本の発行時のままで、合併によって市町村名の変わったものもある。
＊収録にあたって原本の小見出しを整理し、削除または改変したものもある。
＊この巻は森本孝が編集した。

一枚の写真から

宮本常一

—草屋根の意志—

兵庫県西宮市山口　昭和46年（1971）10月　撮影・工藤員功

草葺の家が三軒ある。今どきめずらしい風景である。しかも屋根を見ると、棟にクラカケがならんでいる。このような家は兵庫県から西に多い。家の横にある柿の木は葉が落ちてしまっているが、実は枝に残っている。十二月頃の風景であろうか。畑にはネギとタカナが植えられている。農家の平和な風景であるが、これらの家は庇《ひさし》が瓦葺《かわらぶき》になっていない。主屋そのものにはたいした改造が見られない。そういう家は摂津《せっつ》の奥から丹波へかけて多い。京都・大阪が近いのだから、もっと近代化されていてよいように思われるが、むしろ古い生活を守っている農家が多い。貧しいからそうなのではなく、そういうように住むことがおちつくからであろう。

屋根にクラカケをのせるのは古くからのしきたりであった。伊勢神宮などにも見られ、そこでは千木《ちぎ》といっている。草屋根の棟を丈夫にとめておくのにはよい方法であったが、これをのせておくことは家のひとつの格式にもなったようで、山口県などではクラカケをあげている家は武士・郷士・役付の農家にかぎられており、一般の農家はクラカケのない坊主屋根であった。

役付の家は近畿地方では中世には公事家《くじや》といった。公事を務める家ということであり、公事家は屋根を茅《かや》でまたは藁などで葺いた。一般の農家は小麦稈《こむぎわら》で葺くのが普通であった。茅葺の家をクズヤ葺というところが多い。近畿以西ではクズヤ葺ということばはかなり広く聞くことができた。クズヤは公事家のなまったものと思われる。つまり屋根の葺き方にも格式があったのである。

農家は一般に瓦葺はゆるされなかった。しかし草葺や麦稈葺にすると棟がいたみやすい。棟がくちたり、風に吹きとられたりして雨もりがするようになる。そこで棟をかためるためのいろいろの方法がとられた。棟に土をのせて百合や岩松やイチハツを植えたり、板を箱状にしてかぶせたり、クラカケをかけたり杉皮でつつんだりしたのであるが、箱形でおおうのは見栄えもよく箱棟とよばれていたが、箱でなく、瓦で棟を葺くようになっても箱棟といった。はじめは瀬戸内海沿岸の各地に瓦を焼くところができ、町家や寺が次第に瓦葺になって来るにつれて、農家でも棟を瓦で葺くようになったのである。それだけでなく、庇も瓦で葺くようになり、農村へも瓦が浸透して来る。そしてほんの申しわけ的に草葺をのこして、屋根の大半は瓦葺になっている例を大阪平野の農村では大正時代まで多く見かけたものであった。

ところが明治になると、農家も瓦で葺いてよいことになり、農家の瓦葺が急にふえて来る。それにはひとつの条件が必要であった。家を新しく建て替えるのはよいとして、家はそのままにしておいて、屋根だけを瓦にかえるというのが多かった。そのとき屋根裏の構造が、草葺と瓦葺は違っているので、瓦葺の構造にかえなければならなかった。草葺の屋根は多くはサス造りであった。サス造りというのは柱の上にのせた梁桁《はりげた》の上に棟木《むなぎ》に向って丸太を寄せかけて屋根の形をつくり、垂木《たるき》や横木を組んで屋根を葺いたものである。

しかし瓦葺の場合は屋根の傾斜がゆるやかである上に瓦が重いから、それに耐えるだけの構造を持たねばならぬ。それには梁桁の上に束《つか》をたて、梁をのせ、また束をたてるというようにして棟をのせ、棟から軒へ垂木をかけて屋根の形を造る。このような構造の技術を持つ者は都会の大工に見られたが、それ以外は堂宮を建てる大工がそれを持っていた。堂宮の屋根裏は屋根組構造になっていた。

高知県の山中で聞いたところであるが、幕末の頃のこの地方の堂宮は長州大工が多く建てた。長州大工といっても私の郷里の山口県大島のものであった。ところが明治になって農家も瓦で葺いてよいことになると、長州の大工たちは民家の建築や屋根替えをするようになる。堂宮建築の技術がそのまま瓦屋根に応用できたからである。

それはひとり土佐だけのことではなく、これに似たような事例が各地に見られたのではなかったかと思う。草葺や麦稈葺が、時勢の変化によって何となく瓦葺にかわったのではなく、東北地方に長く草葺の家の多く残っていたのも屋根組技術を持った大工が少なかったためではなかろうかと思う。

そういうことになると、西日本には屋根組技術を持つ大工が多かった。比較的大きな都会が西日本には多かった。京都・大阪・堺・兵庫・姫路・岡山などをはじめ、城下町・港町が数多く見られた。その上堂宮の多い豊後《ぶんご》の国東《くにさき》半島や京都・奈良・近江などがあり、そこには堂宮大工が多かった。幕末から明治へかけて多くの大工を出した土地はこれからしらべてみなければならないが、その人たちがどのような分野で、どんな活躍をしたかをしらべることはこれからの大きな課題になるように思うのである。

いったい世の中をかえていったのは誰だったのだろうか。この写真を見ていてそんなことを考えたのである。

家の屋根だけでなく、干してある洗濯物を見てもいろいろのことを考えさせられる。干されているものを見ると手縫いのものはないようである。いつの間にかわれわれが身につける下着はすべて購入品にかわってしまった。昭和三〇年頃までは干されているものを見ると手縫いのものが多かった。ミシンで縫ってあっても、自製のものが少なくなかった。ということは下着に一定の型がなかった。と同時に、つぎのあたっているものが少なくなかった。つぎのあたったものを着なくなったのは昭和三五年頃が境であった。そして多くの女性たちはあまりミシンをつかわなくなって来た。その頃までいたるところに見られた洋裁塾や洋裁学校が姿を消していった。

そしてその頃から流行が、自主的な意志によっておこなわれるよりも商業資本の企画によって左右されるようになって来る。今年は何がはやるかということが、前もってわかることになった。いつの間にか人間の意志がかすんだものになってゆきはじめた。

古い農家に住んでおちついた生活をしている人たちも、その生活の中に新しい商業資本の意志が浸透しつつある。ただ興の深いのはこの家の柿の木である。古い柿の木を持っている家は意外なほど多い。といっても柿の実をとってはいない。まだ枝に残っている柿の実をとってたべることはなくなっても、柿の木は伐らないで残してある。この実の赤い色は心をゆたかにしてくれる。

文化は一様に一斉にすすんでいくのではなく、ひとりひとりの意志と技術を持つ人びとのからみあいによってすすんでいったものであるが、この写真の中からはそうした人間の意志をまだ読みとることができる。

瓦の箱棟のある草葺屋根　島根県松江市　昭和49年（1974）
撮影・森本　孝

久賀西端の丘から東南東に延びる久賀の町並みを望む。写真中央の山の頂（東郷山）の右下りの稜線が別の山の稜線と交わる窪み付近が、島末の人々が久賀町との往来で越えていた東郷垰　平成22年12月　撮影・今石みぎわ

町衆の町

——周防大島郡久賀

文・写真　宮本常一

写真　青柳正一
相沢韶男
今石みぎわ

久賀の古い造酒屋伊藤家の店構え
昭和48年　撮影・青柳正一

久賀《くか》は日本ほどあろうか

昔のことである。島末（大島の東部）の方の者が、てくてく歩いて東郷垰《とうごんたお》の上まで来た。東郷垰は久賀の東にある垰（峠）で、そこから久賀が一望の中に入る。

息子「父《とと》、父《とと》、何と久賀は広いのお、日本ほどあろうか」

親父「馬鹿、日本はこの倍ほどある」

と言ったという話がある。子供の頃から寝物語によく祖父から聞かされた。広い所に家がたくさんあるのを想像して、子供心にそういう所へいってみたいと思った。

小さい時、私はヘルニアで困った。それがなおるようにと祖父は、三蒲《みがま》の幻性寺《げんしょうじ》という寺にある日限《ひぎり》の地蔵様というスンパコの神様に願をかけた。スンパコとはヘルニアのことである。その願はたしのために、祖父は私を連れて三蒲まで参ることにした。まだ小学校へいってはいなかったと思う。三蒲というのは久賀の西の方にある。私の家からは十六キロほどあろうか。汽船に乗ってゆけばゆけぬこともないのを、楽をしていったのでは効き目がないからと言って、歩いてゆくことにした。子犬のように祖父の後になったり先になったり、すこしばかしを走って休んでは祖父のくるのを待ったりして歩いてゆく。

「そんなことをしていたら、くたびれてしまうぞ」

と祖父はいうけれど、私は祖父と歩くのがすきでたまらないのである。私の家は長崎というところの下田《したた》八幡宮の下にある。それで、明治になって宮本という苗字をつけた。家を出てまず下田八幡宮に参り、それから下田というところを通って、牛丸木という垰を越えると由良へ下る。そこには正八幡というお宮があり、そこへ参る。土居《どい》の西のはずれに松原があって、松原の中に二つの社が並んでいる。土居の方へ近い社を妙見宮、そのとなりの社を白鳥《しらとり》八幡宮という。そこへも参って、その西の

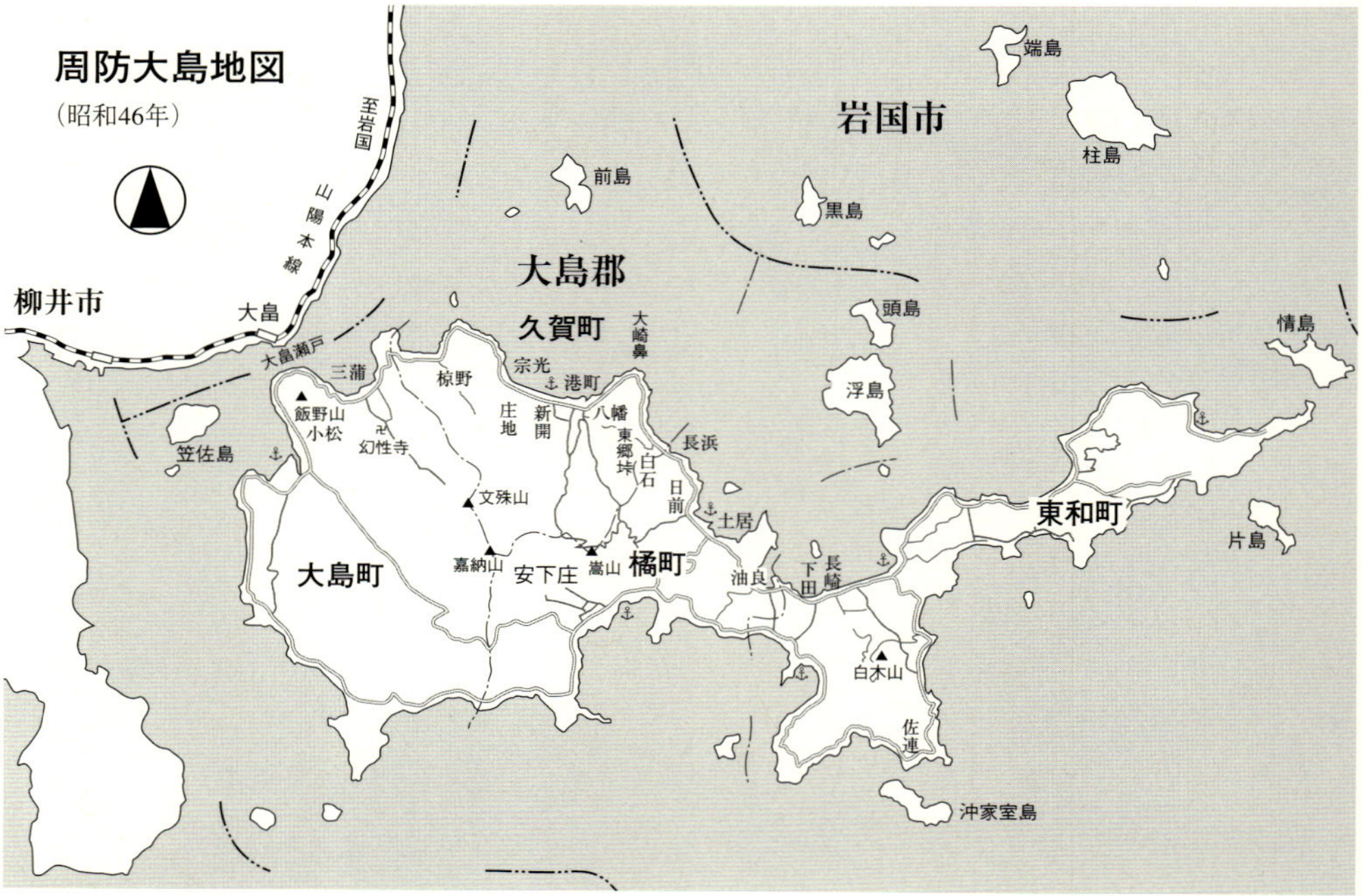

周防大島地図
（昭和46年）

東郷垰下の作業小屋（廃屋）。平成22年12月　撮影・今石みぎわ

日前《ひくま》の村を通りぬけると海岸の道になる。そして長浜という在所を通り、その少し先から坂道にかかる。このあたりまで歩くと、もうだいぶ疲れていた。坂の途中に白石という村があり、そこの農家へ寄って水を飲ませてもらった。そしてそこでしばらく休んだ。祖父は、その家の人としばらくの間話をしていた。

その頃は道を歩いていても自動車が通るではなし、いかがわしい人が通るでもない。人とゆきあえば、

「お日和でよろしうござりますのう」

と挨拶をする。そして逢うた人の数だけ頭も下げねばならぬ。相手は見知らぬ人だが、それがあたりまえのこととされていた。水をご馳走になるにも、

「ごめんなされ、お元気でよろしうござります。水を一杯飲ませてつかさりませ」

と声をかける。

「はいはい、どうぞどうぞ。お茶碗はここにありますけえ。まァ一服休うでいきなされませ」

とまことに丁重なのである。

「それではご無礼します」

と言って水を飲み、縁側に腰をかけて一休みすることになる。お互いにニコニコしての挨拶なので、その家を出てから祖父に親類ではないのかと聞いてみると、全くの他人だという。子供心にも、人はみなこんなに親切なものだろうかと思った。

水を飲ませてもらった家からさらに坂道を登っていくと、大きな松の木のある峠の上に立った。そこが東郷垰である。松の木の根に腰をおろして、生まれて初めて久賀を見た。何と広い所であろうと思った。家がたくさんある。自分の村の長崎の一〇倍もあろう。町の手前の方に、大きな松の木がある。

「あれが御幸《みゆき》の松というて、大島郡一番の大きな松じゃ」

と祖父が教えてくれる。建ち並んだ家の中に、大きなお寺の屋根が二つ見える。手前が阿弥陀寺、向うが覚法《かくほう》寺《じ》、これも大きさでは大島一だと教えてくれる。

「久賀の町は長い町で、東の端から西の端まで一里（四キロ）ある。ところが、久賀の東の端で、三蒲へなんぼ（いくら）ありますかと聞くと、一里ありますという。西の端まで歩いて、三蒲へなんぼありますかと聞くと、やっぱり一里ありますという。久賀の人はかわっている」

祖父はそんなことを話してくれた。

坂を下って田園道になると、左の岡の上に社がある。その社へ参る。八田《やた》八幡宮である。下田・油良・白鳥・八田の四つの八幡宮に参ることが昔は盛んで、これを「四社参り」といった。また日前の南・島の南岸の安下《あげの》庄《しょう》にある長尾八幡宮へ参ると五社になるので「五社参り」といった。八田をはずし長尾を加えた「四社参り」をすることもある。「四社、五社参り」は普通春先に多いが、年の暮の市の開かれる頃にも行なわれた。たいていは若い人たちが群になって巡拝したもので、一目見ればそれとわかる。それで村の子供たちは道に縄を張って、

「四社五社参った者は、土産をくれにゃ通らせん」

とはやしたてる。すると飴玉の一つずつでもくれたものであった。私たちは三蒲へ参る途中「四社参り」をしたのである。お宮へ参って、大きな松のそばを通り、それから長い久賀の町を歩いた。

椋野《むくの》の道

久賀をはずれると海岸よりやや上った山の中腹の道を歩く。曲りくねった道でいくらいっても村へ来ない。道の右手の下は海、その海のすぐ向うが地方《じかた》（本土）でその海岸をいく汽車の煙も見え、汽笛も聞える。岩国の今津川の川口の大きな松も見える。そのあたりを歩く頃はもう疲れてしまっていた。ただ道ばたの所々にきれいな水のわいているところがあって、それを飲んではゆく。そして椋野の村まで来た。椋野をすぎて低い垰を越えると三蒲だという。するとまた元気が出て、とうとう昼前に幻性寺まで参ることができた。そこで坊さんに拝んでもらったり、昼弁当を食べたりして一時間ほども休んだであろうか。弁当は少し残して帰りに東郷垰の上で食べることにして、同じ道を引き返すことにした。

久賀の町東側の山手にある八田八幡宮。四社参りのひとつとされた

行きはすべて未知の世界であった。帰りはすでに勝手も知っている。少し疲れていて足も痛い。そしておくれがちになる。祖父は同じ調子で歩いていく。椋野を出て久賀への道は、祖父がいってしまって姿が見えなくなるとあわてて走る。ときにはすわりこんで、祖父が引き返して探しに来るまで待っている。

「日が暮れると困るでのう。一足歩いても家の方へ近うなるんじゃけ」

そう言って祖父ははげましてくれる。行くときにはそれほど気にもとめなかった海の景色が、妙に心にしみる。青い海に白帆がいくつも浮んでいる。その向うに地方の山が並び、山の上に白い雲が流れる。久賀近くまで来ると、祖父の手につかまって歩くようになった。そして何べんも休んでゆく。

あんな山から来る鳥は
つんぶかんぶ　つんぶくろ（つばくらめ）
この田へおりて穂をひろて
これから椋野へ一息じゃ
椋野の道で日が暮れて
だんだら紺屋《こうや》へ宿かって

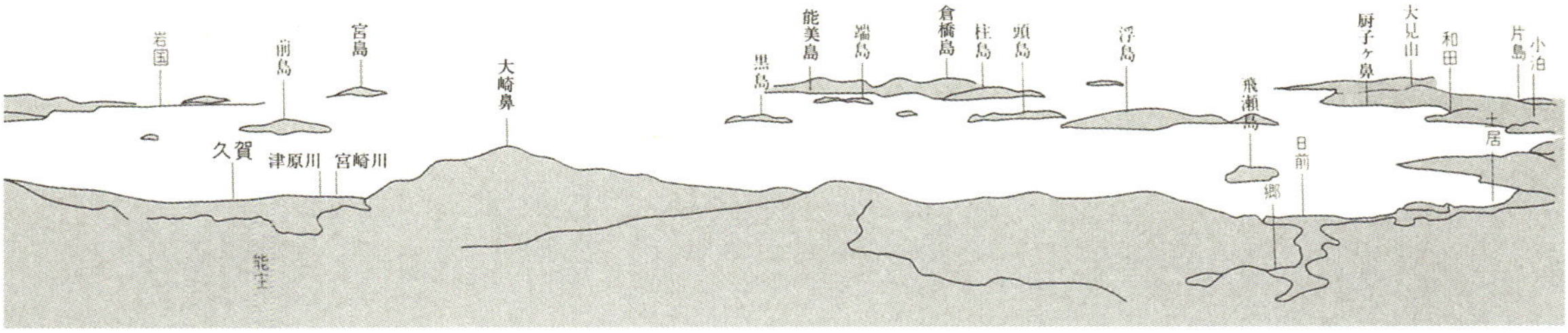

嵩山（618．5m）山頂より望む周防大島東岸。左の海岸部が久賀、右端が東和町の土居、その左が日前の集落　昭和48年撮影・青柳正一

畳はせまし夜は長し
あかとき（暁）起きて空見たら
おら（俺）より高い化性《けしょう》が
船打ち揃えて帆をまいて
これは誰にさしゃる
おんぼさま（盲目法師）にさしゃる
おんぼさまの肴にゃ
白瓜赤瓜赤大根
冬瓜汁《とうがんじる》に　猫なま臭け
沖を通る鯛の魚《いお》
かちを通るボラの魚
真中通る赤大根

幼いとき祖父からよく聞かされた歌である。何のことか意味はわからない。しかしくり返しくり返し聞かされて、おぼえてしまって口ずさんでいると何となくその情景が頭にうかんで来る。「燕が人の姿になって、稲穂を拾って椋野へいく道で日が暮れ、だんだら紺屋へ宿を借る」。椋野から久賀へ、もう疲れはてて祖父に手を引かれて歩いていると、その道のほとりにだんだら紺屋があるように思えてならなかった。

もう一度長い久賀の町を歩いて東郷垰の上まで帰ったときは、とても長崎の家まで帰れそうになかったが、祖父にほめられたりすかされたりして日暮れには家へ帰りつくことができた。一日に三二キロも歩いたのである。帰って来ると、母にも父にもよく歩いたとほめられた。そしてそれが子供心にも小さな誇りになった。と同時に久賀という町の姿が心に深く焼きついた。

大正時代の久賀で行なわれた相撲興行記念撮影

角力《すもう》ばやり

それから何年すぎたであろうか。久賀へ横綱の栃木山と大錦の一行が興行に来たことがある。そのとき父に連れられて見にいった。久賀に伊藤という豪家があり、そこの主人が角力が好きで、とくに常陸山という横綱をひいきにして、久賀へ招いて横綱の角力興業をしたことがある。そのときは梅ヶ谷という横綱も来たという。伊藤家では、横綱を泊めるためにわざわざ家を建てたという。こんなうわさも私の村へ流れて来た。そして角力興業のあとは島内に角力が大流行した。大人も子供も、それぞれ仲間を作って角力をとった。私もその仲間にはいったが、まだ小さくて幕内にもしてもらえず、褌《ふんどし》かつぎというのになった。つまり一番下なのである。しかし、夕方になると、みんな浜へ出て真っ暗になるまで角力をとったし、若い衆たちも褌をしめて角力をとっていた。そしてそのような流行がまだすたれていないとき、大綿や栃木山がやって来たから、島中の者が久賀へその角力を見にいった。その日の角力は栃木山が勝った。

行くときは歩いたが、帰りは汽船に乗ることにして港へいった。ちょうど下りの汽船がついていて、角力たちはその船に乗るため、ハシケで乗り出した。そのあとから四、五人の若い角力取がやって来た。ハシケは一艘だけなので、汽船へ角力たちを乗せると、岸へ引き返して来た。すると、そのとき上りの汽船もやって来たので、ハシケは積み残しの角力取と、上りの汽船に乗る私たちもいっしょに乗せて沖へ出た。そして、まず下りの汽船へ漕ぎ寄せた。角力取たちはいそいで汽船に乗ろうとした。すると乗降口のところにいた親方風の人が、いきなりその角力取たちをハシケの中に突き落した。父がハシケから、

「私たちは上りの船に乗るものです」

というと親方は父に笑顔して頭をさげ、ハシケの角力取たちは汽船に乗った。それからハシケは上りの船に向った。父が言った。

「親方は、私たちも下りの船へ乗るものと思っていたのだよ。そこで、お客よりさきに角力取が乗るのはけしからぬと突き落したのだ。私が上りの船へ乗るものだと言ったので、親方たちは角力取を汽船に乗せたのだが、ああいう人たちは礼儀正しいものだ」

それで私は、そういう情景の事情を知ることができた。裸になって角力をとっている人たちが、キチンとマナーを守っていることを知って、そういう人たちに深い尊敬の念を覚えるようになった。

考えてみると、久賀の人たちにもそうした礼儀の正しさがある。

鐘鋳《かねい》の供養

久賀には少年の頃の思い出が、もうひとつある。大正九年頃であったと思うが、寺の梵鐘《ぼんしょう》を鋳《い》たことがあってそれを見にいった。大きな梵鐘は京都あたりから買って来ることもあったが、鋳物師《いもじ》をまねいて鋳ることもあった。その鐘を鋳るには銅や錫を用意しなければならないが、供養のためといって在家の女たちの持っている銅製

の柄鏡《えかがみ》を寄進し、鐘の中へ鋳込んでもらうことも多かった。島に江戸時代の柄鏡がほとんど残っていないのは、明治から大正へかけて、寺々で梵鐘を鋳たことも原因の一つではないかと思っている。

さて久賀の鐘鋳の広告は、早くから島内各地に貼り出されていたので、人びとは皆心待ちしていた。そしてたしかレンゲの花の咲く頃、久賀の東の段畑の重なる斜面を利用し、ややくぼみになっている所に炉とたたらを組み、たたらは、若者たちが踏むことになっていた。段畑はよいスタンドになっていて、その畑の各段を人が埋めた。町からは、人々が化粧盛装してやって来て、手踊りなどが行なわれた。僧たちの盛大な供養が終ると、若者たちは女の着物などを着てたすきをかけ、色とりどりの鉢巻をして歌をうたい、拍子をとりながらたたらを踏んだ。いかにも明るいはなやかな風景で、見物の人たちはその空気に酔うて、一日をすごした。鐘を鋳あげたのは午後三時すぎであっただろうか。見物の人たちは次第に散っていった。

私は、友だちと二人でなにか土産を買おうと思って、町の方へ出るため畑の中の坂道をおりていった。すると町の向うの海を、港へ入ってくる発動船の姿が見えた。その頃は汽船のほかに発動船も通うようになっていた。その船に乗れば、私の家近くへも寄港する。ところが友人が、

「あの船とどちらが早いか競争しようではないか」

と言い出した。競争するといえば走らねばならぬ。やってみようかということになって、二人はその場から走り始めた。東郷垰を越えると近道になるが、それでは本当の競争にならないからといって、町の東の端から海岸の道を通り、大崎鼻をまわって走った。少し力走するとわれわれが早くなる。そこで道ばたの草の中にねころんで休んでいると、船の方が先になる。われわれも走り出す。途中で、鐘鋳を見て家路を急ぐ人々の群を、いくつも追いこしてゆく。

久賀から家までポンポン船を利用すれば一時間かかる。私たちは走り続けて、ポンポン船より少し早く家へついた。そして久賀が意外にも近いところであると思うようになった。幼年期から少年期へかけて、私の心の中にきざみつけられた久賀は、以上のような所であった。

憧れの町

島のなかにいてはなやかな世界をのぞいてみようとすれば、まず久賀へいくことであり、久賀へいくと何かしら心をみたしてくれるものがあった。島の人たちにとっ

久賀の船着場。かつては本土の大畠や柳井、岩国を結ぶ定期航路を行く汽船も寄航した　撮影・昭和48年頃

大波止。古波止ともいう。文政９（1826）年、大庄屋格の伊藤惣左衛門らの尽力によって築かれた　昭和35年撮影・宮本常一

て久賀は島の都として映っていた。そこには伊藤だの河村だのという長者の家もあり、長者たちは心もやさしく、貧しい者を守ってくれているというような、夢に似たあこがれの気持も持っていた。「河村という長老（浦方の庄屋）は年の暮れになると貧乏な者に米を配るそうな」「伊藤という長者は船人たちのために大きな波止を築いたそうな」というような話は、われわれの子供の頃まで、まだ世間話として伝えられていた。それは決して単なる伝説ではなく事実だったのである。

私の村に吉兼という旧家があって、久しい間庄屋を務めていた。その家に極道な（始末におえぬ）息子がいて、親はもてあまして勘当しようとした。すると久賀の伊藤家で、そういう者こそ面白いといって実子があるのに養子にもらった。果してなかなかの傑物で大きな財産を作っていった。このときから伊藤は二軒になった。その養子にいった人がふるさとの八幡様に寄進したりっぱな石燈籠二基がいまも残っていて、古老たちの語り草になっていた。そしてこの話は父からよく聞かされた。

「人の本当の値打というものは、なかなかわかるものではない。一方で極道と見られても、一方ではすぐれた人物に見える。そういう点では長崎より久賀の方が、よほどりっぱな所である。久賀のようにこのあたりも、人の本当の値打を見わける土地になるとよいのだが……」

父のそうした感慨は何度も聞いた。人の値打を見つけることのできる土地、そういう土地の値打が本当の値打なのだろうと思った。そして不思議な因縁で、私は昭和二七年にこの町の町誌を書いた。

墓と過去帳

久賀という町はおっとりした町である。平凡な町と言ってもよいかもわからぬ。別に風景がすぐれているわけでもない、特別の産業があるわけでもない、平凡だけれど風格を持った町である。昭和二七年頃と言えば日本全体をアメリカ風が吹きまくって、民主主義ということばが流行し、古いことは弊履《へいり》のように捨てて新しがろうとしていた時代である。そんなとき、町誌を作ろうということになった。町長さんから手紙をもらって、久賀を通過のおりぜひ役場へお寄りいただきたいというので、おうかがいして町誌について話しあった。一人では時間がかかるから、何人かの人と共同して書きたい、地元の人にも協力してもらいたい、と話した。そしてその夏、調査団を作って、仲間の者が手分けして文書を調べ、古老の聞取りをとり、現地を歩いて資料をととのえていった。

私がまずおどろいたのは、町の人たちの協力ぶりであった。若い人たちは若い人たちで、壮年の人は壮年の人で、それぞれグループを作って協力してくれる。昼間は文献や文化的な資料の調査をする。夜は地域組合へ出かけていって座談会をする。そこへは古老や婦人連が集ってくれて、話がはずむ。こんなに楽しい調査はなかった。

大学へ通っている人たちに墓の調査をたのんだら、町内にある一万五千内外の墓の形状、石質、大きさ、年代

街の東端より望む昭和40年代後期頃の久賀の町並み。手前の住宅は大島警察署の官舎。中央右手の大屋根は映画館の寿座。その上の森は玉神社の松の木。中央左手の山裾のドーム屋根は久賀高校（当時）の体育館　撮影・昭和40年代後期

について、全部調べあげてくれた。夏の暑い日ざかりのことである。暑さにもめげず、喜んでその仕事をなしとげた。そして古い墓は山麓地帯に多いことや、享保や天保の大飢饉のあとには夥しい死者が出ているにもかかわらず、墓がほとんどないことを知った。家が疲弊すれば墓も建てられないのである。墓を見れば家の盛衰もわかって来る。

一方、寺々に残る過去帳によって年々の死者の数を出し、それらを合計してみると、年々どれほどの人が死んでいるかを知ることができる。死者の多いのは享保十七年（一七三二）と天保八年（一八三七）の飢饉で、いずれも八百人内外の人が死んでいる。そのほかにも、たくさんの人の死んでいる年がある。人の多く死んでいる年は、月々の死者の数を調べてみる。するとどういうことが原因であるかおおよそわかる。飢饉の年は食うものがなくて死ぬるのだから、十一月ごろから死者がふえて三月頃まで続く。四月になると草木の芽が出て、そういうものをとって食うこともできる。五月の末になれば麦も熟れる。春になれば魚もたくさんとれるようになる。そして次第に危機を脱していく。そのほか、冬期に多くの死者が出ていることがあるが、それが一月に多かったり、十二月に多かったりとかいうように、ある月に集中して多く見られるのは風邪の流行によるもののようである。夏に死者が多ければ、赤痢その他の流行

病があったと見ていい。時には、疫病で死んだと書いてある場合もある。疱瘡《ほうそう》も時々流行して、多くの死者を出している。これはだいたい一〇年くらいを周期にしていたようである。子供の多くかかる病であるが、一度かかって生命拾いをすれば、二度とかからない。つまり一〇年くらいたつと、一歳から一〇歳まで疱瘡にかからない子供がいることになる。そういう所へはやって来ると、バタバタと倒れる。そして生き残る者は生き残る。その子供たちはもう大丈夫。また一〇年たつ。かかっていない子供がふえる。すると流行する。というようなことをくり返していたようである。

次に子供の死亡率も見ておくと、いろいろ教えられる。子供の戒名は「童子」とか「童女」とか書かれているからすぐわかる。昔はずいぶん子供がたくさん死んでいるが、疱瘡や疫病のはやった年は特に多い。飢饉の年など思ったほど多くないのは、子供は何とかして生きのびさせたいという親心だろうか。しかし地方によっては子供の死亡率のうんと高い例もあるから、飢饉年の子供の死亡率はその土地の文化の高さを象徴するものではないかと思っている。

とにかく過去帳の死者の数字をとって、それを調べていくことは時間もかかり厄介な仕事だが、町の若い人たちは深い興味をもって協力してくれ、過去のいろいろの事実がわかって来た。

地名と歴史

久賀という町は古い町である。『東鑑《あずまかがみ》』の中にも久賀保《くかほ》という名が見えていて、十二世紀の終り頃は国衙領《こくがりょう》（公領）であったことがわかる。それなら古い文書なども残っていてよいのだが、十六世紀の中頃周防の守護であった大内氏の滅亡とその後の動乱のために、古いものがほとんど消えていってしまったのではないかと思う。

それでは何によって調べていったらよいだろうかと考えて、古い地図や地名などにもあたってみた。古い地図を見ると、平地になっている所は東西南北ほぼ一丁毎に区切り、さらにそれを細分した、一見、条里田と思われるものがある。条里制がはじめて施行されたのは孝徳天皇の大化二年（六四六）であったが、その頃のものとは思えない。それよりかなり時代の下った頃（平安時代初期）に大きな耕地整理が行なわれたものであろう。これについては今後いろいろの資料にあたって調べていく必要がある。

次に地名であるが、地名はよくかわるものである。かわっていきながら一方では古いものが残っていく。そこで中世以前からあると思われる地名を拾っていってみると、京免《きょうめん》・道免・梶免などというのがある。免というのは免田のことで、税のかからない土地である。京は経、道は堂、梶は鍛治で、お堂の所領に年貢がかからねば堂免である。お寺に大般若経のようなものがあって、それの講会を行なうための費用にあてる田が経免である。鍛冶屋のような職業人も、その所有地は免田になっていた。

八田八幡宮の西の方には兵後田というのがある。兵後は兵庫で、その東隣りの石亀は石神で、そこに石神があったと思われる。八幡宮の西麓を土井といっているが、

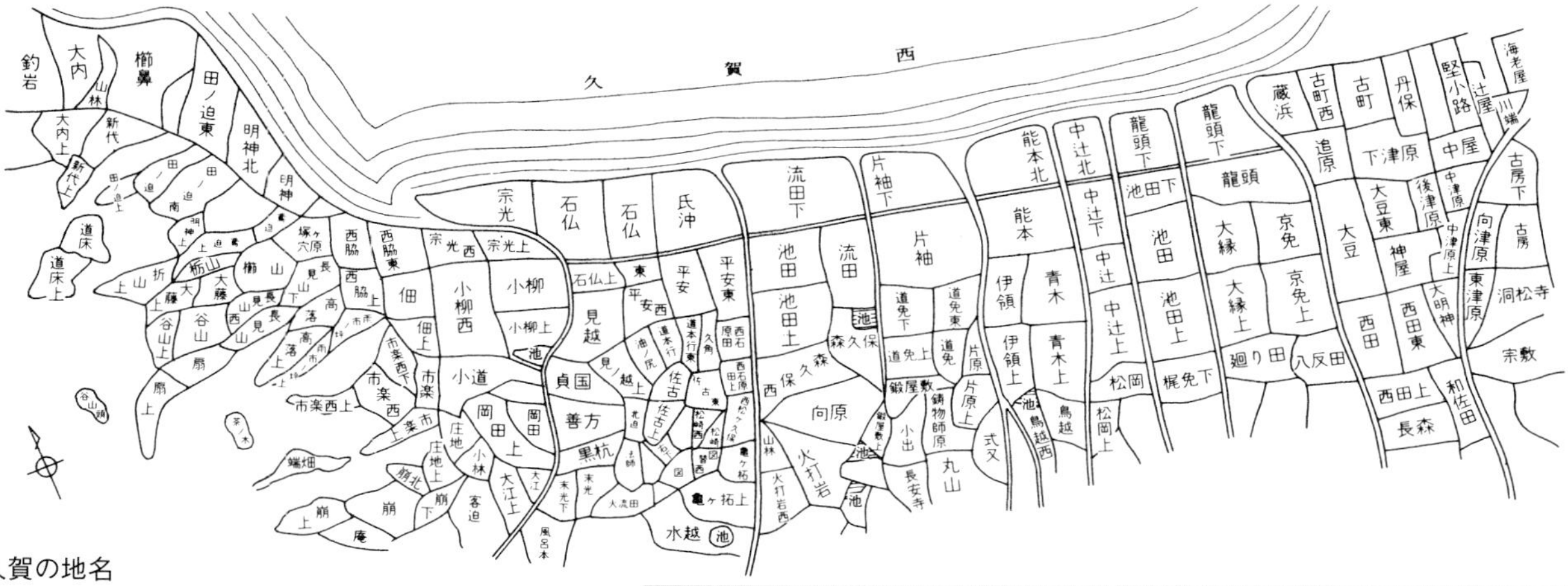

久賀の地名
図中央山側付近に鍛冶屋敷など古い地名が見え、西方の田の不整形な付近に宗光、貞国などの名田系の地名が見える　宮本常一著『瀬戸内海の研究（一）』より

上図中央やや左手山側の丸山に築かれていた溜池
昭和33年　撮影・宮本常一

上図海岸部の中辻付近から西は氏沖、仏東付近までが写真におさまっている
昭和41年　撮影・宮本常一

中国四国地方では中世以来の豪族の屋敷を土居といっている。したがってここに豪族が住んでいたかと思う。八幡宮の東北に石風呂という地名がある。現在も石風呂が残っている。いつ頃のものであるかよくわからないが、石風呂の上の薬師堂に室町初期頃のものと思われる薬師如来の座像があるから、その頃この石風呂は築かれたものではないかと考える。

浦の中央部の奥の丘陵になっているあたりを丸山といっているが、このあたりには中世の五輪塔のかけらもたくさん残っていて、久賀でも古くからひらけた土地のようである。そこに鍛冶屋敷、鋳物師原《いもじはら》などという地名がある。昔（中世）、このあたりで砂鉄をとって精錬していたのではないかと思う。地形から見ても山を切りくずしていったような形跡もあり、土質も花崗岩である。上流から水を引いて、鉄のまじった砂を流し捨てて粉鉄《こがね》を得、それを炉にかけて銑鉄《せんてつ》を作る。その作業をするのが鋳物師であり、銑鉄を鋼にきたえるのが鍛冶屋である。さらに流し捨てた砂で久保や湿地を埋めて水田を作ることが多く、それを流し込田といっているところが多いが、鍛冶屋敷の下には流田《ながれだ》という所がある。

丸山から西の方へいくと、田の形は不整形のものが多くなる。と同時に平安、宗光、貞国、善方、法師などの人名系の地名がふえて来る。いわゆる名田《みょうでん》の後で、鎌倉時代以降ひらけて来たものであろう。そしてこの名田を中心にして、ここに久賀荘《くかのしょう》が成立したのであろう。庄地という地名も残っている。また、豪族の手作り地であったと思われる佃という地名も残っている。

このようにして久賀の西部に発達した久賀荘が、次第に東部の久賀保をも合して、大きな久賀荘になっていったようである。近世初期、郷村制がしかれるようになる前、現在の久賀町の地域は久賀庄とよばれていた。

以上に見た地名は平地または平地に続く山裾に多いのだが、さらにその上の傾斜地や谷間には神辺替地・久保河内《ごうち》・下替地・殿河内・四郎替地などという地名が見られる。河内・替地は垣内（かいち・かいと）のことではないかと思う。山手の方に垣をつくって、その内側に田畑をひらいたところである。垣内という地名は、京都付近を中心にして広く見られる。所有権をはっきりさせるために周囲に垣をしたのであろうが、野獣の多いところでも田畑の周囲に垣をした。大島の場合は猪が多かった。江戸時代の中頃には猪狩りをした記録もある。多分野獣の害を防ぐために垣をめぐらして、田畑をひらいた名残であろう。

さらに久賀の傾斜地帯には、神仏や信仰関係の地名が実に多い。それを東部から見ていくと、弁天・日吉・行者・権現・道神・寺免《てらめん》・神屋《じんおく》・洞松寺・荒神《こうじん》・古房《ふるぼう》・寺屋敷・若宮・長用寺・神田・天神・長安寺などがある。もともとそこには地名に因むものがあったはずである。しかもそういう地が、平地をとりまく山地に分布しているところから、この地のひらけていったあとを、辿ることができる。

久賀町の傾斜地はもとはほとんど棚田であった。いまは大半がミカン畑にかわっている。この棚田は海抜六百メートルのところまでひらかれているから一枚の田の高さを平均二メートルにすると三百段ほど積み重ねられていることになる。しかもその段々がすべて石垣になっている。

棚田の横穴

久賀の古い昔を知るために、地形を調べ地名を調べ、さらにその地名がどんな所についているかを実地に見ていく。すると、田の畦が全部石で築かれているばかりでなく、その石垣に、横穴のあるものが多いのに気がついた。久賀の西の方の棚田の石垣は特に大きい。

このような石を積みあげて田をひらいたのである。水源地をもたないこれらの田は上の田の地下水を利用するために、上の田の底に横穴をつくり、その穴の水が下の田をうるおすようにした。中には谷川の上に田をひらいて地下水道にし、その水を田へ引くようにしたものもある。おどろくべき工夫だが、これは田をひらくときにこのような施設をしておかねば、

棚田の用水用の暗渠。著者の日記によると、昭和35年4月29日の文化連盟の会約20名で、水車小屋や棚田の暗渠を見学に訪れている　撮影・宮本常一

ミカンに転作された津原川上流部の畑能庄の棚田　昭和48年頃　撮影・須藤　護

後からできるものではない。

それではいつ頃こんな大工事をしたのだろうか。古い横穴のある田は久賀の東部の東郷垰の下の傾斜面と、西部の傾斜面。東部の場合は多分石風呂の築かれた頃、すなわち室町時代。西部は人名のついた田の西に続いた地域だから、人名のついた田が鎌倉時代にひらかれたとすると、その次の時代でやはり室町時代（一六世紀）ではなかったかと思う。大島でこのような工事を行なっているのは、一、二カ所にすぎない。大島以外では、大阪府の能勢《のせ》と滋賀県の琵琶湖の西岸にあるが、久賀ほど大規模ではない。

いったい久賀にはどんな人たちが住んでいたのであろうか。これらの横穴はとうてい一人で調べられるものでもなければ、短時日に調べられるものでもない。そこで町誌の方は、増訂するときに調査の結果を書き加えることにして、久賀小学校の藤谷和彦先生にくわしい調査を依頼した。先生はそれから数年かけて教え子たちと、一枚一枚の田を見てまわって横穴を調べて下さった。土曜日の午後と日曜日はほとんどその調査に費やされたという。調べることも大変だが、この石垣を築いた人たちはもっと大変であった。大きな石をどのようにして積みあげたのだろうか、と頭をかしげるようなところも多かった。

町《まち》衆《しゅう》の町

次には町の中も調べて歩いた。久賀の海岸には島循環道路が東西に通っていて、その両側に店屋が並んでいる。表通りを歩いてみると、どこにもある田舎町以外の何ものでもない。むしろ他の田舎町は大きな問屋や卸商などが表通りに店をかまえて、今も老舗《しにせ》を誇っているところが少なくないが、久賀の表通りにはそういう店もない。

ところが裏通りや路地奥を歩くと、白壁や土蔵を持った家が多い。しかもその家は津原川《つわらがわ》という川を中心に分布している。大きな酒造場がもとは三軒もあり、醤油醸造や油締の工場もあった。久賀には問屋らしいものはないが、古くから食料加工の工場がいくつもあった。これらの醸造場からさかのぼった川のほとりには、大きな水車小屋があった。昭和二七年頃にはかなりいたんでいたが、一部分では作業もできる程度であった。ここで米を搗き粉をひき、江戸時代には菜種も搾っていた。水力を利用した機械工場であったといっていい。何とか保存したいと思っていたが、いまは崩れ去ってしまっている。このような島の中に、おそらく国内の他の地方にも比類を見ないほどりっぱな水車工場のあったことは誇るべきことである。その技術がどこからもたらされたものか、あるいは誰の発明であるかを明らかにしたいと思ったがそれができないうちに消え去った。長野県諏訪湖畔などで、水車を利用した製糸場のできるのは明治の初め頃のことであるが、久賀のものは天保の頃にはすでに存在していた。それから十五年ほどすぎた頃の農書には、水車を二段にかけて水を下から上の田にあげる工夫について記しているから、この地の大工の中に水車製造に関してすばらしい才能を持っていた人があったと見られるのである。

工場町は一般に汚らしいものであるが、幕末の頃に発達した久賀の工場町はいかにも清潔である。この町は幕末の防長征伐のとき、幕府軍によって焼かれた。そして海岸地帯は焼野原になった。しかし昔の工場地帯の大半は残ったし、その中には伊藤家のように建てられて百五十年以上たった家もある。どの家でもそれぞれの家を大切にして住んでいるので、たいしていたんでいない。同時にこうした大きな家が表通りに面して建てられていなかったということで、古い悌《おもかげ》が多く残されたのであろう。

その上、旧家がわりあい没落していない。長州征伐のとき焼かれてついに復旧できなかった家もあった。しか

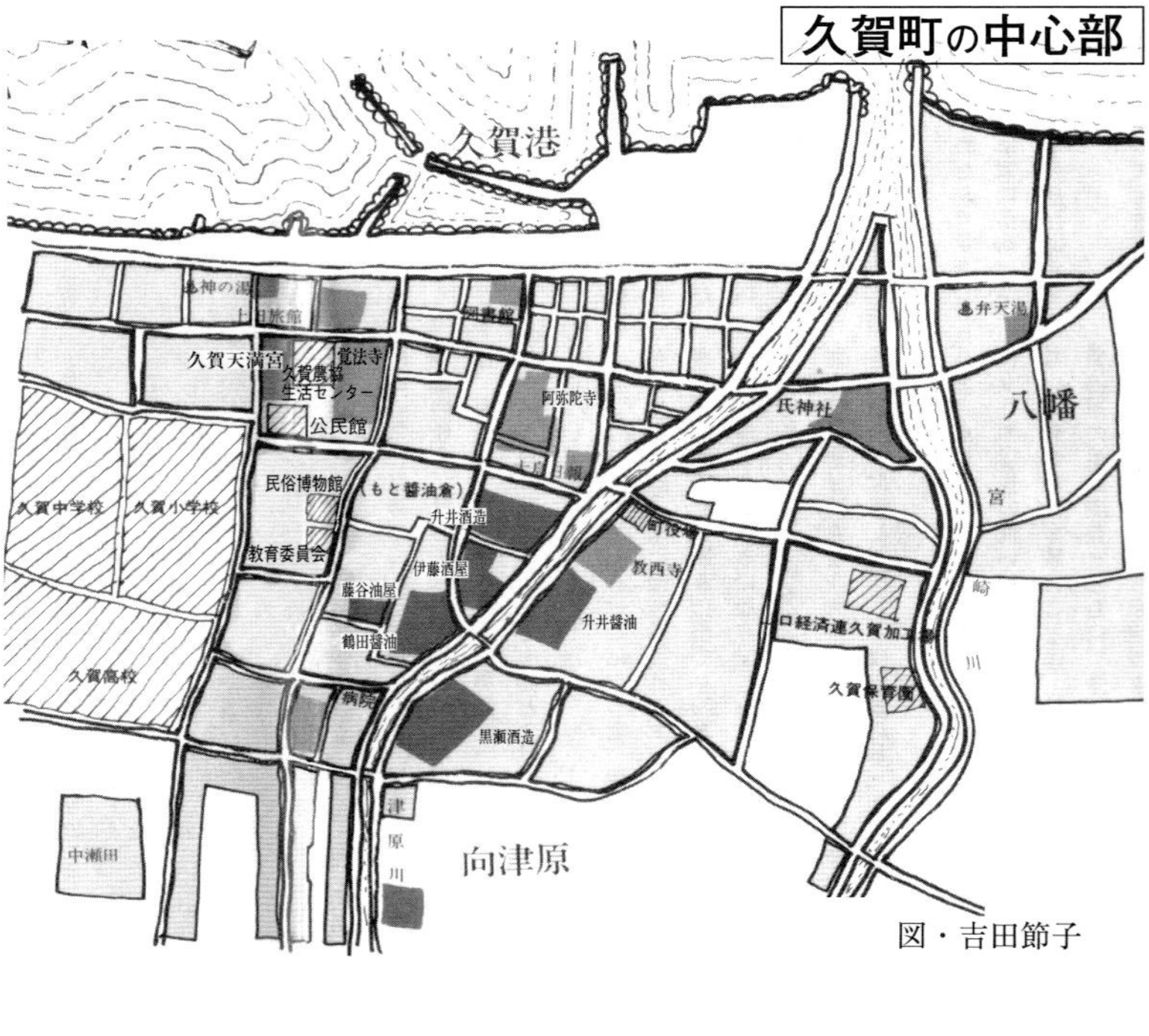

図・吉田節子

津原川沿いの道と家並。良い水に恵まれた地区で造酒屋や醤油醸造工場などがあった　昭和48年　撮影・青柳正一

右上　津原川上流にあった水車小屋跡。江戸時代には菜種油も搾った　昭和35年　撮影・宮本常一

右下　右頁市街図の久賀高校の山側の通りにあったメリヤス工場。戦中から戦後にかけて大勢の女工が働いていた。同地には現在も縫製工場がある。

左　久賀の街の裏通りには白壁土蔵造りの民家が並んでいた

久賀の漁港に浮かぶ生簀。久賀の漁師は幕末には玄界灘の角島に鯛釣りに出漁し、明治になると、対馬南端の浅藻に進出し枝村を拓いた　昭和39年　撮影・宮本常一

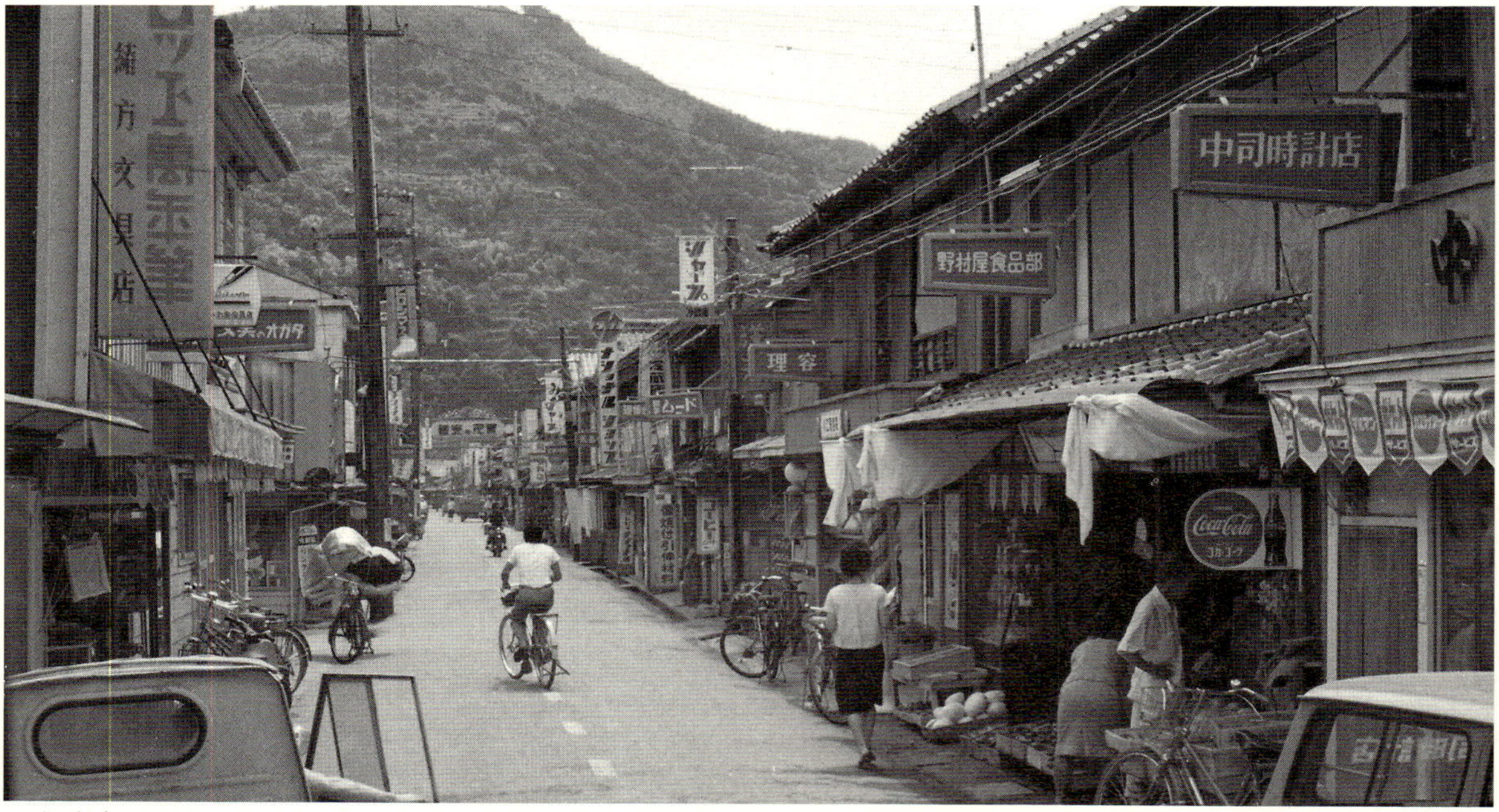

町を東西に貫く本通り。久賀の中心部の街で種々の店が軒を連ねる　昭和39年　撮影・宮本常一

し、没落しつつもみんなに措しまれたのは、長者の仁徳というようなものがあったからではないかと思う。どうしてそのようなものが生れたのであろうか。

この町には江戸時代には大島郡代官がいた。代官所のことを勘場《かんば》といった。したがって勘場へ勤める武士もいたはずだが、多くは任命でやって来る者で、任が果てると帰ってゆき町に定住する武士はほとんどいなかった。大島は、萩藩の御船手組の武士の給領地であった所が多い。そういうところには、陪臣《ばいしん》とよぶ下級の武士がたくさん住んでおり、またある村には地侍が住んでいた。地侍というのは郷士のことで、萩藩には郷士は多かった。そうした武士の住む村は、家の格式をやかましく言った。村が結束しようとするときも、この格式が邪魔をした。

ところが、久賀には地侍は一軒か二軒しか住んでいなかった。郡内の中心をなす所ではあったが、全く町人や農民や漁民の町であった。この町では実力と風雅が尊ばれた。この町は昔から俳句の盛んな所だが、今もそれが続いており『島の灯』という俳誌が、もう何十年というほど生命を保っている。

町民の稼ぎ場

久賀は全く町人の町である。しかし、町の人々の仕事場は町の中とはきまっていない。あのすばらしい棚田の石垣を築いた石工たちは、町の中に仕事がなくなると、中国山地、四国山地、九州地方などへ稼ぎに出かけた。久賀の石工の築いた石垣は今もいたるところに残っている。

醸造工場がいくつもあるので、それに必要な樽や桶を作る桶屋の仲間もいた。これも土地の酒造の桶を作るばかりでなく、方々の酒造場の桶を作って歩いた。酒屋の杜氏《とうじ》は他から来たが、醤油の杜氏は方々へ出稼ぎにいった。

女たちは糸をつむぎ木綿を織った。久賀木綿は上方ばかりでなく、九州方面へも送られていた。

商人もまた同様で、町で小さな店を開いてわずかばかりの客を相手にするだけでなく、市立《いちたち》商人といって、瀬戸内海沿岸の有名な社寺の祭に船で出かけていって商品や食物を売った。その行動半径は東は広島県柏島あたりから、西は山口県室積に及んだ。

漁民は漁民でよく稼いだ。久賀の沖に沖の藻という鯛の好漁場があって、漁師たちはそこで稼いでいた。幕末の頃になると、山口県の西北海上にある角島《つのしま》へ鯛を釣りにゆくようにな

古めかしい久賀の旅館

港を控え石油販売店も数軒あった

本通りの鮮魚店　撮影・青柳正一

り、明治に入ると対馬へ進出し、対馬の南端に浅藻《あさも》という久賀の枝村を作った。

久賀の人たちにとって、その稼ぎ場は自分の町と区別がほとんどなかった。だから大して出稼ぎ意識も持たなかったようである。明治十八年にハワイへ官約移民の渡航の始まったとき、この町の人たちは多数参加した。その頃の記録がこの町には整理せられて残っている。町を歩いて古老たちと話してみると、若い日を郷里以外ですごしたという経験を持たない者はほとんどない。それもただ働いて金をもうけて来るだけではなく、旅をして来ることによって同時に教養も高めている。そして旅をして来た一人一人が、この町をこの上なく愛しているのである。

まだ町誌編纂が珍しい頃にいち早くこれを作ろうとし、しかも町民がこぞってその仕事に参加したということも全く珍しいと言ってよかった。そして町誌ができあがってからも町の人たちと私の縁はきれなかった。町を通りあわせるとどこかへ呼びこまれ、そこへ仲間が集まって来て、話がはずんで泊っていくようなことも多かった。

博物館作り

町誌の延長として郷土博物館を作ろうという声は、町誌のでき上ったときからあった。自分たちの町について知ること、自分たちの先祖が何をして来たか。そして、それによってどのような久賀ができ上ったか。これからの久賀はどうしたらよいのか。そういう反省の材料を持つことが地域社会発展のためには何より大切である。というような話がたえずかわされていたのだが、具体的には話がすすまなかった。

石風呂が国の重要民俗資料として指定される一方、水車工場が機会を失してこわれてしまうようになってから、残すべきものは守らねばいけないという気持が次第に強くなって来た。

水車工場だけでなく、この町には御幸松、弁天松、東郷垰の松など大きな古松がたくさんあったのが、いずれも松喰虫のために枯れてしまった。伊藤惣兵衛が家産をかたむけて築造した大波止（防波堤）なども、そこに観光ホテルのようなものができることになっていて、半ばコンクリートでかためてしまった。あるいはそれでもいいのかもわからない。

しかし、きわめて平凡で平和なこの町に不思議な魅力があるのは、この町に住んで来た人たちが長い間に努力して積みあげて来た文化の遺産と、それを守って来た人たちの英知によるものである。それを単なる教訓としてうけとるのではなく、その積み重ねとそのことへの反省と自覚が住みよさをも作り出していることに、町の有志たちは気付いている。

私はその人たちを町衆といっている。その人たちの間にはある空気がただよっている。自分たちも何かをしたいとひそかに思っている。しかし、自分たちの家にある百姓道具、大工道具、石工道具、鍛冶道具のようなものすら次第になくなってゆきつつある。が、現在の久賀の文化景観は、そうした道具を使って先祖たちが作ったものである。そういうものも集めておかなければならないといって、漸く話が具体的になったのは昭和四十七年の

上　醤油倉の仕込み桶。久賀民俗資料館に再利用された　昭和40年代後期
下　久賀の造酒屋伊藤家の台所。壁の棚に什器がぎっしりと詰まっている
いづれも撮影・相沢韶男

春であった。

昭和二十七年に青年であった人たちは、いつの間にか、皆四十歳から五十歳になっていた。そして最長老の人たちはほとんど死んでいたが、町誌編纂に協力した人たちの多くは健在であり、また若い人の中にも興味を持って民具を見ようとする者がある。

二十年という月日は、人々の年をとらしめたばかりでなく、久賀の町の年をもとらせていた。白壁の町家はそのまま残ったものが多いが、町をとりまく水田にはりっぱな小学校や中学校ができ、また官公関係の庁舎がゆったりした敷地の上に建てられている。この町の人たちは、そうした施設のために水田を転換するのをそれほどためらわなかったようである。

さらにその周囲に重なっていた棚田は、ほとんどミカン畑になっている。そこにこの町に住む人たちの心がまえを見ることができるのだが、それでは古いものを切り捨てて新しいものを追い求めようとしているかというと、そうではなかった。古いものをも大切にしておこうとする意欲は十分あって、民俗博物館を作るために町をあげて取りくもうとしているのである。

こういう民具は調査し蒐集《しゅうしゅう》しようとしても、集めておくべき場所がない。だからどこへいっても中途半端な蒐集しかなされていない。久賀でも、これまで民具を保存しておくような場所は考えてはいなかったが、調査がすすむにつれて、民具を寄贈しようという人々が多くなり、その保存の場所を早急に確保しなければならなくなった。そこで町役場の方へ相談すると、昭和の初め頃産業組合が建てた醤油倉があり、今操業してなくて空家になっているが、そこはどうであろうかとのことである。早速そこを見にいった。少し手を加えるなら一万点内外の民具の保存には可能と見た。

話はすぐついて、そこへ民具を運び込むことにした。このように保存の場所がきまると民具はみるみるうちに集って来る。と同時に調査の方も大ぜいの方々の協力があって、他の地方で

久賀民俗資料館建設に参集した久賀の町衆と集めた民具の一部　昭和40年代後期　撮影・相沢韶男

は見られないほど能率があがる。普通こういう調査はなかなか理解してもらえないものだが、どこの家へいっても「いいですよ、どうぞ見て下さい」と納屋の中、倉の中、天井裏を見せてくれる。

それらを見ていくことによって、その家がいつ頃からどのように栄えていったかがわかる。什器のおさめられている箱に購入年代や品名が書いてあるからであるが、この町では明治から今日まで、没落した家はきわめて少ないようである。そのことはまえに海外出稼ぎ調査をしたときも感じたことであった。役場に保存されている海外渡航一件書の綴を見てゆくと、そこにはハワイ・アメリカへ出ていった人の名が書かれているが、病気になったり失敗して帰って来たというのはほとんどない。大半の者が勤勉に稼ぎ、いくらかの蓄えを持って帰国している。そして町を出ていったときより大きい家を建てて、平和な生活をいとなんでいる者が多い。

さて民具の調査や蒐集は「ついでに持っていって下さい」といわれるままにもらったものを例の醤油倉に運んでいるうちに、七千点という厖大な量になってしまった。これを分類し整理して、説明を加えて陳列し、一般の人々に見てもらえるようにするにはまだ多くの作業と苦労がある。常任の係員もおらず、民具蒐集整理などの予算も町役場の方でキチンと組まれてはいない。どうなることだろうと私は思うが、町衆はそんなことは一向気にする風もなく、唯真剣に民具を集めている。

民具だけではなく、久賀に多かった醤油杜氏の調査に須藤護君があたることになった。そればかりではなく、町の魅力の一つになっている古い白壁造りの家も、谷沢明君が調査を始めた。

とにかく町の中には調べてみたいことがまだ沢山ある。それらはみんなこの町に住んでいた人たちの残したものである。この町には特別にすぐれた人材が出ているわけでもなければ、奈良や京都のような古文化財のあるわけでもない。われわれとおなじ仲間の町民が住んで来たのであるが、とにかくみんな自分たちの生活を大切にして生きて来た。われわれが魅力を感ずるのはその生活を大切にし、誠実に生きたことにあるのではないかと思う。そしてどの人も人なつっこいのである。その風物と、人なつっこさにひかされて、私は今日までこの町と縁がきれないで、この町の古文化をほりおこしてみることにかかずらわっているのである。それはこの町が私にとって郷里の島のうちにあるからというだけではなさそうで、同行した若い学生諸君やOBたちが、一度おとずれると縁がきれにくくなって二度も三度も出かけてゆくようになっていることにもうかがわれる。

三原

文・写真
三原市史民俗編調査班

宮本常一
赤井夕美子
印南敏秀
香月洋一郎
小林　淳
高橋建爾
谷沢　明
田村善次郎
吉田節子

写真
鮓本刀良意

神明様の棚。2月の第2土曜日前後の3日間は三原では神明祭の日。町内9ヶ所に標山とお棚が建てられ、人形が祀られる。祭の日はまた神明市が開かれ、大勢の人出で賑わった　昭和40年　撮影・宮本常一

上　大正初期頃、桜山から見た三原。写真中央に三原城址、その向うに白い煙をあげる汽車が写っている（写真・鮓本刀良意氏提供）
下　昭和51年1月、桜山から見た三原。写真中央に三原城址、その向うに新幹線駅舎が写っている

三原今昔

田村善次郎

三原の古い集落は谷や海にのぞむ山麓や山腹に多くみられる。そこは縄文や弥生期の遺跡、あるいは古墳の多く存在するところでもある。古い時代、三原をひらいた人びとはまずそういうところに住居を定め、しだいにひろがっていった。八幡町から高坂《たかさか》町に抜ける道は古代山陽道のルートであった。そして真良《しんら》にはその駅があったという。

山陽道は時代によってその道筋を変えながらも現在の新幹線にいたるまで三原市内を通っている。そのことは三原の文化に常に新しい血を注ぐ大きな役割をはたしている。また海からの道も大きな意味を持っている。長井浦は古く知られた泊《とまり》であったし、幕末からは糸崎港が栄えてくる。そして現在は三原港が沖の島々や四国への渡頭として重要な役割をはたしている。また、この海辺には幸崎《さいざき》町能地《のうじ》のような瀬戸内の代表的漁村も早くから発達している。

鎌倉時代、関東から下り、地頭としてこのあたりを支配することになった小早川氏も、そのはじめは古くから、あたりの土豪として力をもっていた沼田《ぬた》氏のあとをうけて、高山城などに拠って沼田荘の経営にあたっていたが、海賊の取締りをその任務の一つとして、川下にひろがる汐入荒野《しおいりこうや》の開発をおこなうなどのことから、しだいに海上にまでその勢力をのばし、隆景《たかかげ》の代にいたって、川口に海城として知られる三原城を築き、戦国大名として大きく成長してくる。関ヶ原役の後、小早川氏にかわって福島氏が、さらに浅野氏が三原城にはいり、三原城下が三原の中心として現在まで発展を続けることになる。

旧三原町はまた山陽道の宿場でもあった。近世、沼田川《ぬたがわ》の川口はしだいに干拓され、塩田や耕地としてひらかれる。三原の古くからの産物としては酒が知られていたが、それに新開《しんかい》で生産される綿、たばこ、塩などが加わってくる。埋立ては現在まで続いているが、大正半ば以降からは、この埋立地が工場用地として利用され、工業都市三原の中心となっている。

註　「三原今昔」の原稿・写真は、『あるくみるきく一〇八号・特集三原』を再編した『あるくみるきく別冊版・三原』より収録

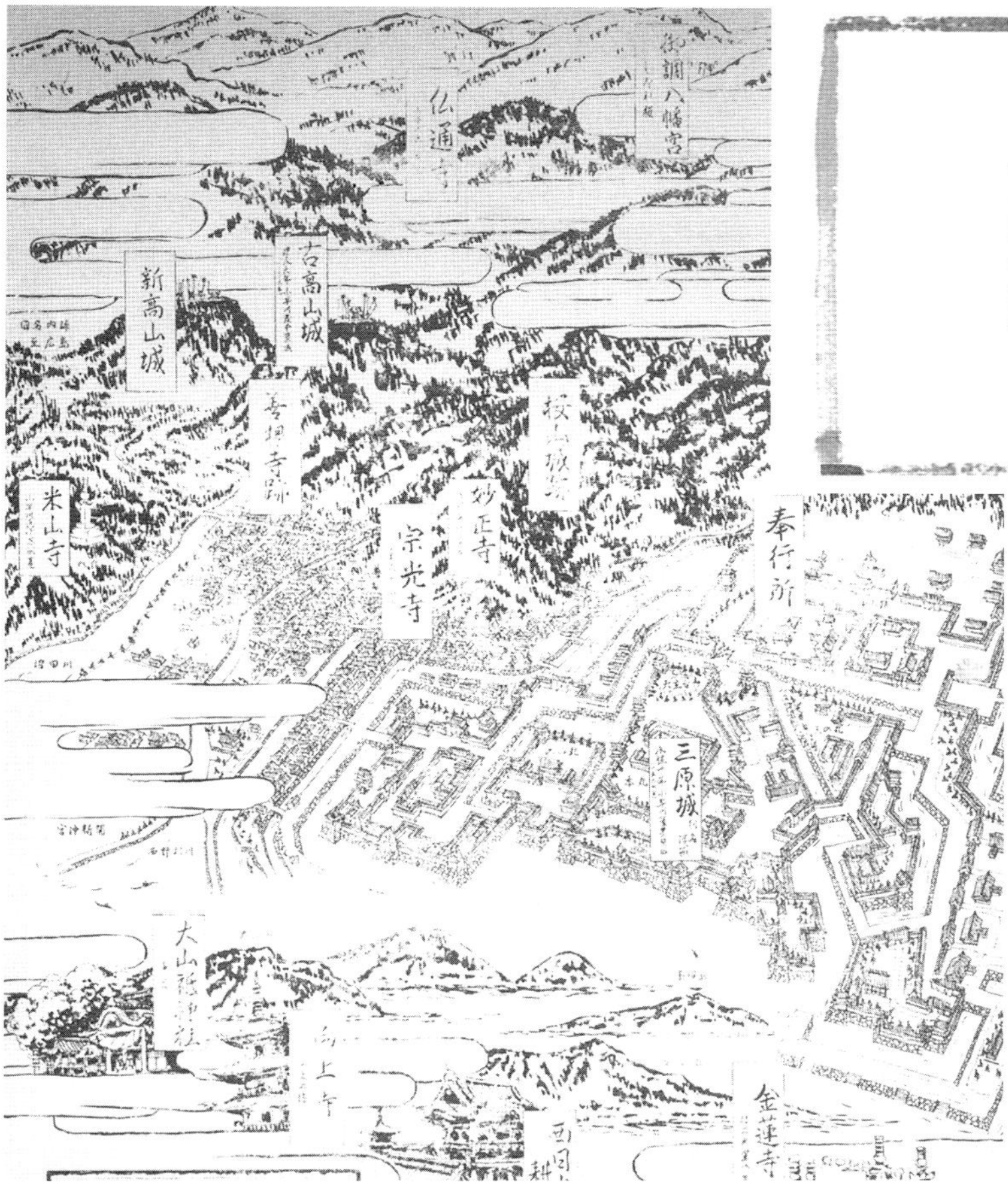

共楽堂版『備後の国三原図絵』より転載

三原名勝名物図絵

文・写真
三原市史民俗編調査班
宮本常一　赤井夕美子　印南敏秀
香月洋一郎　小林　淳　高橋建爾
谷沢　明　田村善次郎　吉田節子
写真
鮓本刀良意

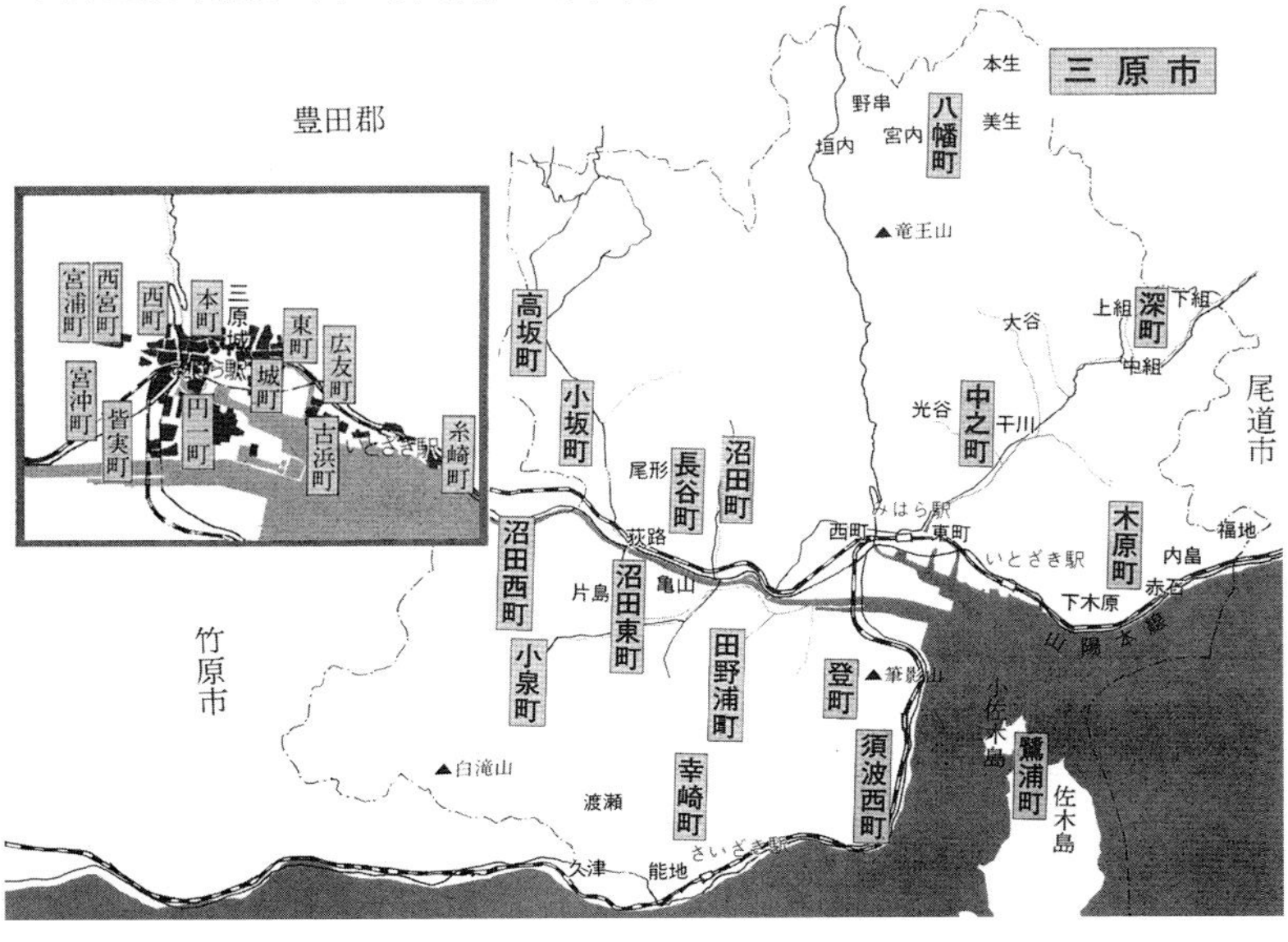

三原城址

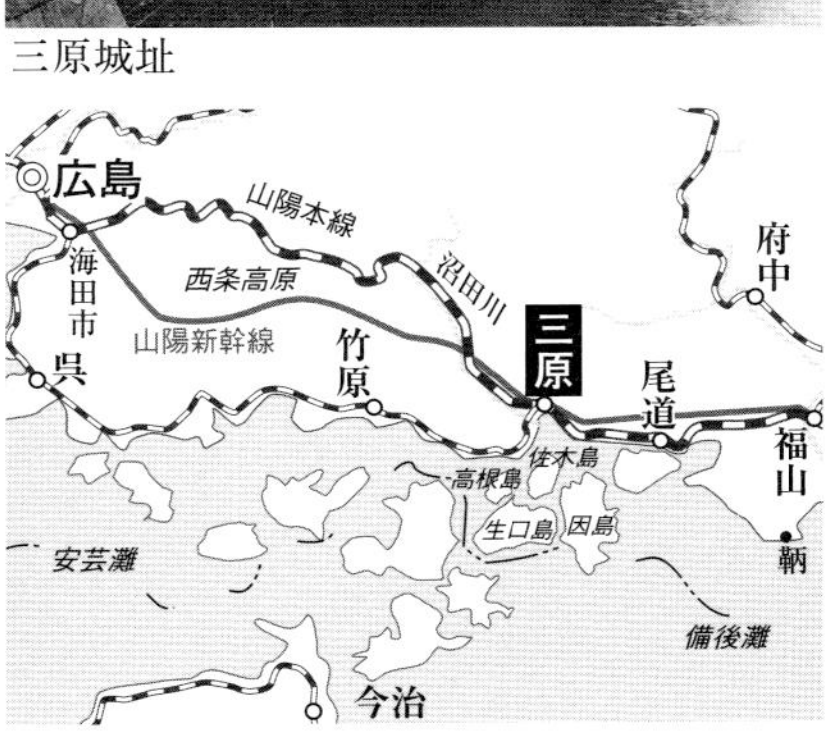

祭・行事

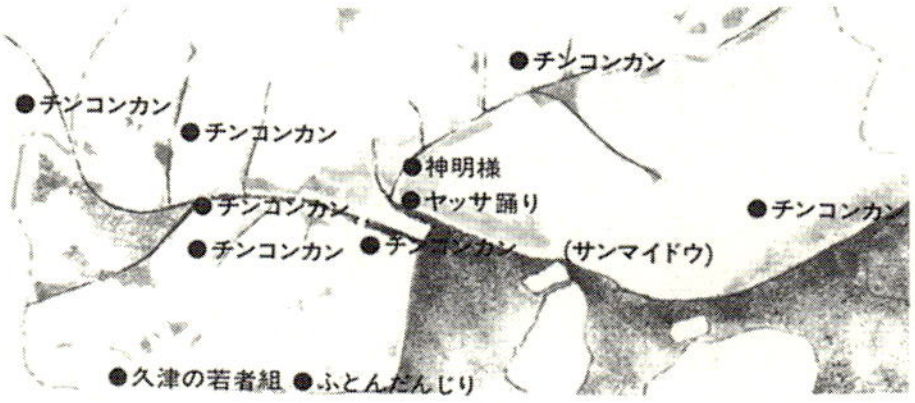

●シンメイサマ（神明祭）

三原は祭の多いところだが、一年のうち、最初におこなわれるのが神明祭《しんめい》である。神明というのは伊勢神宮の神霊を移しまつったもののことで、全国各地に見られる神明宮はいずれも、皇太神宮の分霊をまつったものである。三原ではこの神を一月一五日、小正月の左義長《さぎちょう》のときにまつる。左義長は正月にかざった松かざりや注連縄《しめなわ》などを集めて焼く行事のことで関西地方ではトンドともいっている。左義長というのは正しくは三毬杖と書くという。正月に杖をもって毬《まり》を打つ行事があったが、平安時代の終頃には毬のかわりに石を打つ競技にかわっており、これを印地打ちといった。『年中行事絵巻』（平安末のもの）にはこの印地打のさまが生き生きと描かれている。さてこの行事が終ると、杖は直ちに焼き払われたようであるが、おそらく杖ばかりでなく正月のかざりものなども共に焼かれたものであろう。

三原駅前の神明様
昭和40年　撮影・宮本常一

　このような行事はほぼ全国にわたって見られるのであるが、三原ではこの日、神明様の祭をおこなったことから、左義長のために作る注連山をもシンメイとよぶようになったのだと思われる。そしてその起源は中世の終頃までさかのぼることができるのではないかと思う。つまり小早川隆景がここに城を築く前ごろから盛んになっていったかと思われる。

　シンメイ祭のあるのは三原だけでなく、能地《のうじ》、久津《ひさづ》も盛んであり、竹原でもおこなわれている。旧小早川領の海岸地方である。また能地、二窓《ふたまど》などを領有していた浦《うら》氏は、慶長五（一六〇〇）年関が原の戦に毛利氏が敗れたとき、毛利氏にしたがって山口県室津半島へ移るのであるが、そこにもシンメイ祭がおこなわれているのは、忠海《ただのうみ》地方から持って来たためだといわれている。

　三原ではシンメイ様は一二月から作りはじめる。背の高い竹を伐って来て、それを芯にして、正月飾に用いた松、山草、藁などを利用して山をつくるのである。この山の前に仮屋を作ってそこに人形の作り物を置きいろいろの供え物をする。この時小早川隆景が寄進したという瓶子《へいし》一対を供える。但し神明は九所に造られるので、九所を順番にそなえたものだが、今は市場の神明で保管しそこへかざることにしている。今は三原も人家がふえて火事の危険も多いので、シンメイを焼くことはなくなっているが、久津では焼いている。久津では各組内でこれをつくり、海岸までみんなでかついで下って火をかける。これはかついでゆけるように造られている。三原では一五日の夜海に流したものである。

　三原ではその日市がたつ。それはこの祭を見ようとして近在からやって来た人たちを相手にひらかれるもので、もとは農具、苗木、種子物などが多く売られていた。

（宮本常一）

●チンコンカン

　チンコンカンは雨乞いの踊りとして、三原市内の沼田下《ぬたげ》、山中、木原、小坂、宗郷《そうごう》、田野浦、明神の各町内で、それぞれ青年、小中学生を中心におこなわれている。チンコンカンというこのおもしろい呼名は、鉦や太鼓の音からつけられたものだといわれる。その名のとおり、鉦を打ち、太鼓（直径一尺たらずの締太鼓でカンコとも呼ばれる）をバチでたたき、それにあわせて足を振りからだを動かす、にぎやかで楽しい踊りである。もとより雨乞い行事のひとつとして、その年の天候にあわせ、不定期におこなわれていたものであるが、現在は八月一五、一六の両日におこなうところが多い。一五日は、自分たちの町内をまわって歩き、一六日は、新倉町牛神社への奉納にあてている。また、中之町山中では、八月初旬、三、四〇人の子供を中心にして、以前とはだいぶ変化したチンコンカンをおこなっている。

編成は少しずつ異なるが、ふつう宰領一人、鬼一人、太鼓二人（交代要員三、四人）、鉦二人、バチ八人からなり、通行もだいたいこの順序でおこなわれる。宰領を世話役と呼び、むかしは、「今年は雨がよう降らんけえ、雨乞い踊りしようや」と意見をだした人が、その役についたというところもある。道行はどこもきまっていて、中之町山中では、まず同町常永にある竜王山にまいり、それから牛神さん、町内一三の谷筋にひとつずつある荒神《こうじん》さんを、上から下へと順におまいりし、その途中で、頼まれた家の家祈祷《やぎとう》をおこなった。沼田町沼田下のチンコンカンは、今日、谷筋にならんでいるすべての家の家祈祷をおこなっている。さらに、それから糸崎町の糸崎八幡へも足をのばしたという。鉦、太鼓、バチを奏しつつ、体を動かす。そして、棒振りがそれぞれの流儀にしたがって、棒を振りまわすという踊りの内容は、竜王山や牛神さんでおこなうのも、家祈祷でおこなうのも、同様である。

雨乞いの踊りチンコンカン（沼田下）

なお宗郷町では、チンコンカンというよりも、ふつうサンマイドウ（三昧堂）の名で親しまれていて、少し趣を異にしている。ここでは太鼓をたたくものが三人いて、ほかのチンコンカンとくらべ、いっそうにぎやかなものになっている。

（小林　淳）

●ふとんだんじり（幸崎《さいざき》町能地《のうじ》）

ふとんだんじりとは、幸崎町能地で旧一月二十七、八日（現在はそれに近い土、日曜）に行なわれる浜の祭の山車《だし》のことである。山車の頭飾りの竹枠を赤布でくるんだものが蒲団に似ていることからこの名がある。

青年団が担ぐふとんだんじり（能地）

前日の朝、組各に分解して納めてあるだんじりを青年団が浜に運び、潮で浄めて組み立てる。そして祭の朝、男衆は、まず風呂で体を浄め、最後の準備に忙しい。

一六人の輿守《こしも》りは、常盤《ときわ》神社で神輿を飾り付け、鳥居の注連縄をなう。間に合わなかっただんじりの仕上げをする組、幟を立てる者、軒の注連縄を直す者、買物に走る者と祭の朝らしく気忙しい。各組二人ずつの太鼓打ちの子供を、若者が風呂に連れて行き化粧をさせる。

振袖で襷《たすき》掛けに袴、頭には奉書を飾って鉢巻き、手甲白足袋に草履、白塗り化粧の両頬に丁名を入れる。女役の一人は額に黒点二つをつける。仕度の出来た組から当屋前で、太鼓打ちを始める。二本の太撥《ふとばち》による拍子と身振りが異なる三八手の獅子太鼓である。子供と向き合い若者二人が細撥で地太鼓を打ち、それにチャンギリを叩く者が一人、拍子変えの合図を子供に伝える者が一人つく。胸のすくような晴々しい早拍子の太鼓で、よく覚えたものと私は目を見張った。

一日目は常盤神社から神輿を真中に、前後に二台ずつだんじりが付き、能地東端の佐江崎《さえざき》神社まで進み、さらに中央の老婆社《うばくさん》まで戻ると神輿はお旅所に安置されだんじりは各当屋で夜を迎える。

この日佐江崎神社に着くと、神輿とだんじりから降され若者に肩車された太鼓打ちの子供は、境内で八人揃っての奉納太鼓を打つ。小高い社の松林越しに、海に響く太鼓はいかにも浜の祭らしい。

二日目は、再び老婆社に集った神輿とだんじりが常盤神社に戻され、だんじりはすぐ解体される。神輿は夜になってから、輿守、若者に守られて佐江崎神社に宮入りする。

二日目の見どころは常盤神社前でのだんじりのぶつかり合いである。一台三〇人近い若者に担がれ伊勢節で進んできただんじりは、ここで激しくぶつかり、四本の縦棒を互いに組み合せ、せり上がる。だんじりの座の欄干に体を縛りつけた太鼓打ちは、体を傾かせながらもここぞとばかり太鼓を打ち、テンビンジャイ、ホーレンジャイ、世の中見事にさしてくれい、と声をはり上げる。それに答えて担ぎ手はだんじりを前後に押し、右左にゆさぶり相手を倒そうとする。

独特の気風を持った漁師町能地の浜は、一町から四町の各町ごとにまたそれぞれ気風が異なるという。能地の浜に生れた娘は、同じ能地内でも農業が主の本能地へは嫁に行きたがらず、同じ浜でも一町目に生れた者は一町目以外に家を移りたくないという。これも町毎に異なる気風と、町毎にだんじりを競う祭のせいらしい。

（小林　淳）

●久津の若者組（幸崎町）

幸崎町久津では正月二日の夜から三日の早暁にかけて若者入りの行事がおこなわれる。これは一五歳になった男の子が、若者組＝青年団に正式に加入する儀式である。いまは公民館でおこなうが、もとは上の親分、下の親分とよばれて若者宿をしていた島津小八家、三次兼七家で一年交替におこなっていた。そしておこなわれる時も正月十四日の夜であった。時と場所は変り、名称も若者組ではなく青年団となっているが、その組織や行事のあり方は伝統的なものが強く残っている。

二日の夕方になると小若い衆（一五・一六歳）と燗元《かんもと》（一七・一八歳）が野菜などの材料をもちよって公民館に集り、準備をする。準備ができると燗元が大若い衆（二一〜二五歳）中堅（一九・二〇歳）とよばれる先輩たちを迎えにゆく。大若い衆や中堅が集り、座について飲みはじめ、一〇時頃になると若者入りをする子供たちが迎えられる。それまで新入りたちは仲間の家などを宿にして母親たちも一緒に集り迎えを待っている。そこに弓張提灯を持った燗元が二人ゆき「久津青年団からきました。お宅の大切なお子さんを預かりにきました」と挨拶し、迎えて帰る。新入りの子供たちは公民館につくと下座に並び、各人が「誰々です。何某あにさん何もわかりませんがよろしく頼みます」と挨拶をし、大若い衆から酒をついでもらい料理をひらく。そこで最年長の大若が「皆んなあそこの子供さんを若者にいれてえーかのうー」と一同にはかり、承認を得ると、七条からなる「言いきかせ」を一条ずつ読みあげ、復唱させ、覚えているかどうかテストする。それが終ると一人宛、若者帳に新入りの名前を記入し、今日からは親になりかわって道普譜やデアイ仕事（共同作業）にでてもらわなければならないし、一人前として扱われることになるのだから、言いきかせをよく守って恥ずかしくない行動をして下さいと教えさとす。そのあと大根を輪切りにして箸に三段にさし、最上段にローソクを灯した、神明のお山に模したものをつかって、大若から新入りまで順番に神明もりをし、そのあとで大根を利用してつくった両性の性器をかたどったものなどを持ち出しての踊りなどがおこなわれる。この行事が終了するのは翌日の午前二時か三時頃である。

この行事によって代表される久津の若者組は、久津の子供たちにとって、一人前のムラ人となるためには、いかにしなければならないか、世の中とはいかなるものであるのかを教える大事な教育機関であった。

それは厳格な年令秩序の中で、ある場合には厳しすぎるほどの姿勢でのぞまれることもあったが、そうした中で身につけてきた行動原理が、生活共同体としての久津を維持してきた大きな柱になるのであった。

（田村善次郎）

●ヤッサ踊り

ヤッサ踊りは現在では八月一五、一六日の両夜、にぎやかに催される。町内会や種々のサークルごとに衣装をこらした人々が、三味線や太鼓の音にあわせ、「ヤッサ、ヤッサ、ヤッサモッサ、ソッチャセー」とうたい囃しながら踊り歩くのである。三原駅前の大踊りや広場に集う人々のあいだを縫って踊りの列は熱っぽくつづいていく。昨年は日本の民俗芸能を広めるためアメリカまで遠征したという。

文政二（一八一九）年に書かれた『三原志稿　巻七』の歳時記の章に「七月一六日、今夜明夜町内踊あり」とあるのが、いつの頃からヤッサ踊りと呼ばれるようになったか判然としない。またその起源も諸説はあるが正確にはわかっていない。

戦後になってからは振りつけも定まり、踊る身なりも落ち着いてきたが、かつてはもっと自由奔放な踊りであったという。昔も今も、手の動きの激しい踊りということは共通しているが、昔は振りつけも各自自由であったのだ。白足袋素足で家からとび出して踊りの中に入る者や、長襦袢で女装した男衆や法被《はっぴ》で男装した女衆が気随気侭に浮かれて踊った。

歌詞は「西へ西へとお月も星も、さぞや東は寂しかろ」といった七七七五調のもので、これを踊り手が交代でうたい継ぎながらすすんでいったという。歌がとだえると「サ、お次の番だよ」とか「出そうで出んのが石原竹のこ」とはやしてはつないでいった。はやしは二上りの三味線と、しめ太鼓である。踊り手は四ツ竹でカッチカッチとリズムをあわせながら踊っていった。現在、振り、身なりとも今風に整理されてはいるものの、その昔からの熱気は受けつがれている。

（小林　淳）

上　ヤッサ踊りの型染（三原市・町内田皓夫）

下　歌い踊りながら街をいくヤッサ踊り（写真・三原信用金庫提供）

寺と宮

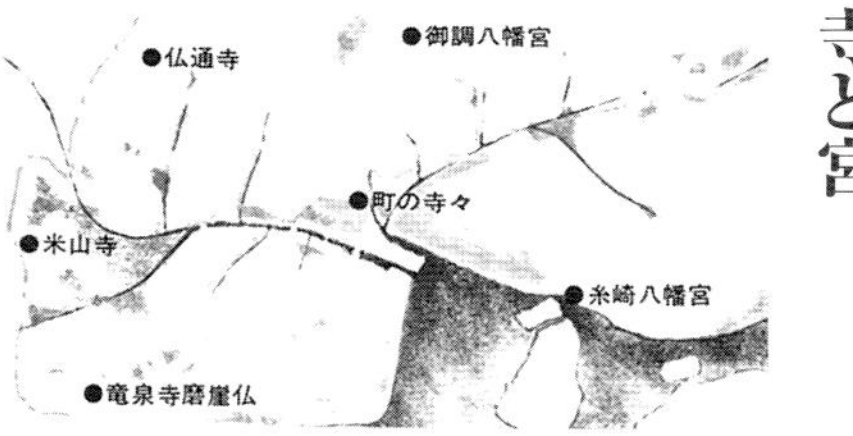

●竜泉寺磨崖仏《まがいぶつ》（小泉町）

白滝山は海抜三四〇メートル、岩石の露頭が多く荘厳な感じの山である。その山頂に磨崖仏がある。磨崖仏は自然の岩壁面に彫刻された仏像のことで、ここでは巨大な花崗岩の壁面に等身大に半肉彫されている。向って左側が釈迦三尊である。ふつうは釈迦を中心に左に文殊菩薩、右に普賢菩薩を配するが、ここでは釈迦を中心に迦葉《かしょう》、阿難《あなん》菩薩を脇持としている。その右側に大般若経を守護する護法神の十六善神《じゅうろくぜんじん》がある。三尊仏に比べて彫りが厚く、表現方法に確かな密度が感じられる。技法的に前者が江戸初期、後者が室町初期のものと言われている。また、磨崖仏をとり囲むようにたくさんの石仏がある。石仏群は、芸予《げいよ》の海や浮ぶ島々をながめているのか、山間の村々をながめているのか、あっちこっちを向いてのんびりたたずんでいる。

その下には瀬戸を望んで竜泉寺がある。小早川氏の分家で、小泉氏の祖になった小泉氏平が中興した寺で、その後小泉氏の氏寺になった。竜泉寺は当初真言

八畳岩に彫られた磨崖仏（竜泉寺）

宗であったのが、のちに曹洞宗に変った。境内には六地蔵があり、その中央に子供を抱く地蔵様がいる。昔より乳が出ない母親や、夜泣きをする子供が拝むと良くなおったといわれ、子守り地蔵と呼ばれている。麓の町や村から拝みに来たと言われている。

白滝山へ行くには三本の道がある。呉線幸崎駅より渡瀬を経る道、忠海駅より黒滝山を経る道、三原駅からのバスで小泉町坪井で下車そこから登る道である。坪井からの途中には竜泉寺への石柱が立っている。

（印南敏秀）

●米山寺《べいさんじ》（沼田東町）

三原駅前から西条行のバスで約二〇分、納所《のうそ》橋で下車して、橋を渡り、静かな田園のなかを南に向うとやがて米山寺に着く。この寺は小早川氏の氏寺で、境内に、小早川氏歴代の供養のためにたてられた宝篋印塔《ほうきょういんとう》二十基があることで知られている。宝篋印塔は前後二列に整然と並んでいる。前列右端は名将とうたわれた小早川隆景のもの、後列左端は巨大なもので元応元（一三一九）年の大工念心ときざまれた銘がある。

米山寺にある小早川一族の墓所

道のつきあたりを右に折れると土塀と古風な楼門がみえ、正面に赤瓦葺き本堂、右に庫裡がある。他に境内には宝物館などが建つ。宝物館は春の涅槃会《ねはんえ》、夏の盆、秋の開山忌に一般公開される。以前は涅槃会に練供養がおこなわれ、その時使用された行道面《ぎょうどうめん》や楽器も宝物館に保存されている。

米山寺を奥に進むと日光坊がある。本堂は草葺きの一般民家とほとんど変らぬ造りで、素朴なたたずまいを残している。塔頭《たっちゅう》十二坊のひとつであったという。本尊薬師如来立像は室町時代の作といわれている。

さらに日光坊から奥に山道を入っていくと、ゴツゴツとした岩場に出る。ここは塔頭の僧侶たちが月見をした場所と言い伝えられている。北西に本郷の山々、南に沼田の村々が一望できる。米山寺は訪ねる客もまばらな静閑な地である。

（谷沢　明）

●仏通寺《ぶっつうじ》（高坂町）

仏通寺は応永四（一三九七）年、小早川春平が愚中《ぐちゅう》禅師を迎えて開いた臨済宗仏通寺派の本山である。

三原駅前から仏通寺行のバスがでている。真良で下車し、二〇〇メートルほど歩くと、旧仏通寺領にはいる。仏通寺はさらに五キロほど奥にはいった所にある。小早川氏の尊崇が厚く、盛時には塔頭八を数えたが、広仁の乱後荒廃した。隆景の時代にやや再興したというが、今は再び往時の姿を失い、参道脇に永徳院、肯心院、正法院の塔頭がわずかに残るのみである。永徳院には珍しい四方竹があり、雪舟作といわれる庭が残っている。

参道は紅葉の頃は特に美しい。しばらく進むと大きなイヌマキがある。そこを左に折れ、橋を渡ると山門、法堂、本堂、庫裡《くり》等の建物がある。法堂軒裏の木組は特に美しい。

本堂の対岸、参道の右手に開山堂にあがる石段がある。登ると開山堂と、含暉《がんき》院（地蔵堂）が見えてくる。地蔵堂は、慶長九（一六〇四）年に建てられたもので、重要文化財に指定されている。宝形本瓦葺きの屋根のそりが美しい。軒裏は二重の化粧垂木がみられ、木組の意匠も技巧をこらしている。須弥壇《しゅみだん》内には木彫の地蔵菩薩像が安置されている。

開山堂は地蔵堂よりはひとまわり大きいが、それほど古くはない。内部には木造の仏通禅師像、愚中禅師像が安置されている。室町時代の作と言われる像である。その横には重要美術品に指定された宝篋印塔が見られる。なお開山堂の附近には何体かの羅漢像があり、その中に酒呑み地蔵の愛称で呼ばれるユーモラスな羅漢像があり微笑をさそう。
仏通寺周辺は県立自然公園となっており、緑が多く、温泉もあり、休日ともなれば、家族連れ等の行楽客でにぎわいをみせている。

（谷沢明）

●糸崎八幡宮（糸崎町）

昔、神功皇后が西征の軍をすすめたもうたとき、糸崎の浜に船をとめたという。そのとき木梨の長、真人《まひと》が清らかな流れの水を皇后に捧げたという。よく知られた伝説であるが糸崎のあたりを古く、長井浦というのはその故事にちなんでの事であるといわれている。糸崎八幡宮は真人が汲んだという清水、（長井水）のほとりに祀られている。宇佐八幡を勧請したもので、天平元（七二九）年二月の創建と伝えられる。

いまは社殿のすぐ裏を山陽本線が通り、鳥居前は国道二号線（旧山陽道）が走って、静寂の地とはいい得ないところになっているが、小高い山を後にひかえ、波静かな芸備《げいび》の海にのぞむ社のあたりは、山陽道を往来する旅人たちの杖をとめるにふさわしい景勝の地であり、鳥居前には茶店などもあったという。

東野村（糸崎町）と山中村（中之町）に属する村むらが古くからの氏子であったが、近世には三原城下の東町、旭町など東半分も氏子になっており、西宮八幡宮とならんで三原城下の産土神としても尊崇をあつめていた。

糸崎八幡の祭礼は九月二八、九日（現在は一〇月の第三日曜）におこなわれており、昔は参拝者も多く、ずいぶん賑やかであったというが、このときにおこなわれるお頭（当番）の行事は多分に古風をのこす特色のあるものであった。『三原志稿』によると祭礼の供物として、手醸濁酒、七十五の御膳が供されるとあるが、この供物は、古くからの氏子である東野村、山中村の部落で調えられ、供進されたものであった。氏地の村むらが一三のお頭谷に組分けされており、昔から決った順番に従って一年ずつ供物を調進するのである。

祭礼の二〇日くらい前になると頭にあたった部落では何回も寄合をして当屋や杜氏などの役割を決め、材料をあつめて酒造り、その他の準備にかかる。酒は御神酒であるから清らかな水を使わなければならない。そのため良い水のでるお頭井戸というのがどこの部落でもきまっていた。また一三年目毎にまわってくるお頭の費用にするためにお頭山という共有山林を各部落とも持っていた。祭礼の前日までに万端の準備がととのって、当日には酒は四斗樽につめ、供物その他は長持にいれて行列をつくって、長持唄などをうたいながら賑やかに繰りこんだものであった。神社につくと御神酒や供物は神前に供え、四斗樽の酒を参拝の人びとに振舞う。そして行列をつくって帰るのだが、途中の人びとがおさがりの酒をいただきに集って、楽しくにぎやかな道中であったという。

この行事は昭和二七、八年頃までおこなわれていたが、濁酒をつくることが酒造法違反になるということで禁止され、止まってしまった。そして祭礼もしだいにさびしいものになってしまった。

（田村善次郎）

●御調《みつぎ》八幡宮（八幡町）

御調八幡宮は神護景雲三（七六九）年、臣下の身で帝位をのぞんだ道鏡の野心を、宇佐八幡の神託を得てしりぞけた和気清麿の姉法均尼が、流謫《るたく》の身をとどめたというゆかりによって、宝亀八（七七七）年宇佐八幡宮を勧請して祀ったという。

八幡庄の鎮守神として、また備後一宮として上下の尊崇をあつめ、往時はずいぶん栄えた神社で、三原の歴史を考える上で欠くことのできない社である。

八幡の村むらは中国山地にいくつもみ

備後の国御調郡八幡村御調八幡宮境内図

られる断層線上にある小さな盆地状の平地に発達した集落で、ひらきやすく、生産力の高いところであったから、古くから人が住み、高い文化を持っていたようで、中世の五輪塔や宝篋印塔なども数多く残っている。その上この谷は古代、都（奈良・京都）と筑紫（九州）を結ぶ大事な大路であった山陽道にあたっていたから、外から高い文化がはいる機会も多かった。御調八幡がこの山陽道の道すじにあたる宮内の地に祀られ、一宮として人びとの尊崇をあつめたのは、こうした立地条件によることが大きいと思われる。

現在、ここには嘉禎年間（一二三五〜一二三八年）の経版をはじめとして数多くの文化財が蔵されており、盛時のはなやかなさまをしのばせてくれる。

祭礼の行事にも古風なものが少なくなかったというが、その多くはすたれてしまい、現在は県の無形文化財に指定されている花おどりが伝承されているにすぎない。

花おどりは八幡宮の境内にあるしだれ桜がさきそめた頃に百人以上もの人の参加によって踊られるもので、花の美しさをたたえ、同時にその花の如く、秋の稔りの豊ならんことを祈願するものであるという。

往時ほどの賑いはなくなったとはいえ、八幡の人びとにとっては今も心のよりどころとして敬まわれていることにはかわりない。

（田村善次郎）

名産

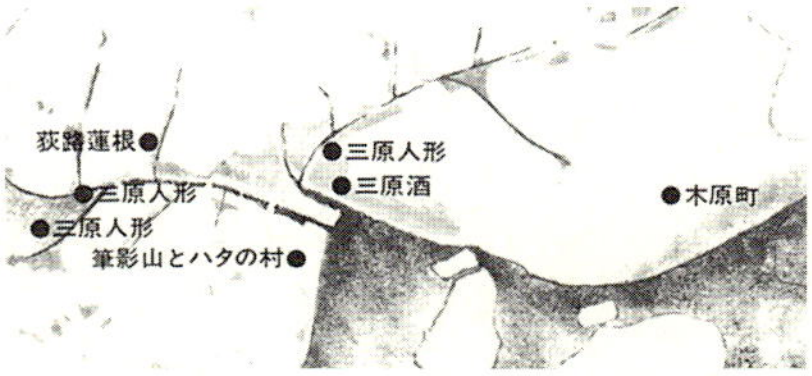

●三原酒

三原が酒の名産地になったのは、この地に小早川隆景が城を築いて、町が繁栄しはじめたころのことではないかと思われる。『芸備国郡志』によると三原酒のことをしるして「酒をかもし大きな店をひらき、その酒倉は他国にあるものとくらべものにならぬほど大きい。そこで屋敷が富み栄え、毎年殿様はこの酒を江戸に献じている」とある。酒を積んだ船が三原を出て瀬戸をぬけ紀州沖を航行しているとき時化をくらって押しながされ八丈島（東京都）へ漂着した。すると岩壁の上からさしまねく者がある。船を岸によせるとその男は岩をつたっておりて来た。見ると髪はのび、着物はやぶれ乞食のようであった。しかし言葉はたしかで、「その船に積んであるのは三原酒ではないか。そうであるのなら私にもわけてほしい」という。船人はこれを上乗《うわのり》の武士につげたので、甲板に出て「いったいおまえは誰か」ときいた。すると「私は浮田秀家である。久しくこの島に住んでいるが、ふるさとのたよりもない。船を見かけたのでさしまねいたが、見れば三原酒を積んでいる。まことに懐郷の情にたえない。そこでわけていただきたい」という。上乗の武士は「この酒は献上のものであるが、余儀ないことだからさしあげましょう。そのかわりに証拠の品がほしい」というと、秀家は歌を書いて上乗の武士にわたした。上乗の武士はのちに広島にかえってこの歌を差出し事情をくわしく話した。正則はそれを聞いて「よいことをした」と喜んだという話が、平戸（長崎県）の殿様松浦静山の書いた『甲子《かっし》夜話』に見えている

三原の酒の味のよかったのは、一つは水のよさであり、今一つは杜氏《とうじ》の腕もあったのではないかと思う。広島県下には三原のほかに西条、竹原、尾道などの酒の産地があり、したがって酒造稼ぎの労働者即ち蔵人も多かったのであるが、その上に立つ杜氏もまた多く、昭和五年には五〇九人もいた。そのもっとも多かったのは安芸津町早田原《はやたはら》で三八九人もいた。そのほかでは竹原、西条（東広島市）、安浦町にも多く、昭和三〇年頃には三津や木谷（安芸津町）がふえて来る。この人たちは主として広島県内をその働き場とした。そして三原へも稼ぎに来た。

三原で古くから酒を作っていたのは川口屋・大原屋・角屋・山科屋・栗田屋などであった。『三原志稿』にはそれぞれの家で作った酒の銘も見えている。酒の銘だけあげてみると、菊の水・若みとり・千重・初桜・青柳・浅緑・白芙蓉・千代流・玉の井・大諸白・亀の齢・園紅

梅・八重霞・千代のかけ・千束の秋・こもり水などである。酒造家のうち角屋は福島家の家臣上月豊後守景重の後であったが三原井上角屋宗右衛門の娘と一緒になり、角屋を名乗って別家し、酒造を業としたが、幕末の頃には没落していた。川口屋は弥平兵衛宗清の子孫といわれる家で、久右衛門宗勝という者が福島正則に仕え、後浪人しその子孫が酒造をはじめたのである。山科屋は山城国宇治山科郷の出身で道善と吉正という者が本願寺准如上人に仕えていたが、後三原に来て酒造をはじめ寛永四（一六二七）年には天竺（インド）にわたったこともあるという。『芸備国郡志』に「尾道は古くから酒の産地であり、大明、朝鮮、トンキン、カンボジア、ルソン、琉球往来の倭船がここに船をつないで酒を樽にみたして、船中の用にあてた」とあるが、山科屋の伝承から見ると、三原の酒も海外へ輸出されていたのではないかと思われる。

（宮本常一）

造酒屋と軒下の酒林（杉玉）　昭和40年
撮影・宮本常一

●筆影《ふでかけ》山とハタの村（登町）のゴボウ

海に落ちる山の影が、ちょうど筆を横たえたように見えるという筆影山（三一三メートル）は、遠く四国の連山を背景に、数多くちらばる芸予の島々を一望することのできる展望台である。

「嶋々の数をつくして、そばだつものは天を指し、ふすものは波にはらばう。あるは二重にかさなり三重に畳みて、左にわかれ右につらなる。……」

これは松島を描いた芭蕉の名文だが、筆影山からみる多島海ははるかにスケールが大きく、そしてさらに日本的な風情を持っている。筆影山の頂上にはいま展望台が設けられ、須波から登山道路がひらかれている。

このあたりは山が海にせまっていて傾斜がきつく、いくつかの小さな峰があるが、その中で最も高いのが沖浦町の竜王山（四四八メートル）である。三原をとりまく周囲の山やまにはいくつも竜王山とよばれる峰がある。いずれも水利の便が悪く、干ばつにおそわれることの多かった村の人びとが、雨乞をしたところで、竜王を祀ったところであるという。

山の上の畑（登町）

沖浦の竜王山もそのひとつである。その竜王山の山頂に近いあたりはやや傾斜がゆるやかになっていて、平地もある。下から見上げたのではわからないが、畑がひらかれ、僅かながら水田もある。そして沖浦町、登町の二つの集落がある。

海に近いけれども三原の中では最も高地にある村で、いっぱんにハタとよばれている。古くから畑作を中心に暮しをたててきたところで、土地が深くゴボウにあっていることから、味のよいゴボウの産地として近在に知られている。この山頂にいつから人が住み、村をつくるようになったのか、正確なことはわからないが、伝承によると、源氏に敗れた平家の武将葉田重五郎正時が、厳しい追討の手をのがれて一族郎党と共に隠れ住んだのが村の始まりであると伝えている。いまその伝承の当否を云々することはできないが、ハタの村は戦に敗れ、戦乱の世をきらった人びとが、世間と交りを断って、つつましい暮しをたてるにふさわしいところであり、古風な風情を持ったところである。

（田村善次郎）

●三原人形

三原市や周辺の村では三月と五月の節句には土で造った人形を初子の家へ贈る風習があった。この土人形をデコといった。デコは京人形や雛人形、紙雛、冑、鎧、幟などと一緒に旧三原町の玩具屋で売られていた。土偶《でこ》を造って売る店が町内には大正頃まで五軒ぐらいあったとい

三原人形

う。その他七宝や本市でも土人形を造るところがあり、造った人形を稲藁を敷いた竹篭の中へ入れてかついで周辺の村々へ売りに出していた。

三原の人々に愛されたデコにはこの三原人形の他、三次《みよし》人形、常石《つねいし》人形などが古くからあった。三次人形は三次市で、常石人形は福山市で造られたものである。材料はいずれも粘土で、技法としては型抜きを用いている。それに粉末の顔料を使って彩色したものである。このうち三原で造られたデコには舞扇などという美しい着物を着た娘の姿や、福助、武将などの他、ままごと遊びに使う水甕なども造られた。また明治時代に日清、日露の戦争が始まると、広島市天満町で造られた軍人人形とか楠木正成の馬乗りのデコなどが、三原へも売られ始めた。

これらデコの後側は彩色されていない。その白い地肌の部分に誕生後の初節句に貰った子供の姓名、また生年月日などを書き入れたりしている。それを毎年節句には出して飾り、最近まで多くの人々の間で愛用されてきた。

（赤井夕美子）

●木原町のワケギ

山陽線の糸崎と尾道の間の南に面した山手には斜面いっぱいに畑が広がっている。そんなところに木原町がある。夏なら、畑一面に這いまわっているナンキン（かぼちゃ）が目につく。直径が二〇センチほどの小菊と呼ばれる小型のナンキンである。

畑の中のいたる所に『きけん』と赤文字で書かれた立札が立ち、そこには野井戸が掘られている。夏の水が枯れた頃にはこの野井戸からよくハネツルベで水を汲みあげたものだった。また畑のところどころに板やブリキで垣が作られている。一〇年前から猪が出はじめ、それを防ぐためだという。

家々の軒や壁を見ると厚い幕のようなものがたれさがっている。これはワケギの種である。ワケギはネギに似ているが、葉が細く味がやわらかくて、ネギのつんとくるような刺激はない。ゆでて味噌にあえるととてもおいしい。ここのワケギは京阪神方面へ出されている。木原はワケギ、ナンキンなどの換金作物をおもに作ってきたところである。

「木原の三反百姓と奥の村の一町百姓とは同じ位だ」ということばがある。それだけ木原の人はよく働いて金を手にしたのだろう。いや人もよく働いたが、もっとよく働かされたのは土地の方である。

まず一年中、土地の休むひまはない。一うねに一品種が作付けられているのも七月から一〇月の間だけである。あとの時期は一品種だけ植えられていることはない。ワケギがまだ植わっている一一月にその同じうねに麦まきをしていき、ワケギの収穫が終ると麦の植わっている四月にその同じうねにナンキンを植付けていく。一うねに二品種の作付けをしていくのである。

これだけ土地も酷使されれば、手入れもきちんとしなくてはならない。とくにワケギは肥料を一番要求する。農家では自分の家の下肥だけではとても足りず、三原や尾道の町へ下肥を汲みに行った。また北海道のニシンカス、満州の大豆カスなども肥料として尾道からずいぶん仕入れたという。

現在は山手の畑にみかんが植えられるようになっている。最近町に勤めに出る家が増えたため、野菜を作るには手が足りず、勤めながらでも手入れができるということもあってみかんをさかんに作るようになった。山陽本線の車窓からも、段々畑にみかんの花や実が見えるはずである。

（吉田節子）

軒下に下げられたワケギのタネ
（木原町）

●荻路蓮根《おぎろれんこん》（長谷《ながたに》町）

長谷町荻路は三原の町から西にはずれた所にあり、今は一面の水田地帯である。しかし昔は水にどっぷりとつかった田が多く、そのつかったところ一面に蓮根が植わり、荻路蓮根の産地であった。

荻路蓮根の話がでると、まずどのおばあさんの口からも出てくるのは、「さびい（寒い）きっつい仕事よのう」という言葉である。なにしろ真冬の寒い時期に自分の背丈ほどの深さを掘りさげねばならない。普通の蓮根は三〇センチ位のところを掘れば出てくるが、荻路蓮根はそうはいかない。働きざかりの男の人でないと掘ることはできなかった。

鍬先で氷のはったところを割り、そして水車を踏んで余分の水を汲み出してしまう。その後、柄の短い先の曲ったマガリと呼ばれるもので土を掘り、同時に片手で土をかきあげていく。体中が泥だらけになる。そうして掘りあげたところ、一日によくて二五本位の蓮根がとれた。この蓮根掘りの技術をもって冬場には和歌山の方へ出稼ぎにいく人々もいたという。

沼田川流域の湿田に植えられた蓮根

掘った蓮根は女たちの手で洗われ、売りに出される。新旧の正月や神明さん、恵比寿講などの祭が近づくと蓮根掘りに忙しく、そのような時は荷車いっぱいに積み、何人もの人が押したり引いたりして町まで運んだ。「蓮根はいらんかねー」と大声はりあげなくてはいけないので、嫁いできた新嫁さんにはとても恥しいことだったという話を、あるおばあさんから聞いた。

荻路蓮根は普通の蓮根とは違っていた。普通のはオタフク蓮根と呼ばれ、さくさくして色はうす茶に近く、それには赤い花が咲く。荻路蓮根は白い花を咲かせ、茎も白い。一節の間が長く、三節で一メートルもある。そして噛むと粘り気があり、長く糸をひいたものだった。ずいぶんとおいしい蓮根だったのに、今はもうほとんど作られていない。話にきくだけで食べることができないのは残念だが、蓮根掘りの苦労を想うとそれもしかたのないことだ。

（吉田節子）

街と名所

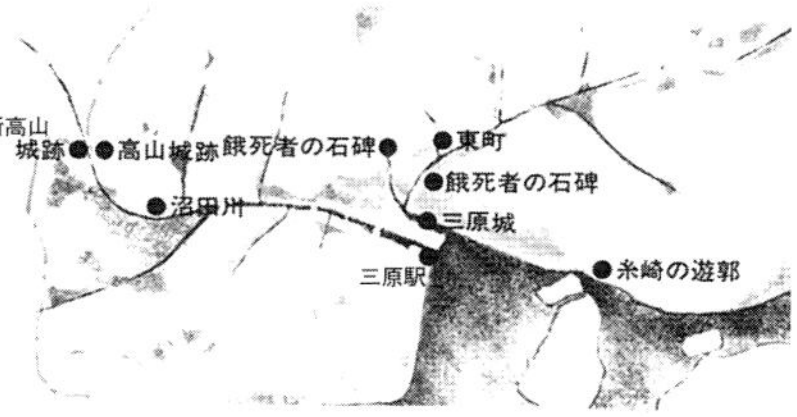

●城の変遷

三原の町から沼田川にそってさかのぼると本郷の町がある。かつて三原から本郷にかけての一帯が沼田荘《ぬたのしょう》とよばれていたころの中心になっていたところである。その本郷のすぐ裏手に沼田川をはさんで二つのよく似た山がみえる。左岸にあるのが高山、あるいは古高山とよばれ、右岸の山が新高山とよばれている。海抜一九〇メートルほどで、それほど高い山ではないが、傾斜はかなりけわしく、特に沼田川にのぞむ斜面はきりたった崖になっていて目立つ存在である。

この高山も新高山も中世から戦国時代にかけて沼田荘を中心に覇をとなえた小早川氏の本拠となった城の跡だといわれている。五万分の一の地形図には高山城跡、妻高山城跡と書かれている。

小早川氏は鎌倉時代、沼田荘の地頭として相模国からはいってきた土肥実平の後で、実平の曽孫茂平から小早川を名乗るようになっている。

沼田荘はかって開発領主であった沼田氏の支配するところであったが、源平争乱のおり平家方に属した沼田氏が没落したことから、小早川氏がそのあとにはいり、高山に城を築き、沼田川流域の広い土地を支配することになる。

高山城のあたりは山間部を流れてきた沼田川が平野にでて、ようやく海にそそぐ、そののどもとにあるところで、高山の頂上に立つと沼田荘の主要部分を一望にすることができる。その上、この山のすぐ下を古代以来、九州と都を結ぶ主要幹線として重要な位置を占めていた山陽道が通っており、交通上の要衝でもあり、沼田荘の扇の要にあたる位置をしめているのである。

沼田荘は沼田川ぞいの枝谷に散在する

谷田を基盤として成立した荘園で、小早川氏もはじめ上流の山間部にその経営の中心をおき、開発につとめているが、しだいに沼田川の下流にひろがる低地に目をつけ、その開発をすすめ、さらにその下にひろがる海に手をのばし、勢力を拡大してゆく。

　ようするに高山城は沼田荘の扇の要にあたるところに築かれたわけである。高山城を築いたのは茂平であるという。小早川氏はこの城を本拠として力を伸してゆくのだが、はじめ、沼田川上流の山間部にその経営の中心を置いていたのが、しだいに沼田川下流低湿地の開発をすすめ、海上から島嶼部にかけてその勢力をひろげ、戦国大名として大きく成長する基礎をきづいてゆく。

　高山城と川をへだてて対峙する新高山は高山城の要害として早くから出城的なものはおかれていたというが、同じような場所にありながら、新高山の方が下流から海にかけての眺望がよく、沼田川の利用にも適しているということからであろうか、後にこちらに本城を築き移ったという。それは永禄初年（一六世紀中頃）のことで、小早川隆景の代だとされている。隆景はその後、沼田川の河口で、海にのぞんだ米田山の麓に規模の大きな城をつくった。これが、「地から生えたか浮城か」、とうたわれ明治維新まで三原三万石の居城となっていた三原城のはじめである。隆景が築城したのは永禄一〇（一五六七）年とされているが、海の城として完成されるのはもっと後のことになるのだろう。

　いまは高山城も新高山城も三原城も、その跡をかすかにとどめるにすぎないが、それはそのまま、地頭から戦国大名そして近世大名へと生長していった小早川氏の歴史を物語るものであり、小早川氏をささえた沼田荘、三原の歴史のある部分を物語ってくれるものである。

（田村善次郎）

●餓死者の石碑（西町・東町）

　三原には西町と東町の二所に、餓死者の霊をまつる石碑がある。そのどちらにも古い大きな石碑と、ごく新しい小さな石碑とが並んで立っている。古い方には『三十三回無縁霊等』とあり、新しい方には『善意の人々による餓死者三百回忌供養　昭和四十九年三月十四日及び十五日』とある。この新しい石碑の提唱者である港町在住の鮓本刀良意さんに碑の由来について聞いてみた。

餓死者の碑

　三原では延宝三（一六七五）年に大きな飢饉が襲った。浅野藩が三原に移って間がない時で民衆の救いがうまくいかなかったようで、一〇人に一人という大きな割合で人々が餓死した。このことは浅野藩に大きなしこりを残し、三十三年目にその時の餓死者の供養をして石碑を建てた。

　この時西町と東町の二所に建てたのは、次のような理由があった。浅野藩が三原に入る前には、三原は小早川氏の勢力下にあって、東町辺りを中心に繁栄していた。そこへ浅野藩が入ってきて、西町がふくらんでいき、一つの文化をもった町ができあがった。三原では新しい文化が他を制すということがなく、俗にふきだまりのように発達した町ともいわれる。そういうわけで、双方に碑を建てることで民衆に納得してもらったようだ。

　その後享保年間に全国的な飢饉があったが、一度大飢饉を経験した三原においては、その備えもあって大事にならずに済んだ。それでもこの飢饉で死んだ無縁仏の供養地蔵が香積寺《こうじゃく》の石段の登り口にたっている。

　延宝の大飢饉から数えて、今年（昭和五〇年）が三〇〇年目に当る。そこで宗派に関係なく、三原に縁のある人々の中から有志を募って、昨年三〇〇回忌が行われたのである。それが脇にある新しい石碑なのだ。

　このような市民の無縁仏の霊を供養する他に、戦争を終えて三〇年目の今年には、世界平和を願って世界中の無縁の霊を供養する招魂も西宮八幡宮の境内に建てられている。国境を越えた供養碑が建ったのは日本でも初めてのことだろう。

（赤井夕美子）

小路に並ぶ連子格子の家々

●糸崎の旧遊郭街

松浜東の街路を歩くと繊細な格子を付けた家々が多く目につく。ここは内海航路糸崎港の発展とともに栄えた花柳街であり、今でもその面影をしのぶことができる。そこは慶応年間の埋め立てによって作られたものであり、それほど古いものではない。

盛時、各遊郭は伝馬船を備え、沖に碇泊している船に漕ぎ寄せて商売をした。これはオチョロ舟と呼ばれ、陽のくれとともに鈴の合図で岸を離れていった。オチョロというのは娼婦のこと、「べっぴん」と呼んだ。当時このような舟が数杯あり、一杯につき二～五人乗っていた。

身を売られ、周旋屋に連れられて来る娘がいるかとおもうと、ひとりでやってきてはその日から商売をさせてくれと頼む娘もいたという。親方が前貸しをして、稼ぎの半分を手元にとるということで年季があけるまでつとめた。

遊郭は二階建ての独特な建物であり、一階には立派な玄関、階段を備え、帳場、台所、風呂等の設備がある。二階は小さな部屋がいくつもあり、「べっぴん」の部屋にあてられていた。昼間はそこで眠り、夜は客をとった。

客は船乗りが多かった。客商売がうまくいくように町中には最上稲荷が祀られ、赤い鳥居がたっている。また家の中にも多くの神が祭られ、最上稲荷、伏見稲荷、草戸稲荷、生駒様等がみられる。なかには稲荷様は自分の胸にあると信じ商売にはげんだ者もいたという。

遊郭を維持していくためには親方だけでは手がまわりきらず、仲居を置いた。炊事、掃除等がその仕事である。台所には立派な石畳の敷いてある家も見られる。北木島、備後赤坂、向島で産する御影石が用いられた。煮炊きはカマドに薪を用いた。薪は後山からトンギリオークという棒につきさし担って来たり、旧山中村（中之町）より馬車で運んできた。また沼田川を川舟で下って海上より売りに来たこともあった。石炭の利用も比較的多く、内海を運航する船から求めて風呂等の燃料とした。水は埋立地であるため地下水は塩分が多く、少し離れた山の手より桶で運んで使った。下肥は木原等近在の農家の人が汲みに来て、お礼に季節の野菜を置いていったという。べっぴんの年期があけたら親を呼び寄せ、膳を据え祝って、タンス、衣装一式を持たせて国元へ帰してやるのがならわしであったという。

（谷沢　明）

●東町

東町は、その長さ八丁三間余（約八百八十メートル）で、その内、浜町百四間四尺一寸、中町八十五間、市場町五十八間があり、東西に走る山陽道沿いに連らねられた三原城郭の東に接する町人の町であった。

城郭との境には、和久原《わくばら》川が流れ両側の町の趣を隔てていた。

山陽道に面した南側の家々のすぐ後ろには入江や、和久原川がほぼ東西に流れており、昔はその南側に塩田が広がっていた。

現在ではそのおも影もなく百メートルも行かぬ所に新幹線が走っているが、山陽道沿いには昔からの古さを伝えている家々が三原市街では最もよく建ち並んでいる。中でも酒屋やかじやがそのなごりをとどめている。

三原は名酒の産地であるが、うち東町には現在造り酒屋が三軒あり、その三軒ともに昔ながらの大きい構えをした家で、奥行もおよそ二十間と長い。

昔、御前酒と唱えられ献上品とされた二酒のうちのひとつ「亀の齢」という酒をつくっていた、角屋という酒屋が市場町にあった。歌に詠まれたほどの名酒であった。そのあとには、今も造り酒屋を営んでいる定森という人が住むようになった。

三原市西部を流れる沼田川

また、中町の村上秀輔という人は造り酒屋をやっていたが、大正十四〜五年に止めてしまい、その後屋敷を二つに分けて新しい人がそれぞれ住むようになった。村上家から分家した家が近くに二軒あり、そのうちの一軒は現在行なっている造り酒屋のひとつになっている。

このように古い家をとってみると、同じ家屋でありながら住む人の変動が激しい。その土地から他へ移り住んだり系統が断えてしまう数より、新しくそこへ移り住む人の数が多くなると、今まで一軒だった家を分けて住まったり、回りの土地を宅地に変えて住んでいる。

大正から昭和の初めにかけて、東洋繊維、帝人、三菱などの会社が三原に進出すると、人々は仕事を求めて三原に集まった。

東町では以前田畑だった北側の地に新しい人々が移り住んだ。この東町には、町内の三所に祀られたえびす神社のお祭りが二月の上旬にある。神明祭と呼ばれる。三日間にわたって行なわれ、四、五百もの数の露店が出て神明市が開かれる。祭りは現在ますます盛んになっている。備後路で最も大きな春祭のひとつといえる。

（高橋建爾）

●沼《ぬ》田《た》川

広島県賀茂郡福富町に源をもつ沼田川は三原市の西部をゆったりと貫流して瀬戸内海へ注ぐ。県下では太田川、芦田川につぐ長流である。この川から流れる出る土砂の上に三原の干拓はすすんでいった。また、その干拓地の上に立つ工場はこの川の水を工業用水に使うことにより発展してきた。

かつてこの川の川船を三原周辺の漁師はハシバコと呼んだ。長さ九メートル、幅二メートルほどの底の平たい船であり、それが箸箱を連想させたという。上流の豊田郡本郷町まで川船が開通をみたのは天保十二年（一八四一）のことであったが、今から六十年ほど前までも本郷町から三原市長谷町荻路にかけて約二〇杯の川船が往来していたという。ことに秋から冬にかけての割木や材木の運搬の仕事は忙しかった。川船は一寸水があれば通るといわれたが、水の多い時には俗に千貫積みといって満載したもので、そんな時には馬車の三倍近くの荷が運べた。下りは棹でいく。浅いところはジョレンで掘りあけては進んでいった。上りは帆を張り追手風を受けてもどったが、風のない時はミザオという一丈（約三メートル）余りのシュモクをつけたシイの木で川底をつっぱっては上った。

三原市新倉の問屋まで行って薪木や材木をおろし、そこからはもどり荷に石灰肥料を積んで帰ることが多かった。新倉までだと時間がかかっても半日余りで往復できたという。けれども、腕のたつ者は、その問屋にあずけている錨や櫓を出し、新倉の大橋で潮待ちをして、因島《いんのしま》、大崎島、向島、尾道などへも商売に出たという。因島までは往復三、四日かかり、水桶、米、フナクド、フトン、ゴザなど生活用具を用意して出かけた。水の多い時には小さな筏も出たという。これはそのまま新倉の問屋へ渡す。

川の中でうまく船の道をみつけることをミオをみるといった。沼田川の底は砂地で砂が流れてミオが日ごとに違ったという。それを見抜く人が、上手な船頭とされた。今ではこの船の往来を覚えている人もごくわずかとなった。

（香月洋一郎）

山陽線三原駅ホームから望む城跡
昭和39年　撮影・宮本常一

●三原駅

三原駅は城の真中に設けられた駅である。駅は明治二四年の山陽鉄道建設工事に当り、やむを得ず三原城本丸、一の丸、二の丸、三の丸地域の大部分を取り壊して建てられた。そして昭和四八年の新幹線工事では、天守南側をけずり、高架下に石垣を三ケ所抱きかかえることになった。かつての城内に建つ新幹線上りホームに登ると、城の名残を留める天守跡、堀、石垣がすぐ下に見られ、遠く山すそには点在する寺々が望める。下りホームから南は芸予の島々、海の玄関三原港が見える。また、駅の南側に駅前広場がある。その広場の道をはさんだ反対側に松の木が立っていて、根元に『三原城正門跡』と書いた石碑が立っている。

三原はまた古来より山陽道の要衝であった。三原駅は明治二六年の山陽線開通によりできたが、その後昭和一〇年には呉線が全通、昭和五〇年には新幹線も開通し、乗客は時代ごとに多くなっている。今、三原駅は一日に二万四〇〇〇人ぐらいの乗降客がある。うち四四〇〇人ぐらいが定期客である。また、駅前広場はバスターミナルになっており、市内交通の中心点になっている。

（印南敏秀）

浜・港・海

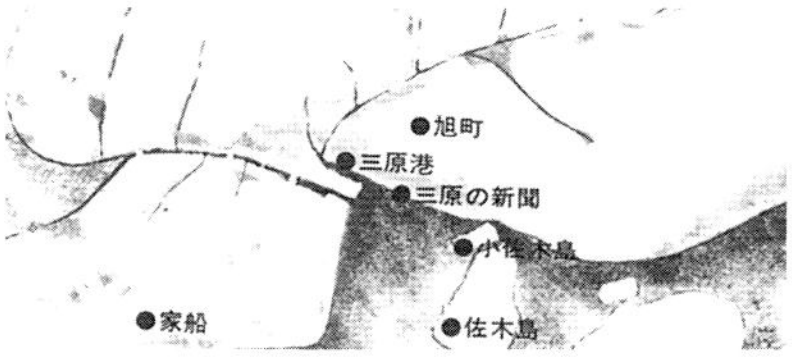

●家船《えぶね》（幸崎町能地）

家船というのは船を家にしてくらしているもののことである。そしてこのよび方は北九州地方のものであったが、最近ではこのことばが広く通ずるようになった。内海では船住いと言っていたし、トトカカ船などともよんでいた。そして船住居のもっとも大きな根拠地が、三原市幸崎町能地と、竹原市忠海町二窓である。しかしもともと漁民の中には船を家にして暮していたものが多かったと見えて、一三世紀頃の絵巻物を見ていると、家船の姿がいくつも描かれていて、忠海や能地にかぎっていたことではなく、また東の方は伊勢湾などにもいたことがわかるのである。海上を漂泊してとれた魚を百姓たちに売ったり、あるいは市場へ売りにいったり、時には旅人を船で運んでやったりして暮しをたてていたが、中には海岸に小屋掛けして塩を炊き、そのまま農業をいとなむ者も多かった。

それが一五世紀に入ると、漁業にしたがうだけでなく、軍船の水夫としてゆくようになって来た者もあったと思われる。二窓や能地の漁民はそういう人々であったと推定されるのである。

源平の合戦の折、平家に味方した沼田氏のあとへ地頭として来たのは小早川氏で、鎌倉時代の初頃のことであった。この家の任務の一つに海賊の取締りがあった。そして次第に海に進出していくことになる。しかし小早川氏は関東武士であり、陸戦にはたけていたであろうが、船をあやつることなどほとんどできなかった。そこで船は水夫どもに漕がせ、自分たちはもっぱら戦のみにしたがった。こうすれば戦う武士と、船を操る水夫とによって海戦にしたがうことができる。この点、伊予方海賊の村上氏とは大へんちがう。村上方は船を操る者が同時に戦もしたのである。

さて小早川氏は沼田荘のほかに竹原地方も領有することになって海への進出の道がひらけて来る。そのために沿岸の漁民は大きく動員され、事あるときには軍船の水夫として働いたものと思われる。小早川家で主として軍船の指揮にあたったのは浦氏であった。浦氏は小早川氏の一族で、その所領は忠海から須波にわたっていたと見られる。そしてその城は久津の山上にあった。多分この近くに住居を定めていたものであろう。渡瀬の行蔵庵はその菩提寺であるという。この家から出た分家は能地の北の丸山に城を築いていた。その菩提寺が善行寺である。

軍船といったところで、侍大将とか、それぞれの武将の乗る船は特別に造られていたであろうが、雑兵の輩は漁船に乗って戦ったのではなかろうか。そうすると漁民たちの拠点になるところが必要であり、忠海も能地もその拠点であったと考える。そして彼らは軍船の水夫役をつとめる代償として小早川家が領有あるいは支配する海域での自由操業をみとめられたもののようである。この二つの漁村が近世に入って内海各地に漁業進出をして多くの枝村をつくり能地は一〇〇あまり、忠海は三〇あまりをかぞえるが、その出漁分村の範囲を見ると東は小豆島、西は周防大島あたりまでで、そこが中世末まで小早川または毛利氏の支配した海域で、それ以外の地にはあまりはみ出していない。このような稼ぎ場を持つことによって、この仲間は陸上りして農業にしたがうことが少なく、能地では地方《じかた》の庄屋のほかに漁民は浜庄屋を持ち、行政的には別であった。しかも二窓も浜能地も武家とかかわりあいの深かったことは禅宗を檀那寺にしていることや、しかもその寺は浦氏の菩提寺だったことでわかる。

能地の家船（手前の子供らが乗っている船）昭和46年8月　撮影・鮓本刀良意　三原市教育委員会提供

　江戸時代に入って大名領国制が完成し、漁場や漁業権がそれぞれ規定されることになるが、能地、二窓の漁民はこれにしたがわなかった。新しい制度にしたがうと漁場がせまくなり生活がたたなくなってしまうからである。そこで古い慣行にしたがって古い漁法を守っていったのだと思う。しかし古い漁法を守り、広い海で操業することによって人口はふえていった。それは分村の大きな発展を見ればわかる。

　家船の歴史はもう一度正しく見直す必要があるように思う。　（宮本常一）

●旭町

　三原城下の東の端にある旭町は城下の人びとに魚を供給する漁師町として発達してきたところである。いまは沖の埋立てがすすみ、船だまりも和久原川の河口に小さくなってしまっているが、船だまりから家々に直接通じる石段や、格子窓を持つ家々がたちならぶ町並には漁村の面影が濃く残っている。旭町の漁民は、米田山の麓にあたることから米田漁師とよばれ、その中心になる者は三原城主浅野忠吉に従って紀州三輪崎から移って来た人々だとされている。移住してきた紀州漁民のほかに、小早川隆景が三原城を築き、三原城下の基礎を築いた頃、能地から出職して定住した漁師もあるという。いずれにしろ旭町は三原の御菜浦と

旭町の漁港

して発展してきた。現在、旭町の漁師はタコ壷漁を主としているが、その漁場は地先には少なく、大三島周辺に多くあるという。そのことなどが能地との関係をかすかに物語っている。

ここの人たちは平常は漁を主としていたがそれだけではなく、一たんことのある場合には水主として藩の用にも徴されていた。旭町は水主《かこ》浦でもあったのである。旭町の漁船が島方に漁に出て、潮待ちなどをすることがある。その時、他の漁船がもやっている中にはいり、「おれたちは三万石をせおって来ているんだ」と一声かけると、一番よい内側をあけてくれたものだという話が伝えられているが、このエピソードが漁師町としての旭町の性格の一端を物語っている。

いまは漁業に従事する人も少なくなり、漁法も少なくなっているが、もとは特色のあるワチ漁が三原から木原の沖合でおこなわれていた。これは冬期、夜間におこなわれる網漁で何組もの漁船がかがり火を焚いて、その火に群がるワチというコノシロの小さい魚をとるのである。このかがりの火が夜の海に映えて船火事のようにみえたので、糸崎港や尾道港にはいっていた船が驚いて集ってきたという話がある。ずいぶん活気のある漁であった。

こうしたはなやかな漁は昔語りになってしまったが、ここに住む人びとはいまも海に生きた人の持つ独特の風格を強く残している。

（赤井夕美子）

●三原の新開《しんかい》

現在の三原の町は干拓と埋立てによってできたといってもよいほどである。

沼田川は本郷の下にいたってその流域を広げ、本市《ほんいち》の南に沼田千町田といわれる広い水田地帯を形成しているが、このあたりはかつて海が深くはいりこんで入江になっていたという。そのことは航空写真などによっても知ることができる。水田の中にある片島や亀山はかって入海に浮ぶ小島だったのである。そしてここには中開、大開、片田開、十二公開などの字名がいくつも残っていて、古く新田として開かれたことがわかる。

沼田千町田が水田化されたのは近世初期以前のことだとされている。その全てについて開発の年代を知ることはできないが、嘉禎四（一二三八）年沼田庄の地頭、小早川茂平が代々の将軍の菩提をとむらうために念仏堂をたて、その灯油料、修理費などにあてるという名目で「塩入荒野」の開発を願いでて許されたという記録がある（小早川文書）。この念仏堂は後に小早川氏の氏寺となった米山寺だといわれており、塩入荒野は沼田千町田のあたりだろうとされている。すでにそのころにはこのあたりは上流から運ばれた土砂などによって埋り、低湿地となっていたことが知られる。その頃からこの荒野の開発がしだいにすすみ、中世を通じてのたゆみない努力によってこの穀倉地帯は成立したものであろう。

そして近世以降、さらに下流の河口地帯の埋立て開作がおこなわれる。近世初期、福島正則は糸崎の松浜沖から犬吠崎までの間に捨て石をいれて堤を築くという壮大な計画をたてたが、幕府の知るところとなって改易され、計画は遂行されなかった。浅野氏の代になって元和八（一六二二）年に頼兼新田、正保元（一六四四）年横山新田、延宝二（一六七四）年には糸崎の天神新開二四町（二三・五ヘクタール）がひらかれた。天神新開は寛文から延宝にかけてこの地方をおそった飢饉のために困窮して流浪する人びとの救済を目的におこなわれたもので、ほいとう（乞食）新開ともよばれている。そして元禄一三年（一七〇〇）には一三〇町八反（一二九・五ヘクタール）とい

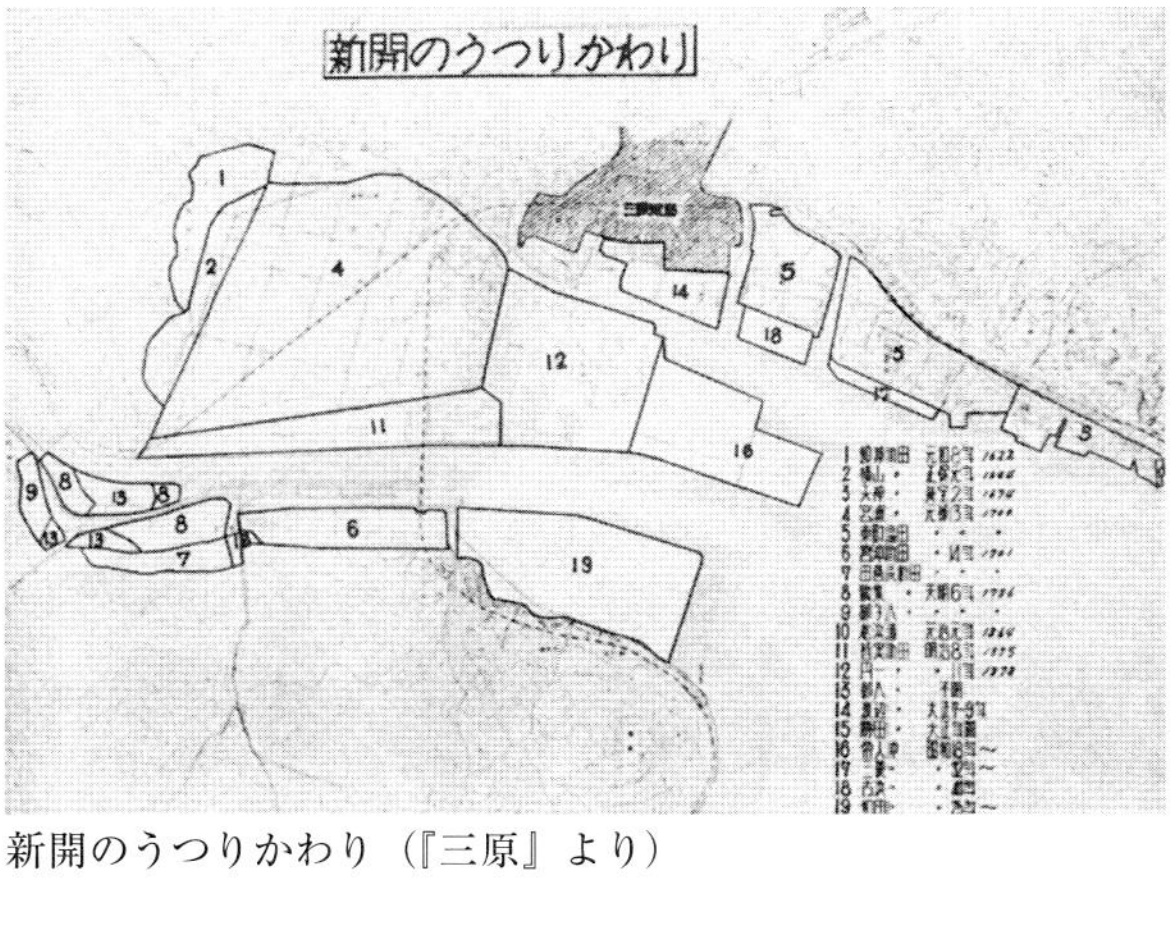

新開のうつりかわり（『三原』より）

う規模の大きな宮沖新開と東町の古浜塩田九町九反（九・五ヘクタール）がひらかれている。宮沖新開は規模が大きいだけに潮止めがなかなかの難工事で、人身御供を捧げて海神の怒りを静め工事の完成を得たという伝説が残っている。そのほか沼田川の南岸、田野浦でも元禄一四年に宮沖新開、田喜兵新開、天明六年（一七八六）鶴集新開、御手入新開などがひらかれて、煙草、棉などの商品作物が栽培されるようになった。

明治にはいって皆実新開が明治八年に、円一新開が十一年に埋めたてられて、ブドウなどの栽培がさかんになり、一時は「昔名高い浮城よりも、今じゃ三原は房ブドウ」とうたわれるほどの盛況を示したが、昭和九年、円一新開に帝人三原工場が建てられ、皆実新開はその社宅街となってすっかり様相をかえてしまった。その後も渡辺新開、勝田新開、帝人沖、三菱、古浜沖、和田沖などの干拓がおこなわれて三原湾内は昔日の面影をなくしてしまった。そしてこれらの新しい埋立てはいずれも工業用地としてのもので、新しい三原の町はそれらの造成地の上に発展の道をもとめている。

（田村善次郎）

●三原港

芸予の海は美しい。その芸予の基地として三原港はある。芸予諸島は約九〇の島々からなり、その中の大三島、生口《いくち》島、弓削《ゆげ》島、因島、伯方《はかた》島、岩城島、大崎上島、大崎下島、大久野島、佐木島、小佐木島、豊島などに三原港から船が出ている。

また、三原港は四国西部への玄関口でもある。今治へは高速艇で一時間、松山へは水中翼船で一時間二〇分、今治へはフェリーも出ている。波おだやかな芸予の海を、みかん畑の島々を縫うように船は走る。

三原港は明治四年に築造された。その後いくつかの工場が設置されるようになり、幾度かの拡大工事をへて現在の港となった。昔は三原の城下へは商船の出入りが禁止されていた。三原城は海に出っぱった城であったため、戦略的に一港を築き、兵船を備えて城を守らなければならなかった。それで、明治まで三原城下にはしっかりした港はなく、糸崎に港があったのである。

登町から三原港を望む

港は駅から二七〇メートルという近さにある。新幹線ホームの四〇〇メートルを考えると駅構内に港があるといってもよい。

そしてこの港は稲の収穫がすんだ時期に行くと、島々のみかん畑に敷く稲藁の積み出しが見られ、その港岸で釣り人が糸をたれているのを見ることが出きるのどかな港でもある。

（印南敏秀）

●佐木《さぎ》島（鷺浦《さぎうら》町）

三原には人の住んでいる島が二つある。大きい島を佐木島と呼び五五〇戸の家がある。小さい島は小佐木島である。

佐木島は島でありながら漁業権がなかった。人々は農業によって生計をたててきたのである。山頂まで耕された畑が、人々がたゆまず働いて生きてきたことを私たちに教えてくれる。

この島は古くはよく木が茂っていたところだったといわれる。しかし塩田が開発されて以来、塩を焼くために山の木々が切りつくされてはげ山になってしまった。地肌は花崗岩とその崩壊土で、雨が降れば山肌は土砂の流失がいちじるしかった。少しでもそれを防ぐためには、多くの有機質の肥料を入れなければならない。山に草が生えている所ではその草を牛に踏ませて糞尿を混ぜ、それを腐らせ

筆影山から小佐木島（手前側）とその後方に佐木島を望む

れば肥料ができた。しかしこの島には刈る草もない。その代りに海の藻をとって肥料にした。夏の暑い盛りになると、海のあちこちに浮んだ藻刈船の上から海の中に自分の背丈の三倍もの長さの藻バシというものをつっこみ、それをねじりながら藻をひきぬく農民の姿が見られたものだった。島のまわりだけの藻では足りず、東は福山の松永湾の方へ、西は忠海のあたりまで藻を採りに出かけたという。忠海方面へ行く時は船に食料、薪などを積みこんで一〇日間位泊りこみで出かけた。そして採った藻はそこの浜に干し、乾かしてから持って帰った。藻を採りにいく先々で許可をもらい採藻料を払って、一組二〇～五〇艘の船団を組んで出かけていったという。

　そのようにして佐木島では長年、芋や麦を作ってきたが、明治の終り頃から除虫菊を作るようになった。現在はもう除虫菊を作っている所もなかなか見られないが、一五年も前までだと、五月頃にこの島のあたりを船で通ると真白い花が畑をつつみ、その間に麦の緑が入り交じって美しい絵模様をなしていたという。マーガレットに似た白い除虫菊の花は蚤取粉や蚊取線香の原料となり、大事な換金作物であった。それも戦後、化学薬品が出まわるようになってからは、畑はみかんや西瓜に姿を変えていっている。と同時に砂防のために植えた木が少しずつ大きくなってきて、山が繁り、地肌も次第に見えなくなってきた。その点では島の人達の努力がむくわれたように見えるけれど、島外からの人たちや工場の進出などによって海が汚され、この島に大切な海藻はあまり採れなくなっている。

（吉田節子）

●小佐木島

　小佐木島は佐木島の北西の、鼻の先ほどのところに浮かぶ戸数一七戸ほどの小さな島である。島内の道をひとまわりするのに一時間ほどあれば充分である。家々は東に面する小山のふもとに並んでいる。耕地は山のふもとのごく小さな畑と、その小山の斜面のあちこちにみかん畑が目立つ程度である。

　このような小さな島にもそれに応じた暮らしのたて方があり、そしてそのなかで変化をたどってきた。大正の中頃まで、この島には黒瀬という大きな材木問屋があったという。日向（宮崎県）などから船材を仕入れていたらしいが、島の人々はその材を使い、船大工としてくらしをたてていたものだという。親方あるいは職人として、どの家にも一人は船大工をやっている者がいたほどであった。佐木島の藻刈《もかり》船も能地（幸崎町）の漁船も、この島の船大工が腕をきそいあって造ったものだという。ところが材木問屋がなくなると、こうした船大工は対岸の須波などにある造船所に勤めるようになり、しだいに島の外に出るようになった。現在はかつてのなごりを残して二軒ほど小さな造船所があり、船おろしの台を海へ向けてならべている。

　そこから山を越えてほぼその裏側、島の北東の砂浜は、現在、夏は三原市民の海水浴場としてにぎわっている。海の汚染が社会問題となっているこのごろ、三原では唯一の海水浴場である。

（香月洋一郎）

小佐木島と釣船

三原の村々を訪ねて

文・写真・図　香月洋一郎

三原に住むようになった

　瀬戸内海北岸の多くの地域では、北に迫る山を背に、南へ向けて少しずつ少しずつ人々のつくる陸地がすそを広げていった。塩浜や鉄山の燃料を得るためにできたといわれるはげ山は土砂を流し、それは河口で砂州をつくる。そこを石垣で囲っては中の水をかいだしていくのである。その土地の上に町や港や耕地が生まれ、広がっていく。広島県三原市もそのような歴史をもっている。ここは東は尾道市、西は竹原市と隣接する人口八万五千ほどの広島県東部の沿岸都市であり、かつての安芸《あき》の国と備後《びんご》の国の境にも位置している。

　四月後半、朝六時前の東町。まだつめたくしずんだ空気の中を、魚売りのおばさんがリヤカーを引いて通っていく。その道のあちこちにまつられている小さな祠に、町家からでてきたおばあさんが花をあげている。食料品を扱う店はもう戸をあけはじめている。三原での私の最初の印象といえば、そのような光景だった。東京を夜行で発ったものだから三原へ朝早く着き、しらじらと明ける光の中で駅のまわりを歩いていた時のことである。

　三原城の東西へ伸びる街道に沿って形成されている東町、西町は、現在の市街地のありさまからみれば駅の北側の山すそに連なる一地域にすぎない。けれどもかつては三原の町といえばこの地区を指した。駅から南へと新興地が広がっていったため、新しい波を直接かぶらなかったためでもあろうか、この通りにはまだかつてのおもかげをしのばせる町家が本瓦葺きの軒をつらねて続いている。ことに東町はみごとである。もっとも内に住む人たちの交代はかなり頻繁におこなわれたらしい。

　もし、近世以降の干拓がなされる前の三原の町を海から見たとすれば、それは北の山と南の海とにはさまれた、かなり窮屈な場所に立地する一筋の集落であったろう。北の谷から流れる涌原《わくはら》川（和久原川、干《から》川ともいう）、河原谷川、恵下谷《えげだに》川といった川も、町の家並みに沿って流れるのではなく、町を区切るような形で海へ注ぐ。東と西の、あるいは北の山間部と南の海との結節点としての性格を強くもつ町だったのだろう。もっとも瀬戸内海自体が、そのようなポイントの集合体であったのだろうけれど。

　私は一昨年の春、はじめてここへ来て、昨年の夏からここに住んでいる。地元の鮓本刀良意《とらお》さんのお世話によって『三原市史・民俗編』をつくる仕事を手伝わせていただくことになったからである。鮓本さんは民俗学に長じた方で、三原ではその一徹さでも知られている。三原で生まれたが若い頃は大阪などへ出、方々で様々な体験を積み四〇歳になる前に三原にもどり定職についた。そして五〇歳をすぎた頃、医者からは死の宣告をうけるほどの重い病気になるのだが、それ以後鮓本さんは一大奮起をして、周辺の町や村を歩いてその生活や文化を記録し続けてきた。ここ数年来はほとんど寝たきりの生活であるが、その情熱はいささかも衰えてはおらず、それま

三原駅からバスで北へ40分ほどの八幡町には広々とした水田地帯が広がっている

での調査、研究のひとつひとつを初対面の人にも熱っぽく話される。

さて、三原駅前の駐車場の中の古い一棟三軒長屋が、われわれ三原市史民俗編調査班のねぐらとなった。当初、資料や生活用具がドカドカと持ちこまれ雑然としていた長屋も仕事が進むにつれ整理されていく。というより、そこで気持よく暮らし気持よく仕事をしてくためには、そうなっていかざるを得ない。ここで正月をむかえるのかと思えばなんとなくものたりなくなって、神棚をつける。ひと株の花でも気持を変えることがあるものだろうと、家の前に花を植える。春に食べるのが楽しみだと渋柿をむいてつるして柿すだれを作る。机もベニヤ板とビールのカートンで広々としたものを作る。部屋を明るく。机を明るく。

そうして今、数人の仲間とともに三原のあちこちを歩き始めている。

北部山地の八幡《やわた》町へ

まず、三原市の北端の八幡町に入った。ここは三原の町からバスで四〇分ほどゆられ、垣内《かいち》というとっつきのむらにおりると、そこから北東に広がっていく水田地帯である。三原の町からいきなり入ると、ここも同じ市の内かと思うほど静かで落ちついたところである。人々ものびやかに暮らしている。四月末のことで田にはレンゲの花が群れており、あちこちの苗代で働いている人の姿がみられる。道沿いの澄んだ流れにはタネモミの袋が浸されていた。

向かって正面にホンケ（母屋）、右にウシヤ（駄屋）、

中之町後山の小早川造りの民家。中央に母屋、向かって左に蔵、右に駄屋。訪問者が横身を見せて屋敷に近づくように、屋敷地への階段が右から斜めにつけられている

左にクラ（蔵）を配し、石垣の上に築かれた家が山ぎわに散在している。山は松林が多い。家への道は、石垣を右から横にあがるようになっている。家に入る際、正面でなく横身をみせて近づくわけで、家の者が外敵に対し防ぎやすいよう考えられており、このような形を小早川造りというそうである。家は山ぎわだけでなく、平坦地にもあるが、その周囲の田の畔とのあり方からみてあきらかに田をつぶして建てたと思われるものが多く、この方は新しい家であろう。もっとも話を聞いてみると、八幡町のみでなく、木原《きわら》町のような沿岸の畑作地帯で山すそに家が密集しているところでも、この一〇〇年の間に多くの家が高台から低地へと移っている。だからかつての景観は今より少し違ったものであったろう。

　この八幡町の宮内《みやうち》には御調《みつぎ》八幡神社という古いお宮がある。和気清麻呂《わけのきよまろ》の姉の法均尼《ほうきんに》の草創と伝えられる石清水八幡宮の別宮であるという。かつてはこのお宮を中心に、八幡町から御調町にかけてのむらむらは祭を通じて宮座《みやざ》というつながりをもっていたといわれるが、今ではもうはっきりとしたことはわからないようである。（三七ページ「三原名勝名物図絵」参照）

田と水の関係

　三原に入ってからこれまで、このお宮にはずいぶんとお世話になってきた。はじめて八幡町に入りこのお宮に行った時、途中で苗代の畔をぬっていたおじさんに鍬《くわ》の使い方を尋ねたのがきっかけで、宮内むらの田一枚一枚の水の引き方や田のあり方をことこまかに教えてもらうことができた。どの川からどの田にどのように水を引く

か、どの田はどの田を経て水を得るのか、経由する田が二毛作田で苗代の時に水が引けぬ時にはどうするのか。それらは根強く、整然とした秩序をもっていた。そうしてその秩序の末端を変えることすら、利水施設に大きな変化のない限りほとんど不可能なことといってよかった。このことは大きな驚きとして今でも私の胸に残っている。田の水の引き方を通じてむらは各々の顔を持っており、その性格はその地の拓き方をかなり反映しているように感じた。

人がその土地に住みつき、住みつづけていくために何を生みだし、何を必要としたか、いったい開拓って何だろう、定住ってどうことだろうという問題はそれまでも漠然とした形で頭の中にあった。時代や地域により、それは違った形をとってあらわれてくるのだろう。しかし、その対応する様々な姿勢の中に、一定の法則が潜んではいるのではないのかと思う。それはたとえば古代の条里制下の生活であろうが、戦後の開墾地であろうが、おおもとのところで包括し得るのではないのだろうか。このおそろしく大きな問題に対して、ごくわずかでも三原でなにかきっかけをつかみたいとは思っていた。ただあまりにも漠然とした問題だった。それを具体的に、水利というものから食いついてみようかと思ったのは、このおじさんに水の引き方を教わってからである。

八幡町の農家の納屋をのぞかせてもらって気がつくことのひとつは、多くの家が、何らかの形で開墾用具を備えていることである。木の根や石の多い土地を掘る厚手の鍬や、池を掘ったり山を削る時に使う新田棒《しんでんぼう》と呼ばれるモッコの棒など。少し前の時代まで多くの人々は開墾の鍬をふるっていた。聞き書きでさかのぼれる限りではそれは明治の後半にさかんに行なわれたようであり、このことに対応するのか、その時期に出た分家も多い。そうして昭和のはじめまで徐々に耕地は広がっていった。

田は、大まかにいってしまえば、谷水を利用するか、川を井堰《いぜき》で止めるか、溜池をつくるかによって水を引く。田に引けるほどの谷水がある谷筋には古くからすでに田がひらけており、川の井堰にしてもその数と位置は昔から定められていた。人々は小さな谷の奥をしきり、そこに池をつくることによって田を拓いた。谷間を岩盤まで掘り下げ、仕切りとなる土手を築く。土手は内側をハガネと呼ばれる粘土で締め、樋《ひ》をうめた。樋には尺八丈のタテビと、池の底を横に通るヨコビがあり、一尺間隔くらいにつけられているタテビのハチノコ（穴）を上から開けていくことによって田への水量を調節する。ヨコビは池をさらうような時に、一番下の水穴として水を抜くことが多い。明治後半、日銭になる稼ぎといえば池づくりで働くことであったという。五万分の一の地図にもほとんど出ないような小池

細い谷の奥にある幸崎町馬路。谷筋に田を、斜面に棚畑を拓いている

草削りを用いた田の草とり。幸崎町渡瀬

が八幡町のような山間だけでも何十とある。

　そのような後になって拓き添えられた田は、土地条件は決してよくなかったのだろう。休耕田はまずそのようなところからはじめられていく。今歩いてみると背たけほどの草が茂る荒地になってしまったところが多い。今から三、四代前の人々の手によって耕地として生まれた荒地が、またもとにもどったのである。拓いた人々の意欲と流した汗はかろうじて納屋の開墾用具になごりを残している。

町と周辺の村とのつながり

　三原の町は奥の後背地と海とをつなぐ結節点でもあった。現在、三原東城線といわれる北へ伸びる道は、多少道筋が変わったとはいえ、かつては馬車が通い、さらに昔は荷を背につけた馬が往き来した。バスもこの道を通り垣内を抜けて甲山《こうざん》へと向かう。昔は北の世羅《せら》郡周辺から、多くの米、ムシロ、木材などを三原へ運び、もどり荷には塩や石灰を運んで帰ったという。御調郡久井《くい》町や三原市北端の八幡町ではキナワなども出したという。キナワとは松の内皮でなった縄で、港などでロープとして使われた。そうした運搬のもどり荷のひとつとして持ち帰られたのだろうか、現在、世羅郡内を歩いてみても三原の酒屋の名の入った徳利があちこちで目につく。

　八幡町から北は世羅台地と呼ばれる比較的平坦な地帯であり、馬車はむしろそれより南の八幡町と三原の町との間の峠で苦労をした。そのため峠を越す者、あるいは越してきた者が休む茶店が、垣内の道ぞいにならんでいた。多い時では一日に二〇〇台近くの馬車が茶店の前を往来し、店は目のまわるほど忙しかったという。垣内の人は順を決め、朝早くから牛をつれて茶店のわきに待ち、峠の上まで馬車にその牛をつけて引き、駄賃を稼いだものである。これをオシコといった。馬車引きの方でも、垣内の峠にはオシコがいることをあてにして荷を満載してきたものだという。こうして峠を越した馬車は三原の町へ入る。河原小路《かわらしょうじ》をつたい、大善寺という寺の下までくると、そこには荷を受けとる問屋の番頭が出て待っており、いろいろと指図をしたものだという。河原小路は垣内を出てから三原の町のとっつきにあたるところだが、ここは、この一〇〇年の間に周辺の農村部から町へ出た人々が住みついて大きくなっていったところだという。

三原の町の生活もまた、その周辺の農村部によって支えられてきた。ことに密接なつながりをもっていたのは、東町から東北へと入りこむ中之町であろう。たとえば町への燃料の供給を例にあげれば、ここでは三原の町へ割木《わりき》（薪）の束をかついでいく棒が一本あれば生活できるとさえいわれていたという。同じようなつながりは竹原市忠海《ただのうみ》町と三原市小泉町との間や、尾道市吉和《よしわ》町と三原市深町、木原町との間にもみられた。さらに交易圏をみていけば、三原の高坂町は豊田郡本郷町とつながり、もちろん先に述べたように八幡町は三原の町と通じてはいるものの、御調郡御調町や久井町の人々との関係も深い。三原の町を核としての広がりとともに、周辺農村部には、他からの交易圏、生活圏が強弱交錯していた。

漁村の女衆がハンボウ（浅切桶）を頭にのせて魚を行商するカベリにも、各々の漁村によってその行動範囲が違い、売る人一人一人も定まった得意先をもっていたという。東町の東南にひらけた漁村の旭町は、かつての三原の町から中之町にかけて、また幸崎町能地《のうじ》からは沼田《ぬた》川の東流域へ、忠海町の二窓からは同じく西流域へ、尾道市吉和町は木原町周辺へ売りに歩くといった具合である。

中世から近世への三原

大善寺というのは西町にある寺である。三原の町には寺が多い。東部では北東の山ぎわに、西町では北の山をせおって並んでいる。したがって西町の南北の路地の北奥に位置するものもあり、その路地は寺の名をとって宗光《そうこう》寺小路、大善寺小路などと呼ばれている。西町はその南に、江戸中期の元禄年間、宮沖《みやのおき》新開と呼ばれる広い干拓平野ができて商業集落以外の性格が加わってきたためだろうか、東町に比べると雑然とした感じを受ける。

東町と西町とのほぼ中間に、小早川隆景《たかかげ》の築いた三原城の堀と石垣の一部が残っている。三原周辺の歴史がはっきりとしてくるのは、この小早川氏の時代からである。平家が滅んだ後、瀬戸内海一帯には東国武士の勢力が浸透してきた。そうした動きのなかに、蓮華王院《れんげおういん》を領家とする沼田荘《ぬたのしょう》（現在の豊田郡本郷町から三原市西部にかけて）の地頭、小早川氏も現われてくる。小早川氏は相模国の土肥氏の出であり、遠平、景平、茂平の三代の間に沼田荘に根をおろした。一三世紀のなかばに、それがさらに本荘と新荘とにわかれ、本荘を惣領家が支配し、新荘は茂平の弟秀平が譲られて椋梨《むくなし》氏と称した。ついで都宇竹原荘に竹原小早川が進出した。沼田荘内にも舟木氏、小田氏、和木氏、上山氏、大草氏、小泉氏、浦氏、生口氏、土倉氏、梨子羽氏、乃美氏などの一族がわかれており、各々苗字が地名となった。これらの諸家は、惣領家の強い統率のもとに結合をかため荘園の支配をすめてその経営に力を注いだ。

小早川茂平の代から始められ、現在は沼田千町田《ぬたせんちょうだ》と呼ばれている沼田東町周辺の干拓もそのひとつの例である。ゆったりと流れる沼田川の特に南のこの地は、亀山、片島などの、かつては島であったといわれる小山をとりまくようにして田が広がっている。現在でも、田の四割ほどがあまり水はけのよい状態ではないようである。その排水のためにあちこちに小さな堀を設けているところもあれば、湿地に適した蓮根《れんこん》畑にきりかえているところもある。堀は田の畔に沿う細長いものでコの字型やL字型のものが多い。このあたりでは堀にも稲を植えるため、歩いてみると一見奇妙な形の田があらわれる。

さて、一四世紀の中頃から次第に成長していく安芸の毛利氏は、安芸へ勢力を伸ばしつつあった大内氏と出雲の守護尼子《あまこ》氏との対立や、その間に介在する諸豪族の動向を利用して巧妙な勢力拡大策をとった。そうした動きを背景にして毛利家から三子隆景が竹原、沼田の小早川氏におくられて来る。隆景は現在の沼田川河口から一〇キロ余り奥の高山城から、まず城を海へと移した。大島小島の二島を連ねて築いた海城で、これが三原城である。永禄年間（一六世紀後半）のことといわれる。

城は海へ向かって船入りを開き、軍港としての機能を備えており、瀬戸内の水軍を掌握していた小早川氏の海への深いつながりを示している。さて、小早川氏に次いで福島氏が入り、さらに浅野氏へと移っていくうちに、三原は次第に城下町としての形をととのえていった。干拓も本格的にすすんでいくのは浅野氏の時代である。（四一ページ「三原名勝名物図絵」参照）

江戸中期の文化年間、三原には十一軒の造酒屋があった。このなかで現在までずっと続いてきた家はないが、今なお六軒ほどの造酒屋がここにはあり、三原の町並の景観に特色を添えている。

この近世の酒造業の隆盛は、福島氏が播州からよびよせた川口屋が酒造を手がけたことがひとつの始まりであったらしい。もっともよい水に恵まれている土地柄で、それ以前から酒造はなされていたともいわれる。三原の酒は甘口で口あたりがやわらかい。（三八ページ「三原名勝名物図絵」参照）

近年の三原の町

昭和になり、片倉製糸や帝人などの大きな工場が増えるにつれて、その工場や住宅で必要な桶や建具などこまごまとした用具の需要が増えた時期があった。その時になって、旅から旅への渡り職人の何人かは三原に住みついて暮らしがたてられるようになったという。というよりむしろ、その需要をこなせるだけの職人が三原にはいなかったのであろう。もっとも鍛冶屋は多かった。鍬や鎌を打つ店の外に、和鋏《わばさみ》を打つ店もあり、鋏は三原のみやげもののひとつであったといわれたほどである。三原にもとからいた酒屋の大きな酒桶の修理を専門に桶屋をしていた者が多く、小物を扱う店は少なかったという。小物は名古屋からの既成品が戦前までは荒物屋を通じて出まわっていた。

また一方で渡り職人の間では三原はことに住みつくことがむつかしい町だともいわれていたという。町のひとつの性格であろうか、旅の者が店をかまえても客がつかず、三原では三年住んでも食えぬと言われていたそうである。現在通りを歩いてみると、そういった旅の職人

西町の桶屋職人。生活の隅々にはまだ桶が使われていた

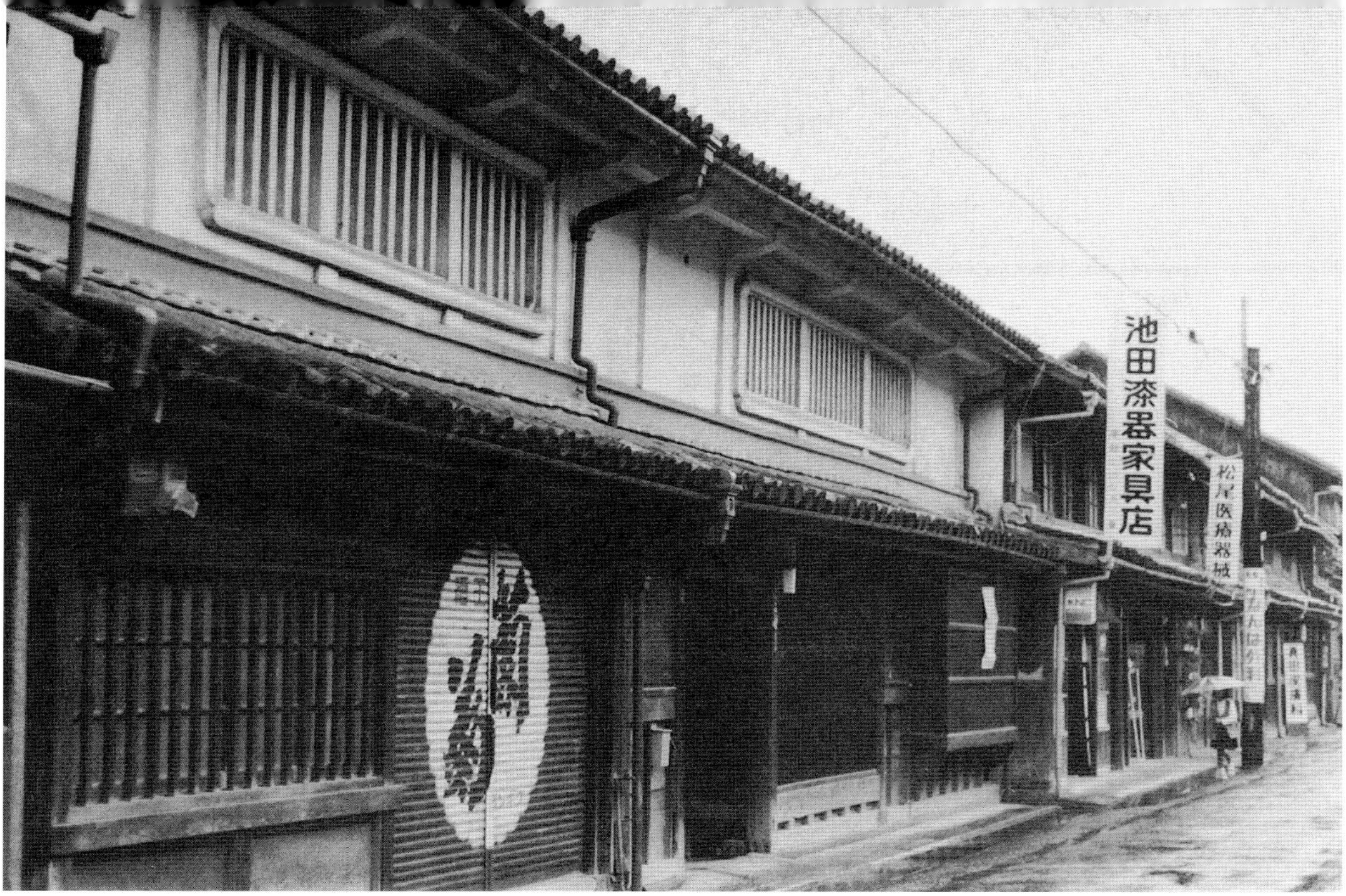

三原の町並。東町には３軒の造酒屋がある

も含めて、あちこちに職人の仕事場が目につく。鍛冶屋、桶屋、鋸の目立《めたて》屋など。けれどその店数は、明治の中頃に比べると半数以下のようである。かつての町の自治の世話役であった川口屋、山科屋といった旧家も、今は三原にはない。

淡島さんのお祭りがすむと浴衣《ゆかた》を着、和田町貝野《かいの》の地蔵様の祭（旧七月二十三日）が終れば浴衣を脱ぎ、十一月の亥の子でこたつを出す、といった節をおさえていくような生活秩序も今ではなくなり、聞き書きからでしか知ることができない。ただ、かつて小早川隆景が、それによって年の景気や民情をはかったといわれる一月の神明《しんめい》祭は、現在もさかんに続けられている。

わからないけど歩いてみれば

中之町を歩く。降雨期以外はほとんど水が流れぬ和久原川のむきだしの川底や、田の一枚毎に掘られている野井戸にまず驚きながら歩く。そこで九〇歳の農家のおじいさんに昔の野良仕事の話を聞いてはまた歩く。

なぜ歩くのか。なぜお年寄に出会えば尋ねるのか。心を引かれるから。なぜ心を引かれるのか、そのあたりが自分でもよくわからない。また九〇年間農業一筋で生きてきたおじいさんに、農業を知らぬ者が数時間話を聞いただけで何がわかるのか。たとえそれを五回、十回とくり返したところで。そんな疑問が湧かないといえばうそになる。

かつての生活のありさまを記録しておくことは大切なことである。「あんたらなんでこんなことをするのかね」と聞き返されると、「今調べておかないとそのうちわか

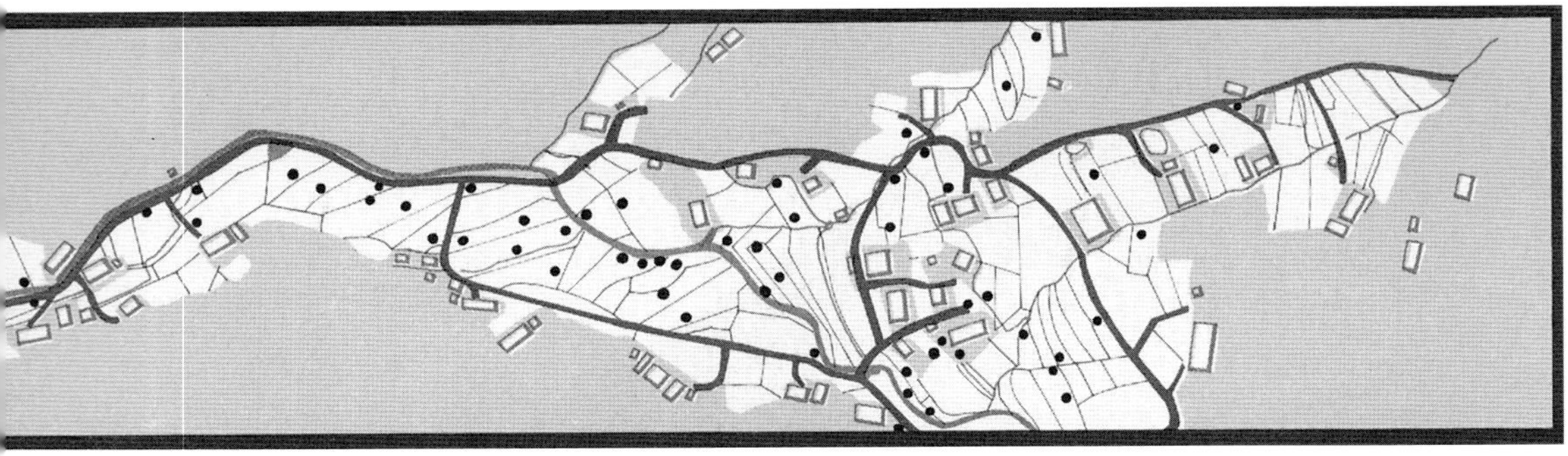

中之町光谷の野井戸

らなくなりますから」と答えざるをえない。よく使う逃げの手である。多少は本当であるが。けれど、少なくとも自分に関していえばそうした使命感だけで歩いているのではない。結局、こういうことになるのだろう。もう少しまともに生きてみたいと心のどこかで思っているのであろう。つまり「手ごたえ」のある「時」をもち、つみかさねていきたいということなのだろう。人間として少しずつでもよりよく生きていきたい、とここまで固まった言葉でいえば言いすぎだし、いやらしくもなろうが、それに近いもやもやとしたものが心の中にある。土地を歩き、何かを発見すること、農業に自分の力をかけてきたおじいさんに農業の話を聞くこと、これらは遠まわりかもしれないが、心の中の「欲」とどこかつながっているように感じるからである。

　ただそういったひとつひとつの発見をその場限りのものにしないために、自己満足に終わらせぬために、できるだけ正確に記録をとっている。そんな気持が強い。もう少し確かな眼をもち、もう少しこまやかな心をもち、もう少ししっかりと考えてみたい。それも一人だけでなく仲間と一緒に語りあって歩いたり記録をまとめてみたい。

中之町の野井戸

　さて、その中之町は和久原川の主に北西岸に並ぶ家々と、川から入りこんだ谷間の家々とからなる水田地帯である。かつては煙草栽培が有名なところであった。最近は住宅が激増している。野井戸はポンプで揚水しているもの以外はもう使われておらず、その脇にハネツルベが朽ちて残っているのがあちこちに見られる。夏の暑い時分、ハネツルベによってこの井戸から田へ水を入れることが、かつてのこの地での大切な、そして苦しい仕事であった。ツルベの先の桶は一斗入りほどの大きさであり、あるおじいさんは一反につき三〇〇〇回ほどハネツルベを上げ下げしては田に水をおぎなったという。昼にひと休みをするだけで、朝と夕方それをやっても一日二反の水を入れるのが精いっぱいであった。

　こうした野井戸は、おもに地元の人々が掘ったものである。掘ってみて底に牛のよだれほどの水が出れば、それで充分井戸として使えたという。内側を石垣でかため、底の方が少し広がる形をしている。きちんと丸く石垣が積んでいけるように、古い荷車の車輪を定規がわりにして石垣のいびつな

畔のすぐ横にある中之町の野井戸

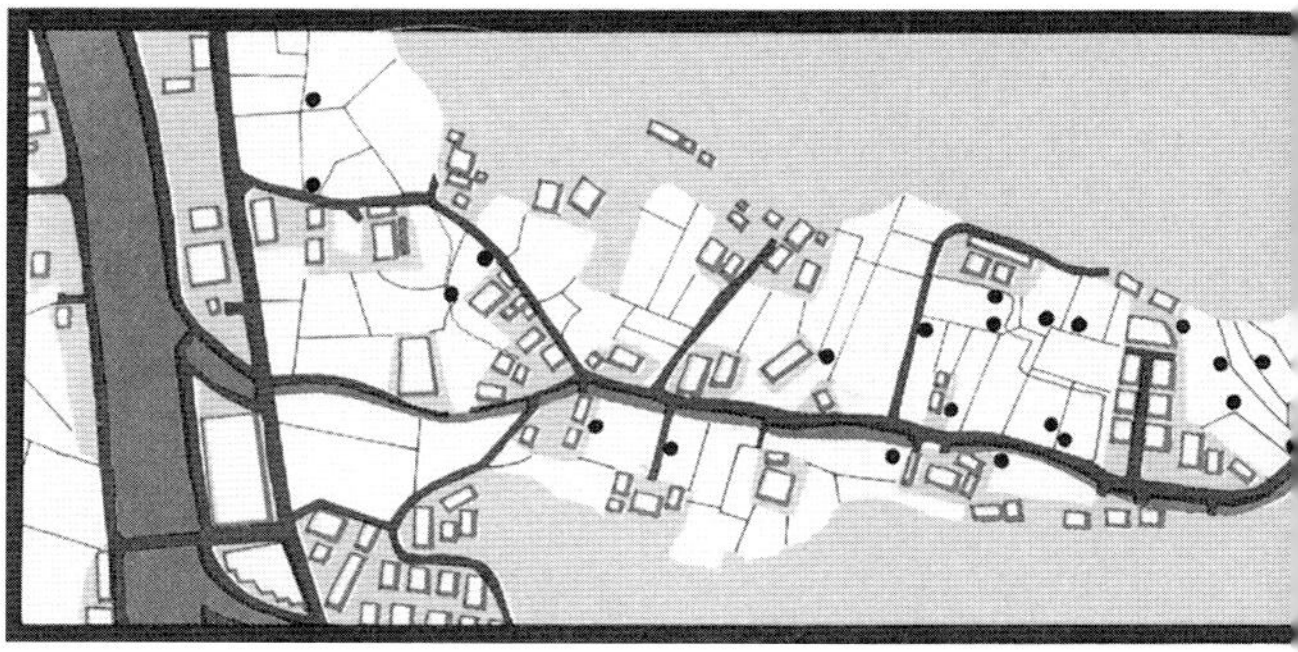

野井戸は田に水を補うための井戸である。この中之町光谷集落の場合、谷川からの水が用水の基本となるが、その水量が乏しいために田ごとに専用の野井戸が用意されている。そしてそのほとんどは個人所有である。

野井戸はハネツルベで汲みやすいように畔のすぐ横にあるが、これだけ分布の点をおとしてみると川筋に沿って二筋か三筋の地下水脈がみえるようでもある。

この他にもかなり埋めてしまったものがあるというから、かつてはおびただしい数の井戸があったのだろう。

面を修正していったという。現在では奥の谷に溜池が作られたので、野井戸の多くは使われず放置されている。

このような溜池は、従来あった田の水利を安定させるために後からつくったものと、はじめから溜池がかりの田のために作ったものと、作る技術は同一でも性格は違ったものになる。そうして前者の場合、田作りの時は池の水は使用せず、夏のあて水のためにとっておくところが多いようである。

小坂町に徳池と呼ばれる大きな溜池がある。この池はこの地の庄屋が私財を投じて農民と協力し安永七（一七七八）年から文化一〇（一八一三）年にわたりつくりあげたものである。小さな池を開掘、改修してできたもので、水田三〇余ヘクタールの水不足を救った。この開池のために田を犠牲にせねばならなかった持主には、池水利用に優先権が与えられたという。

さらに中之町の奥、大谷や別所のあたりでは、普段は川底の白い石をさらしている枯れ川から伏流をとる装置を設け、その水を用水として引いているのをいくつもみかける。これは、石や土管で川底に細いトンネルを掘って、その口を出してそこから水を引くしくみである。場所によっては一〇〇メートルを越す長さのトンネルをつくっているところもあるという。この他にも八幡町や幸崎町で、これとは別の方法ではあるが、やはり伏流を利用する事例を聞いた。この土地の人々は、川には伏流というものがあり、そうしてその地中を流れる水は利用するものであるということを知り、利用してきた。

畑作の木原町

三原市内の小字《こあざ》地名から、中世の名田《みょうでん》であったと思われるような地名の分布をとってみると、中之町は最も多くそれがあらわれるところのひとつである。中之町からさらに奥に入り、小高い山の周囲に三つの集落が並んでいる深町に入るとそれは消える。また、糸崎八幡の宮座のなごりが、今でも中之町には残っている。宮座を構成する範囲は中之町と、そこから海辺へ出て糸崎町、木原町にかけての地域である。

糸崎町と木原町は東町から尾道へ向かう途中の沿岸傾斜面にある畑作地帯である。南向きの山すそに家々が密集する。自分の家のそばの畑には自家用の作物をつくるが、他の多くの畑には、小麦、分葱《わけぎ》、ナンキン、ササゲ、除虫菊、薩摩芋、藺草《いぐさ》など、三原や尾道へ出す多くの商品作物をつくってきた。ことに木原は分葱とナンキンで知られていた。分葱とは葱《ねぎ》を少し小ぶりにしたような作物であり、南京《なんきん》はいうまでもなくカボチャのことである。現在はといえば、傾斜面のほとんどはミカン畑で占められており、山すその平坦地だけ他の作物がつくられている。

三原市内でここほど種々の作物を間断なく植えつけ、収穫する密度の高いところはなく、従ってここほど人がよく働くところはないといわれる。今から五〇年ほど前、よそのむらへ行ってきた木原の人が驚いてこんなことを話したという。なんとあそこでは、畑仕事の最中にわきを人が通っても、尻を向けたままのあいさつじゃなく、手ぬぐいをとってちゃんとあいさつをしているぞ、と。木原では尻を向けたまま、手ぬぐいをとらぬままであいさつをすることが普通であったほど、人々はわき目もふらず土に向かっていたのだろうか。

そのためには地力を保たねばならず、昔は各農家が月に二度ほど、三原や尾道へ肥船《こえぶね》で下肥を汲みに行ったという。肥船とは、船内にしきりをして大きな溜をつくった船か、肥桶を三、四〇ほど積んだ船で、町の家々をまわっては下肥を汲んで船に運んだ。こうして船で運んできた肥をうつす大きな溜が木原あたりの海辺にいくつもならんで掘られていたという。この船はむらで共有するところもあり、大きな農家の船を借りて使うこともあった。また尾道へ野菜を出荷する時などにも、この船をよく使った。（四〇ページ「三原名勝名物図絵」参照）

さらに木原町には、かつてもうひとつの稼ぎがあった。町内の赤石港の荷役である。松永の塩船や大連（満州）からの肥料船などがここで荷をおろしたというが、その作業にも農家の人が従事した。年の三分の一くらいはこの仕事をしていた者もいたという。作業は頭の統制のもとに、自作人も小作人もなく、ただ一人の人夫として働いた。このことが、木原町全体の雰囲気を風通しのよいものにしたらしい。そういった旨の発言を何人ものおじいさんから聞いた。他所から木原へ養子に入った人や、その逆の人からも話を聞いてみたが、木原では他所と比べて一人一人が自分の意見というものを持ち、そのもとに暮らしている気風が強いとのことだった。そのような意味で、木原は強い個性をもったところである。もちろんその背景には、働きづめに働かねばならなかった生活があった。

農業の佐木《さぎ》島・小佐木島

三原市内で、他に畑作地帯といえば、佐木島、小佐木島、登《のぼり》町それに幸崎《さいざき》町の一部であろう。

佐木島は木原町の南西の沖に浮かぶ、戸数五百戸余りの島である。数年前に田を畑にきりかえたため、ここに現在は田は一枚もないといってよい。ただ、あちこちにまだ残っている藁グロが、もとの田の位置を示してくれる。それは海よりの平地に多い。夏、白い砂の道の照り返しの強い日、私はここを歩いた。傾斜面にはミカン、平地にはスイカが多く植えられている。島の南東部の耕地へは因島（因島市）の重井《しげい》からも農耕船で出作に来ている。

また佐木島では漁業権を持たぬため、魚は幸崎町能地から売りに来ていたのを買ったのだという。それに戦前、島内の山は降雨期には土砂の流出に悩むほどのはげ山であったため割木《わりき》は高根《こうね》島（豊田郡）から買っていた。肥料は夏の間に三原の沖から忠海にかけての海域の藻を刈って入れたという。他の土地とのつながりのなかで生活を支えていった性格の強い島であろう。藻を刈るには藻刈船《もかりぶね》を使う。小型の船であるが、船の上からモバシと

左　佐木島の傾斜畑にはミカンがよく植えられている。平地ではスイカが多い
下　佐木島で使われているテスキ

もいう長いサオで藻をからませては引きあげる。行く先々の浜でそれを干し、軽くなった藻が船いっぱいになると島へもどって来た。先に述べた肥船を使う木原町の農民や藻刈船をあやつる佐木島の農民には、船があやつれることと潮と風についての知識をもつことが農耕生活のための必要条件であった。

耕したり、うねを切ったりするために、人が後ずさりしながら引いていくテスキ（手鋤）とかテビキとか呼ばれる農具がある。佐木島、特にその北部ではこれが多く使われている。家によっては一〇種類くらいの様々なテスキを備え、使いわけている家もある。これはそれまで歩いた三原の他地域ではみかけられなかった特徴で、今も大きな問題として私の心の中に残っている。この時、もうひとつ眼についた農具はエンボウである。エンボウとは藁で編んだ円筒状の容器で、天秤棒《てんびんぼう》にかけて使用する。三原市では、全般的に背負い運搬よりもかつぎ運搬のウエイトが大きいようだが、この傾向が佐木島で最も強くあらわれている。スイカ、ジャガイモなどの運搬に今でもこまごまと使われており、天気のよい日には、庭に二、三〇のエンボウを乾かしている農家をみることができる。（四八ページ「三原名勝名物図絵」参照）

登町《のぼりちょう》へ

三原の町から南に鉄塔の立つ山が見える。その塔の南のふもとあたりが登町である。海抜三〇〇メートルほどのところに家々がある。ここはまた違った趣をもつ畑作地帯である。木原町や佐木島に比べると土が少し粘質のようで、ところどころに田もみられる。はじめてここを歩いた時、家の周囲の畑のもち方、地割、家の点在のありさまはどこか四国の山村、土讃《どさん》線の徳島県の祖谷《いや》口《ぐち》あたりから高知県の土佐山田へ抜けるまでの山々の中腹以上に散在する集落に似ていると感じた。

長谷《ながたに》町の尾形、中山（このむらは今は全戸平地へおりた）といったむらも登町ほど高い位置ではないが谷を登りつめたようなところに家々が集まっている。ただ、登町と違う点は離れた平地に田をもっていることである。いずれにせよ、まだこまやかに見て歩いたわけではないのだけれど、このような海の近くの山地の家々のあり方は、ひとつの大きな問題を示しているように思う。ほとんど海に依存しない集落が、古くから海の近くにあった。（三九ページ「三原名勝名物図絵」参照）

収穫したスイカを農船に積みこむ。佐木島

幸崎町渡瀬《わたせ》で

昨年の一〇月の末、幸崎町渡瀬のあるおじいさんから一一月二日の渡瀬の文化祭の出しものに民具の展示が決まったと知らせを受けた。場所は渡瀬のほぼ中央にある小学校である。当日、同じ敷地の内にある公民館では生徒の学習発表会が行なわれ、グランドではガラクタ市が開かれている。教室に入ると農家から持ちよった民具が五、六〇点ていねいな絵入りの説明とともに並べられている。その隣ではやはり各々が持ちよった自作の手芸品や生花、習字、盆栽などが飾られていた。同じむら内の行蔵庵のお坊さんは、自分の書いた数十枚の墨絵を横に広げてとろけるような笑顔ですわっておられる。文字通り老若男女が、思い思いにこの日を楽しんでいた。私たちもガラクタ市で一〇円の電気ポットと五〇円の保温槽を買った。戸数一〇〇戸前後のむらではあるが、なにかをやろうとするとすぐに集まり分担を決め実行に移す凝集力の強さを見せつけられる思いがした。

けれども、三原を歩いていると、渡瀬だけが特別であるという気はしない。糸崎町や木原町では毎月一回の荒神様でのむらのより合いを続けており、今なお祭に関しては小さな祭といえども厳密に旧暦を守っている。また古くからの若衆宿の慣行を伝え続けてきている幸崎町久津《ひさづ》でも同様にむら内での強い結束がみられる。幸崎町能地が熱気とともに持ち伝え続けてきたふとんだんじり（三三三ページ「三原名勝名物図絵」参照）もその強烈な例であろう。ここの人々は祭のはれやかな日には、照れなどみじんも持たずはれやかに胸を張る姿勢があり、見

ていても気持がよい。そのような例をいくつか思い返してみると、この三原の各地の人々の文化の高さが感じられる。

幸崎町渡瀬を歩く。渡瀬は四つの谷からなる水田地帯である。畑も多い。田は各々、谷川の水に頼っているが、それを補うための溜池も谷奥にある。ごく表面的に水利をみれば、谷水、井堰、溜池などのあり方、重なり方でその地の特色がひとつにあらわれるのだろう。けれど後から作られた水量の大きな用水施設は強い力を持つことがあり、そのかんがい面積の大小のみでは、そこの性格はつかめないようだ。結局、そういったことととともに地形と田のあり方をこまやかにみていかねばならない。

幸崎町渡瀬の神明飾りの練りあい。冬の空田で行なうが、作物が植えてあっても、この日は踏み荒らしても良しとされた

渡瀬では、川が干あがり、池の水が不足すると川底に井戸を掘った。川底は砂地で掘るのには困難でなかった。ただしその井戸を掘る位置と数は昔から定められており、どの井戸からどの田にどれほどの時間水をとってよいかということも決められていた。渡瀬で最も大きな畑岡川には、渇水期になると、そのような井戸がたくさん姿をあらわした。井戸からはハネツルべで水をあげることが多かった。八幡町垣内も水がかれると川底に井戸を掘り、そこに満ちてくる水を田へかきだしていた。

三原の農耕地帯のほとんどに、龍王山《りゅうおうざん》と呼ばれる山がある。その町内で最も高い山をそう定めているようだが、旱魃《かんばつ》の年にはこの山頂で火をたき、雨乞いをする。大正一二、三年に大旱魃がありその時はどの町の龍王山からも煙がのぼっていたという。

山の上から眺めると

渡瀬の谷は深い。奥へ奥へと入っていけば、感覚としては、たいへんな山の中へ入ったように思える。けれども小泉町の南の山頂にある小泉氏の氏寺の龍泉寺まで登ってみれば、海から小高い山をたったひとつ越したところにある集落であることに気づく。その海にうかぶ多くの島々のかなたには四国の山なみが見える。北をのぞめば沼田東町から小泉町が手前にみえる。航空写真ではヤツデの葉を広げたように見える山々も、ここからではくねって続く小さな尾根の集まりである。その山のふもとに家が並ぶ。そうしたなかで、山の斜面をけずって上へ上へと積みあげられていくような住宅の建て方がどこか違和感をもって感じられる。

ゆったりと流れる沼田川をはさみ、中世の城跡高山城、新高山城が並び、そのいずれをも貫通して新幹線が走る。景観としてのみみれば、新幹線の高架は三原の町から見るにしても、町の北の山の中腹から遠望するにしても、あまり美しいものではない。ただ視界をぶったぎるだけの役目しか果たしていない。南の干拓地の白っぽい砂の上に建てられた建物は、日あたりがよく明るい感じがするものだが、一面、どこかよそよそしさももつ。古い村や町の歴史を背負いながら、近年の三原は急速に変ってきている。

私がこれまで歩いたのは、おもに農村地帯である。それも龍泉寺より北の小泉町、小坂町、高坂町あたりは、やっと最近歩き始めたところであり、まだどこがどうとは語ることができない。

それに、三原には漁村もある。幸崎町能地などがその例だが、そこも私はよく歩いてはいない。能地はテグリ網を主にしていた漁村で、家船《えぶね》で瀬戸内海各地に出ていっている。家船というのは日常生活を船上で過しながら、魚を追って海を漂泊し、行く先々で魚を売って生計をたてるその船と漁のありかたをいう。といっても、家船で海に出ながらも能地の人たちは陸にも家をもっていた。盆や正月にはみんながむらに帰って過したものである。また能地は漁村ではあるが、中世の小早川氏時代、その一族の浦氏の拠点であったという歴史をもっている。ふとんだんじりの祭にみられるエネルギーをもち、そして、家船で出た内海沿岸の先々に多くの移住村（枝村・分村）をつくっている。（三三、四五ページ「三原名勝名物図絵」参照）

昨年の夏にここに住みついたころは、瀬戸内海特有のむし暑さのためか通りを行く人々の顔は険しかった。秋になるとその険しさがとれ、通りは穏やかな感じになった。澄んだ空気の中で、町の北の山々はいっそう迫って見え、南面する木原町のミカン畑も色づいて美しかった。

まだ私は三原にやっとなじんだ段階である。住んでみれば住みやすいところではあるが、歩けば歩くほど三原は広いと思う。広すぎると思う。城があり寺があり、町があり農村があり漁村がある。まだまだ歩いてみなくてはならない。

今、冬を迎えている。分室には、寒さと残飯めあてのためか野良猫も同居しだした。すきま風の吹く古長屋での生活はまだまだ続く。

幸崎町浜能地の家並み。海に生きる人々のむら

旅あきない

文・写真　神崎宣武

カンカンをかついだ魚行商のおばさんたち。山陰本線の朝の波子駅にて

石州《せきしゅう》・浜田

石見《いわみ》海岸・当世女気質《とうせいおんなかたぎ》

六、七年前（昭和四五年前後）は山陰線の汽車によく乗って旅行をした。当時はまだ蒸気機関車が煙をはいて走っていて、米子《よなご》（鳥取県）から浜田《はまだ》（島根県）までが準急列車で七時間近くもかかるような悠長さだった。その間、窓でも開けておれば、シャツの襟など煤けてしまい、鼻の中が石炭臭くなったものだ。しかし、今想い起せば、ほのぼのとのどかだった。隣の席のおばさんから大きな握り飯をもらったこともあるし、女学生たちとも気さくに声をかけあうこともできた。

　私は、山陰線の沿線では特に石見（島根県西部）の海岸部が好きだ。海水で浸食された崖と崖の間の浦に小さな浜があり、そこに軒を寄せあうように人家がある。たいした提防もないような海辺に漁船が数隻、そして谷沿いには小さな田圃《たんぼ》が崖の上まで段々に重なっている。

　それは、そこに住む人たちにとってはありふれた景色で、決して恵まれた自然ではなかったに違いないだろうが、旅人の目にはたいそう美しくおおらかに見えた。貧しいとも侘しいとも感じない。なぜなら、そこには明るい彩かな色がある。一つには、崖際や岩場にまで生えている常緑の松。そしてもう一つは、人家の屋根に光る赤褐色の瓦。俗に石州《せきしゅう》瓦と呼ばれている釉薬《ゆうやく》瓦である。

浜田駅のベンチで列車を待つカンカン部隊のおばあさん

　特に夏ともなると、屋根瓦はギラギラと、今にも燃えあがるかのような強烈な色を放つ。もちろん草木の緑や、海と空の青もはえる。そして赤と緑、青がからみあっては眼を焦がす。まるで沖縄から東南アジアにかけての、あの南国の色あいだ。

　冬の旅では、海べりの町や村に住む人たちの暮しぶりが気になった。それは、浜田や江津《ごうつ》の駅で列車に乗り込む行商のおばさんたちの群を見たからである。

　空の色は鉛色、時おり横なぐりに雪花が吹きつける寒い朝だった。割烹《かっぽう》前掛をかけて、手ぬぐいやスカーフで頬かむりしたおばさんや、雨合羽を着て帽子をかぶったおばさんたち。モンペと長靴をはき、軍手（手袋）をつけている。

　おばさんたちは、みんな大きな荷物をもっていた。紐を十文字にかけたダンボール箱、縞《しま》模様の木綿風呂敷に包んだ籠。それに肩からブリキ缶（箱）をさげたおばさんもいる。鈍行列車がホームに入ると、おばさんたちはどっと乗り込み、荷物をデッキや通路に積み上げる。そして、席に坐るとめいめいに小さな帳面や紙きれを出して、荷の中身を照合する。鉛筆をなめながら一人でぶつぶつ呟いているおばさん、バスの車掌さんが持つような皮鞄を開けて小銭を確かめているおばさん、荷物をといて中から魚をとりだし交換しているおばさんたちもいる。

おばさんたちは、これから商売《あきない》に出かけるのである。おばさんたちの家は海べりの町や村にあり、そこで獲れた魚や乾物を山地の村々に運んで売り歩くわけである。

このようなおばさんたちの行商は、何も石見地方に限ってみられるものではない。全国各地で、多かれ少なかれ見られる現象だろう。しかし、石見地方のそれは、かなり大がかりな集団なのである。例えば、私の見た範囲でだけでも浜田駅で五、六〇人、江津駅で二〇人ぐらいのおばさんたちがいた。その他にバスに乗って売りに行くおばさんたちもいるし、浜田や江津の町の中を手車《てぐるま》を押して売り歩くおばさんたちもいる。食料品店やスーパーマーケットが各地に整った現在がそうであるから、昔はもっと多くの人が行商にたずさわっていたと思える。そして、おばさんたちの行商は、石見地方の海べりの町や村の生活を支える大きな力になっていたはずである。浜田からの上り列車で、私はおばさんたちの近くの席に坐った。といっても、あれこれ質問してことさら詮索するつもりもなかった。ただ、おばさんたちのお喋りに耳を傾けてみたかっただけだ。

おばさんたちは、案外にさっぱりとしていた。案外にというのは、光がほとんど感じられない重い空と身を切るような吹雪の中では、気分が浮かれるはずもない、と私が一人合点に思いこんでいたからである。まして朝暗いうちから仕入れをすませ、これから商売に出ようというおばさんたちが、である。ところが、おばさんたちの表情はあの夏の開放的な明るさも髣髴《ほうふつ》させる。口も軽い。

「へえー。あんた東京から来んさったか。こんな婆さんが相手じゃ、気の毒じゃのう。もう三〇年も前に来んさりゃぁ、ワシもあんたの相手ができるほどの器量じゃったがのう」

黒松（邇摩《にま》郡）の婆ちゃんと仲間のおばさんたちから呼ばれていた人の言葉に、周囲がどっと沸く。

「なあ、あんた。ここへ婿に来んか。ええ娘が家にもおるよ。昔から石見の女はよう働いて男を大事にするけえのう、あんたも遊んどって喰わしてもらえるよ。ワシらもみんな、男と子供のために働いてきたんで、娘も働き者よ。うん、保証する。

なに、あんた奥さんがおるの。まあええ、別れておいで」

お吉さんのからかいにまた笑がおきる。荒い声でもない、嫌味もない。まことに天衣無縫なおばさんたちのお喋りである。

世間では、出雲《いずも》の女性と石見の女性では気性が違う、という。同じ島根県でも、出雲の女性はしっとりと内向的で、石見の女性は開けっぴろげで男性的だ、というのである。この行商のおばさんたちも、それにあてはまるだろう。そして、出歩いてたえず他人と話さなくてはならない行商がまた、そうした気質をよりはぐくむのではなかろうか、と私は思った。

浜田の魚市。カンカンを背負って魚の仕入れ値の交渉。仲買鑑札がなく
競売で魚を落とせない行商のおばさんたちは、仲買人から魚を仕入れる

魚市場・仕込みの次第

朝の四時、浜田の魚市場。真暗闇の中で、海に突き出たそこだけに灯がまとまってともっている。

やがて、ゆったりと左右に船体を揺らせながら、漁船が港に入ってきた。海の上には裸電灯をいくつかともした船が続いている。三艘、五艘。サーチライトが接岸場所を照らす。そして荷揚げが始まった。

そのころ、まだ眠りからさめきらない町角にエンジンの音を響かせて軽トラックが続々とやってくる。車体には鮮魚店の名前が書かれており、車から降りた魚屋さんたちは魚市場の鑑札標をつけた帽子をかぶっている。乗用車やタクシーに分乗して、あの行商のおばさんたちもやってきた。あちこちで、ダンボールや木箱屑が焚かれ、そこに人の輪ができ話声が拡がる。

五時半、遠海魚の競売《せり》が始まった。冷々としたコンクリートの床いっぱいに魚と氷を詰めた木箱が並べられ、その上に威勢のよい競売声が飛び交う。そして夜が白々と明けるころ、人の群と競売声は近海魚に移ってゆく。

浜田の魚市。魚の行商人も年配の人
に限られるようになった

上　浜田の魚市。仕入れの前に近海魚の値段や鮮度をチェック
下　浜田の魚市。ずらりと並んだ仲買人の店先。ここが行商のおばさんたちの仕入れ先

行商用のカンカンに詰める前に、仕入れたイカの内臓を取り出し、水であらう

浜田は、日本海西部の漁業基地であり、県下随一の開港（貿易港）でもある。ここでは和船の巾着網《きんちゃくあみ》漁業や機船の底曳き網漁業が特に発達しており、ここからは沿海だけでなく対馬海域までたくさんの船が出漁する。また、そうした漁業の発展に伴って、港の近くには、鯵《あじ》や鰮《いわし》などの缶詰や干し魚、かまぼこなどを製造する中小の加工場が多くある。

ところで、行商のおばさんたちは、魚市場の競売には参加できない。鑑札がないからである。だからおばさんたちは競売が終るまで、焚火にあたりながら待つ。だが、無駄話しはほとんどしない。じっと競売声に耳を傾けている。

競売が一段落すると、市場の隣に卸商《おろしみせ》が開かれる。何人かの業者が競売落したばかりの魚を、行商のおばさんや市内の料理屋などのために並べるのである。おばさんたちはその中を、目を魚に向けたまま、黙ってゆっくりとした足どりで歩く。そして、仕入を始める。

おばさんたち一人一人の仕入量は、たいしたものではない。せいぜい肩から下げるブリキ製の四角い缶いっぱい、鯖《さば》や烏賊《いか》をあわせて一五か二〇匹ほどである。しかし、なかなか簡単には仕入れない。魚を裏がえして見たり、竿秤に乗せて計ってみたりする。それから値段を確かめ、頭をひねったり腕組みをして考える。あちらから二匹、こちらから三匹と仕入れて寄せ集めるおばさんもいる。どこにも手を出さず、空っぽの缶をかかえて小一時間も立ったままのおばさんもいる。ともかく時間がかかる。

唐鐘《とうがね》（浜田市）から来たという、一人のおばさんが言う。

「昔はどの浜にも船が入っとったけえ、仕入も自由にできた。それが今はできんじゃろ。ここの競売次第じゃけえのう。それに、当節は運賃が馬鹿にならんけえ。ワシらは毎日四時に唐鐘を出てくるが、年寄ばっかりじゃけえタクシーを雇わんと動けんさ。四人で相乗して来ますんじゃが、これが一人、三五〇円ほど。ワシはこの後、大佐《おおさ》山の近くの波佐《はさ》（那賀《なか》郡）までバスで入るんじゃが、定期代が三万円ちょっと。その上、荷物賃として一個に三〇円も出さにゃあバスに乗れんけえなあ。まあ、何やかやで一日の運賃が二〇〇〇円はかかる。そうすると、ワシの儲けはいらんと言うてみても、運賃ぐらいは稼がにゃあいけんでしょうが。それから、もうこのごろはどんな山ん中でも便利になっとるし、店もできとるし農家の人の舌も肥とる。昔のようにただ魚でありゃあええとゆうわけにいかんけえ、仕入が難しゅうなったんですよね」

六時から七時にかけて、おばさん

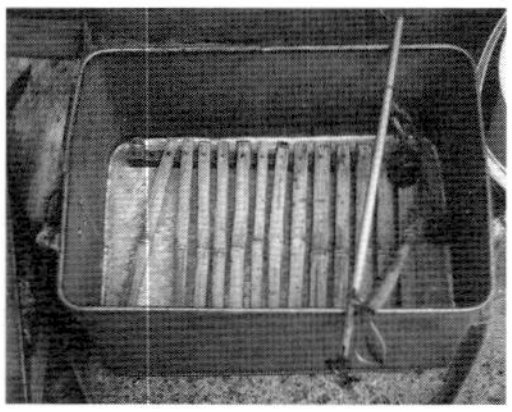

魚を入れるカンカンと竿秤

たちは三々五々に散ってゆく。ある人はリヤカーを引いて市街地へ、またある人は駅に引き返し、再び汽車やバスに乗って山地の農村へと出てゆくのである。おばさんたちの足は、自然と早くなる。

カンカン行商・その行方《ゆくえ》

なぜ、おばさんたちはこうして毎朝暗いうちから起き出して行商に出るのだろうか。もちろん、生活のために、であるに相違ない。でも、なぜ、行商を生業《なりわい》とするようになったのだろうか。

まず、地理的な条件である。石見海岸の地勢図をみると、比較的出入に富んだ岸石海岸のところが多いのがわかる。岩石海岸、つまり磯である。磯には魚がよく集まるし、若布《わかめ》や貝類などの俗にいう磯物が多い。つまり、漁獲量が安定している。したがって、遠出をしないで磯づたいに漁ができる。そうした地理的な好条件を生かして、磯漁を主とする漁村、漁港が石見海岸にはたくさん発達したのである。五十猛《いそたけ》（大田市）、仁万《にま》、温泉津《ゆのつ》（邇摩郡）、浜田（浜田市）などがそうだ。

ただし反面、山が海際までせり出しているために耕地には恵まれないところが多い。わずかな丘陵でも段畑に開いて、半農半漁で自給的な生活が営めるところが極めて少ないのである。特に江津《ごうつ》、浜田、三隅《みすみ》（那賀郡）あたりの海岸部では、耕地は猫の額ほども望めないほどである。

魚は獲れるが、米が穫れない。そこでは、当然、豊富な魚を不充分な米に換えなくてはならなかった。それも、待っていたのでは米は手に入らない。換えに出かける、つまり行商がそこにおこる。その行商は、おもに女の役目になる。男は魚を獲りに海に出るからである。

さて、その交換相手は、海から離れた中国山地の農村である。事実、昭和二〇年代までは、そうした魚と米の交換が盛んだった。時代と場所によってその交換率は異なるが、だいたい塩鯖一本か二本で米二升と換えられたという。その交換率は、交通の不便な山奥に入れば入るほど条件がよくなった。

そして、石見の海岸部を基点とした行商の範囲は中国山脈を越え広島県北の村々にまで拡がっていったのであ

仕入れた鮮魚や乾物を背負って列車で行商先に向かう

カンカンを風呂敷に包んでバスを待つ

る。女が天秤棒《てんびんぼう》で五、六貫（約二〇キロ）の荷をにない、一四、五里（五六～六〇キロ）の山道を往復する。行った先の農家に泊めてもらって二、三日がかりで出ることもあったし、ヒズキといって一日で帰ってくることもあったという。たいへんな重労働だった。

　ところが、中国山地は実に人臭いところである。どこまでも耕地が開かれ、集落は谷沿いだけでなく山の中腹にも無数にみられる。特に島根、広島の山中には、すでに古代から、タタラ（製鉄）や狩猟に関係してたくさんの人たちが入っていたところである。そして、しだいに農業も定着した。何よりも、中国山地の自然は人を拒絶するほど険しくも厳しくもない。人が容易に住めたのである。

　そうした農村市場があったところに、石見からの行商が盛んになった。そして、行商を一つの生業《なりわい》とする集落もできた。黒松、都野津《つのづ》、波子《はし》（江津市）、唐鐘《とうがね》、長浜

街中での行商は、荷車に魚を積んで馴染みの客のいる街筋を流す

（浜田市）などがそうである。

　この中で、例えば唐鐘は、五五〇戸前後の家が海沿いに密集してあるちょっとした町場である。ここでは、漁が半分、商《あきない》が半分といわれている。ここで獲られた魚のほとんどが、そのまま行商でさばかれてきたのである。また。波子は二〇〇戸余りの集落である。ここでは、男は船乗り、女はカンカン、という言葉がある。カンカンというのは、鮮魚を入れて運搬するためのブリキ製の四角な缶をいう。そこからまた、カンカンを肩にかけて行商に出る人たちのことをカンカン部隊ともいう。

　波子では、男は商船に乗り、女はカンカンをさげて行商に出ていた。男が船に積んで売りに出るのは、陶器である。江戸時代の中期ごろから、石見では陶器づくりが盛んになった。温泉津《ゆのつ》（邇摩郡）、江津、都野津（江津市）、宇野、浜田（浜田市）などに窯場が開かれている。ここには白色で粒子の細かな良質な粘土が豊富にあった。その粘土の上に、出雲の来待《きまち》（八束《やつか》郡宍道《しんじ》町）から赤色に発色する釉薬《ゆうやく》をもってきてかけた。甕《かめ》にしても擂鉢《すりばち》にしても、また瓦にしても、石見の陶器はみんな滑らかな赤褐色をしている。そして、硬く焼き上っている。

　だから、各地によく売れて出た。特に瓦は、日本海沿岸一帯で評判を高めた。従来の素焼瓦では水分がしみ込んで、寒期にはそれが凍って割れる欠点がある。その点、釉薬がかかっている瓦は耐水性があり、雪国ではたいへん有用なものだったのだ。

　それを波子の男たちが船で売った。北は北海道から南は九州まで、日本海岸の津々浦々に販路を拡げたのであ

る。瓦につれて、丸物と呼ばれる水甕、擂鉢類もよく売れるようになり、大正時代ごろから後には日本海沿岸のみならず、西日本全域に丸物を積んだ商船が出ている。魚の行商もそうだが、陶器船行商の発展も忘れられない。

「都野津女の歩いた跡には草もはえぬ」。石見の行商の活躍ぶりを表わした諺である。はっきりした数はつかみようもないが、幕末、明治、大正、昭和を通じてたいへんな人数が行商に出ていったはずだ。大げさにいえば、それが海岸部の村や町の生活基盤になったともいえる。

地方によっては、行商を賤《いや》しい職業とみるところもあるが、ここでは決してそんなことはない。行商は、あたりまえのことだった。いや、むしろそれは誇りでもあった。おばあさんたちが口をそろえていう。

「私らの若いころは、一人前に行商に出られんような娘は嫁のもらい手がなかった。嫁に行った後も、子供は年寄りに預けても、行商に出るもんと決っとった」

こんなに盛んだった行商も、戦後（昭和二〇年以後）は衰退気味である。

まず第一にあげられる原因は、山地の農村への交通が便利になり、海産物が自動車で大量に入るようになったことである。そして、山地にも食料品や魚を売る店が増えた。山村の人たちからみると、以前ほど行商人を待つことなく、金さえだせば鮮魚も乾物も近くで手に入るようになったのだ。

行商をする人にとっても、漁業の近代化、合理化のために魚市場が浜田に統一され、そこまで行かないと仕入が難しくなった。交通が発達すれば、それだけ足代もかさむ。そうするうちに、条件がよい仕事がたくさんある時代がきた。唐鐘でも行商をやめ乾物加工業などに転向するものが増えた。また、若い女性は縫製工場などに勤めに出る。

現在、行商のおばさんたちの平均年齢は高い。人数も年々減っている。唐鐘は現在も最も行商が盛んなところだが、それでも男の自動車行商を含めて三〇人ほどである。戦前から戦中にかけて二〇〇人もの人が行商に出ていたのに比べると、寂しい限りだ。やがて、強者《つわもの》どもの夢の跡か――良い表現ではないが、おばさんたちは行商の生き残り部隊なのである。

行商道中・山本さんの場合

浜田駅前、朝六時半。唐鐘の山本ミヨノさんは越木《こしき》行のバスに乗る。

歳を聴き忘れたが、話のつじつまをあわせてみると六三、四歳。しかし、すこぶる若々しい。きめ細かな肌で、顔の色艶がとてもよい。目元が隠やかで、口元が愛らしく、若いころはさぞや美人だっただろう。というわけでもなかったが、私は山本さんに一緒に行ってみたいのだが、とたのんでみた。山本さんは、あっさりとそれを許してくれた。

山本さんは、ダンボール箱や木箱約一〇個をバスに積み込む。バスの通路の四分の一ぐらいが山本さんの荷物で埋まる。荷物の持込料は一回につき一個三〇円。山本さん自身の定期代は一ヵ月、三万五〇〇〇円。ただし、これは一昨年の冬の話である。

山本さんの荷物の中には、烏賊《いか》、鯖《さば》の味醂干《みりんぼし》、目刺《めざし》、鯣《するめ》、煮干《にぼし》、竹輪《ちくわ》、それに巻寿司、稲荷寿司、みかんなどがある。烏賊を除いては、浜田駅の脇の乾物市場で仕入れたものである。

　バスの中はガランと空いていて、おかげで私は遠慮することなくゆっくりと山本さんに話がきけた。

「今は魚の行商だけでは儲からんのですよ。私がこれだけ荷を持つのも、小売じゃあのうて卸をするためなんですよ。今福《いまふく》にも越木にも商店があるから、そこに少しずつ卸すので、それで何とかやれるわけ」

　今福は那賀郡金城《かなぎ》町、越木は旭町である。越木は県境の三坂《みさか》峠に近い。かつては、たいへん不便なところで、浜田から約八里（三二キロ）、普通歩いて一日の行程だった。それが、今はバスで二時間たらずである。越木までバスが通じたのは昭和四一年のことで、山本さんはそれ以来ずっと毎日この道を通っている。

「もう昔のことなので、話すのも恥かしいですね。それでも、これも何かの御縁でございますけえね。

　私が歩き始めたんは、一九の時です。私らの若い時分は、娘はみんな家を出て働かんといけんでした。尼崎（兵庫県）の紡績工場に行く人もおったが、地下《じげ》では行商するしかないですもんね。私は一年ほど裁縫に出してもろうたが、これはええ方だったですよね。

　最初はこの先の今福から今市《いまいち》（那賀郡旭町）あたりまで行きました。テレビの時代劇で見るのと同じ格好ですよ。手織の絣《かすり》の着物に赤い腰巻、脚絆《きゃはん》に草鞋《わらじ》でね。それで、天秤棒かつぎました。天秤棒にはバライという丸い竹籠を吊り下げましてね、私らで鯖五〇本、男の肩で七〇本ですよ。

　そうでございますよね、今福あたりまで四里（一六キロ）か四里半（一八キロ）ぐらいかなあ。朝着くように、暗いうちから歩くんですよ。天秤の先に提灯《ちょうちん》をぶらさげてね、一〇人ぐらい行列でヨイショコラショと掛声をかけて歩くんですよね。一時間に歩けるのは、まあ一里（四キロ）かな。歩くというよりか荷の振動にあわせてちょっと走るぐらいに歩くんですよね。

　そのころは、小さな山道でね、右で負うていた天秤を左肩に素早く替える時、木の枝なんかにひっかかってね、困ったもんですよ。そんな時は大声で、ちょっと待ってと呼ぶですよね。そうしないと、暗い中で一〇人もがつかえますけえね」

　ほんの二〇分ばかりゆくと、バスの両側にはもう山が迫ってくる。薄氷のはった田圃、岸の枯草、緑よりも黒にちかい松の枝、そして赤茶色の民家の屋根。また雪が散りはじめた。

「戦前までは、このあたりは大地主の他はみんな小作でしてね、鯖一本以外は買うてくれませんでしたよ。

　私の若い時分、今から四〇年も前のことになりますよね、そのころ鯖一本の仕入が二銭から三銭、小売が五銭がいいとこでした。米一升が九銭、小米《こごめ》一升四銭五厘ですけえね、鯖一本で米なら五、六合、小米なら一升と換えるんですよね。それで米をまた持ち帰って、浜で売れば一升一二、三銭にもなりますけえね、まあ一日の稼ぎとしたら、悪くもなかったと思います。

　そうでございますよね、商売のコツも何もないですよ。同じとこへ何年も行くんですけえ、口先だけでは長続きは無理ですね。

越木の雪のバス停留所で運んできた鮮魚や乾物を下ろす。浜田からバスで約2時間、広島県境の山中の越木で海産物が食べられたのは、山本さんら旅商いの女性のおかげだった

だいたいここらは女の力が強いところでね、主人が買おうといってくれても、奥さんが今日はいらんと言えばこれは諦めんといけんのですよ。農家に泊めてもらうにも、やっぱり奥さんが泊っていけと言うてくれん限り無理ですよね。

女というのは、姑《しゅうとめ》のことです。嫁じゃぁありません。昔の嫁は今と違いますすけえなあ。私も結婚して五年で主人に死に別れたんですが、それからずっと働き続け、その稼ぎはみな姑さんに出しておったんですよ。一日ごと稼ぎを出して、その中から次の日の仕入金をもらったんです。それが昔はあたりまえのことでしたよね。

ところが、このごろはそれが逆で、嫁様々。ばあちゃんに聴いても、嫁が帰ってから、というて買うてはくれんですよね。昔は平常の料理が、味噌汁、煮染《にしめ》ぐらいだったのが、このごろは、肉、油、サラダと代ってきて、台所の実権が嫁にあるんでしょうね――そう思えますよね」

話がはずんで、あっという間に二時間が過ぎた。あたりは雪で、もうまっ白である。谷は狭まっているのだが、

忘れぬうちに売り上げを記帳する

越木では三軒の店屋に鮮魚や乾物を卸ろす。店屋とはもう長年のなじみ

山はぼんやりとしかみえない。夜明け前のような薄暗さだ。越木に着いた。道の両側に一町（一〇九メートル）ほどの家並がある。かつては、ここに三坂峠を越え石州と芸州（広島県）を往き来する旅人のための宿屋もあったというが、今はない。どの家もひっそりとたたずんでいる。

山本さんは雪の上に荷物を降ろした。そして、三軒の店に少しずつ卸して歩く。

残った荷物は道ばたに並べて開ける。さっそく二、三人のおばさんが寄ってきた。丁寧な挨拶が親しげに交される。今しがた山本さんと私を運んできたバスの運転手さんも来て、寿し弁当を買った。

「昼ごろまで、こうやって立っておるんですよね。ここでみんな売れることもあるし、売れんようなら、ちょっと上《かみ》の市木《いちき》あたりまで持って行くこともあります。私らは停留所から遠くにはゆかんでも、だいたい帰りのバスの時間までには買うてもらえますけえ。

四月、五月の若布時《わかめどき》になると別ですよ。若布をもって、家ごとに廻ります。若布時だけ行商に出る人もいるぐらいです。何といっても、石見の若布はきれいでおいしいでしょうが。どの家でも、よう買ってくれるですよね。それと、若布は軽いので私らも歩くのが楽ですもんね。

また、春にいらっしゃいよ。あんたにも若布をかついでもろうて、私はお喋りだけして歩きましょうね。そうすりゃあ、山本のおばさんに若い男ができたというて、噂がたつでしょうよね」

山本さんは、白い割烹前掛の端を口に当てて楽しそうに笑った。かすかに、粉白粉《おしろい》の香りが漂う。

ヒトタテ三日の健脚商売

波子《はし》や唐鐘や浜田で私が出会ったおばさんたちの大半は、かつて峠を越え広島県まで行商に出た経験をもっていた。

先の山本ミヨノさんも、そうである。山本さんは終戦（昭和二〇年）後もしばらくは戸河内《とごうち》（広島県山県郡）あたりまで行っていた。波佐《はざ》（島根県邑智《おおち》郡）から大佐山《おおさやま》（県境）の東を越え、荒神原《こうじんばら》から松原を経由して行ったそうだ。

また、都野津《つのづ》屋のお吉さんは、山本さんと同じように戸河内によく行ったが、さらに戸河内に泊って筒賀《つつが》（山県郡筒賀村）や那須（戸河内町）などの山奥の村までも足を延ばしていたという。あるいは、お吉さんは大佐山を越えて真直ぐに加計《かけ》（山県郡）に出ることもあった。

唐鐘の行商経験者では最も先輩格である新田さんは、戸河内や加計に行ったこともあるが、今市、越木（島根県那賀郡）、三坂峠（県境）を通り大朝《おおあさ》（広島県山県郡大朝町）へも行ったそうである。ただ、この方面の道は比較的よかったので、女が天秤棒で行くよりも、男が手車を引いて行く方が多かったらしい。また、新田さんは、大佐山と三坂峠の中ほどに位置する柚根《ゆね》の坂（那賀郡金城町）を越えて、奥原（山県郡芸北町）、加計と通じる道も知っているという。

この三例は浜田からの話だが、都野津や江津からは有福《ありふく》（江津市）、今市、越木、さらに三坂峠、大朝と通じる道や、江川《ごうがわ》沿いに上り川戸から矢上《やがみ》（邑智郡）、中三坂峠（県境）と通じて大朝に出る道があった。江津から浜原（邑智郡）までの三江北《さんこうほく》線が通じたのは昭和九年のことだが、それ以来は三江北線を利用して、浜原から赤来《あかぎ》（飯石《いいし》郡）、赤名峠（県境）越えで広島県に入る人もたくさんでたそうである。

ところで、戦前まで（昭和二〇年以前）は徒歩の行商が主であった。いずれも、十数里（約五〇キロ）もの道程である。いちがいにはいえないが、だいたい朝暗いうちからその日一日かけて歩き、戸河内なり大朝で宿をとり、次の日に売りさばいて夜にかけて帰る場合が最も多かったようだ。つまり一泊二日、足かけ三日の道中である。これをヒトタテといった。それが三日か四日に延びることもあったというが、平均すれば一〇日に二、三回ほど往復したことになる。

私はこの話を聴いてから、その通りの道程をそっくり歩いてみようと試みた。そのために天秤棒こそかつがなかったが、休息時間や場所もきちんと聴いておいた。都合上、逆に広島県の加計から大佐山を越え浜田に行くことになったのだが、まるで足が進まない。たまたま何年に一度かの大雪が降った直後だったとはいえ、日暮までに中間点の大佐山までも行けなかった。馬鹿馬鹿しいまでに長い山道なのである。おまけに雪でバスは不通、結局私はタクシーをたのんで大佐山を越えたのだ。とても惨めだった。

しかし、あのおばさんたちの足は、いや足も肩も、どんなつくりになっていたのだろうか。そのたくましさは、私には未だに信じ難いのである。まるで怪物じみている。

怪物といえば、山本さんがおもしろい話をしていた。

「山道では孤によく騙《だま》されかかりましたよ。ありゃあ、弁当を狙うんですよね。

峠《たお》を越えようとする時にですよ、峠にピカーと二つ光が見え、ブルブルーと音がする。よく考えると、自動車も数が少ない時代だし、第一自動車の通らん道なんですがね、私らはみんな自動車と間違うんですよ。そらそら大きなトラックが来る、はねられんように避けとれよ、と言うて一列に道端に避けるんですよね。

いくら待っても、そりゃあ自動車は来んですよ。騙されると、あんな妙な気分になるんでしょうね。

それでも、だいたい獣は獣の道がありますけえ、危険な目にあうこともなかったですよね」

山本さんたちは、峠を越えて行く時はたいてい何人かが一緒に行列を組んで歩いたが、広島県側で宿をとってからは個人行動をとっていた。得意先も、それぞれに重複しないように分かれていたのである。売り終る時間も人によって違うので、帰りは一人で歩くことも多かったそうだ。

新田さんも言う。

「夜道の獣はこっちから手出しせん限り恐くもないがな

あ、それより恐かったんは夜這《よば》いだね。

山県郡の方は夜這いが多いとこでなあ。石見にゃあ若者宿があるでしょう。あそこに若い男は集まって年齢ごとに教育されるけえ、夜這いもありゃあせん。それが、山県郡に行って農家に泊めてもろうたら、近所の男が夜這いを仕かけてくる。

ああ、黙っとれば、布団の裾から入って来るけえなあ。来たなっ、と思うたら、ちょっと布団に近づくまで待っといて、ワァー夜這いだ、皆起きんさい、と大声をだす。そうすりゃあ逃げるがな。

石見の女は固いし、大声は出す。それに、安い女と思われりゃあ、陰口をたたかれ信用がなくなるけえなあ。私らは商売に行くんで、遊びに行くんじゃあないもんだけえ。それに、結婚するなら、相手は浜の男と思うておったしなあ」

事実、といっても私の知る限りだが、行商に出て行きその得意先の人と結ばれた例は極めて少ない。行商が縁で、祭りには客として得意先の家に招かれるような親戚同様のつき合いは、あちこちで聴く。また、山県郡戸河内や上殿には、行商に来ていてそのままそこに住みつき魚屋や食料品店を始めた人もいる。だが、嫁のやりとりはないのである。

うかつにはとても説明できないのだが、結婚となると、石見の行商人と山地の農家の人との間には一線が引かれていたような気がする。石見のおばさんたちには、どこまでも浜の女という意識があったようだ。あるいは、山地の人たちにも、警戒するほどではないまでも行商人はどこまでも他処者《よそもん》と見る眼があったのかもしれない。自由恋愛が許されにくい時代や社会を前提として考えてみても、あまりにも両者の間に婚姻関係が少ないように思える。文字にすると余計大げさになるが、難しく、微妙な心理的な対立もあったのであろう。

豊年満作・ワニ・鯖・若布

さて、浜田や江津からの行商は広島県に及んだのであるが、その範囲はかなり南に延びている。私が聴いて歩いたところでは、可部《かべ》（広島市）や湯来《ゆき》（佐伯《さえき》郡）までも日本海の魚が行商で運ばれていた。また、宮本常一先生に尋ねてみたところでは、それは世羅《せら》郡あたりまで及んでいた、という。

ただ、日常的におもな行商範囲となると、何といっても広島県西北の山県郡が中心である。また、東部では双三《ふたみ》郡が中心になる。

それは食生活からも明らかにできそうだ。というのは、山県郡や双三郡などの食習慣を調べてみると、鯖とマンサクとワニ、それに若布が大きく関係していることが浮び上ってくるからだ。現在も、そうである。二年前、私は『広島県史・民俗編』（宮本常一監修）の調査に参加して広島県北部を比較的よく歩いたが、この問題に最も興味がわいたものである。

鯖は、だいたい年間を通して食べられている。シュンは春先だというが、このあたりの村には冬を除くともちがよい塩漬けの鯖が入っていた。塩漬けの方法には幾通りかがあるが、特に山県郡あたりではチギリが喜ばれていた。鯖を割ったまま、血を洗い落さないで塩をふったものである。これが最も味がよいといわれた。塩鯖は焼

浜田の行商の女性が海産物を背負って通った道広島県山県郡の雪の道

いたり、酢で塩をといて〆鯖《しめさば》にして食べていた。また、キズシといって塩鯖の腹の中に飯を入れて寿司にすることもあった。これは、県境に近い芸北町《げいほく》や大朝町《おおあさ》（山県郡）あたりでよくつくられていたようだ。

マンサクは、中国地方での呼び名（地方名）で、標準和名はシイラ（鱰）である。一メートル以上もあるような大きな魚で、美しい藍色で鮮やかな斑点がある。鱰は鱰でいいのだが、中国地方では穀ばかりで実のない籾《もみ》のことをシイラ（粃）と呼ぶ。そんなところから鱰の本名を呼ぶのを避け、逆に豊年満作のマンサクという名をつけたらしい。さて、このマンサクはまた祭り魚ともいわれる。夏の八朔や秋祭りの時のごちそうといえば、煮物にしろ焼物にしろかつてはマンサクが主だったのだ。

ワニとは、鮫《さめ》や鱶《ふか》のことである。これは、だいたい冬にたくさん食べていた。刺身にもするし、雑煮の汁の中にも入れる。身だけでなく皮もまた、芥子醤油などにつけると独特の肴にできた。

もちろん、これらの魚は日本海で獲れたもので、もとは石見からの行商で運ばれてきたものである。その食習慣が、行商が廃れた現在でも広島県北の村々にきちんと残っている。若布などは、中国山地の村のみやげものとして使いものにされるほどである。

中国山地より南部の地方の食習慣をみると、鯖は別にして、マンサクやワニなどはまずほとんど口にしない。ハマチ（鰤）や蛸の刺身を食べ、祝の席には鯛も使う。あるいは正月には、鰤《ぶり》を食う。概して食べる魚の種類が多い。これは、瀬戸内海から魚を入れているからである。

つまり、広島県の中部あたりで、日本海の魚を食べるところと瀬戸内海の魚を食べるところとの線が引ける。峠をはさんでではなく、峠のはるか南で区分されるのである。それは、石見の行商の勢力分布をも示しているのである。

では、なぜ瀬戸内海の魚は中国山地に入ってこなかったのだろうか。

まず第一にいえるのは、距離的にも瀬戸内海沿岸から中国山地の村や町までは遠いのである。例えば、広島市から山県郡の戸河内や芸北町あたりまでだと、石見の浜田からよりも遠いのだ。

それに、等距離だとしても、瀬戸内海の魚はなかなか北の山地までは入らない。というのは、瀬戸内海沿岸には都市や町が連鎖状にたくさんあり、そこでの消費量が多いからである。遠くまで運んで売るよりか、まず先に近くの消費地の需要量を満たさなくてはならないのだ。それに、瀬戸内の魚市場からは大阪方面にも魚を多量に出荷する。現在は鉄道やトラック便で輸送するが、以前は船で大阪に魚を出していた。生簀《いけす》を引くと、魚を生かしたまま運べるので、中国山地まで魚を運ぶより大阪に出す方がはるかに割がよかったのである。

ところで、瀬戸内海沿岸での魚はどのようにさばかれていたのだろうか。そこにもやはり、行商があるはずだ。

芸州・能地

魚行商が盛んだった広島県三原市能地の港

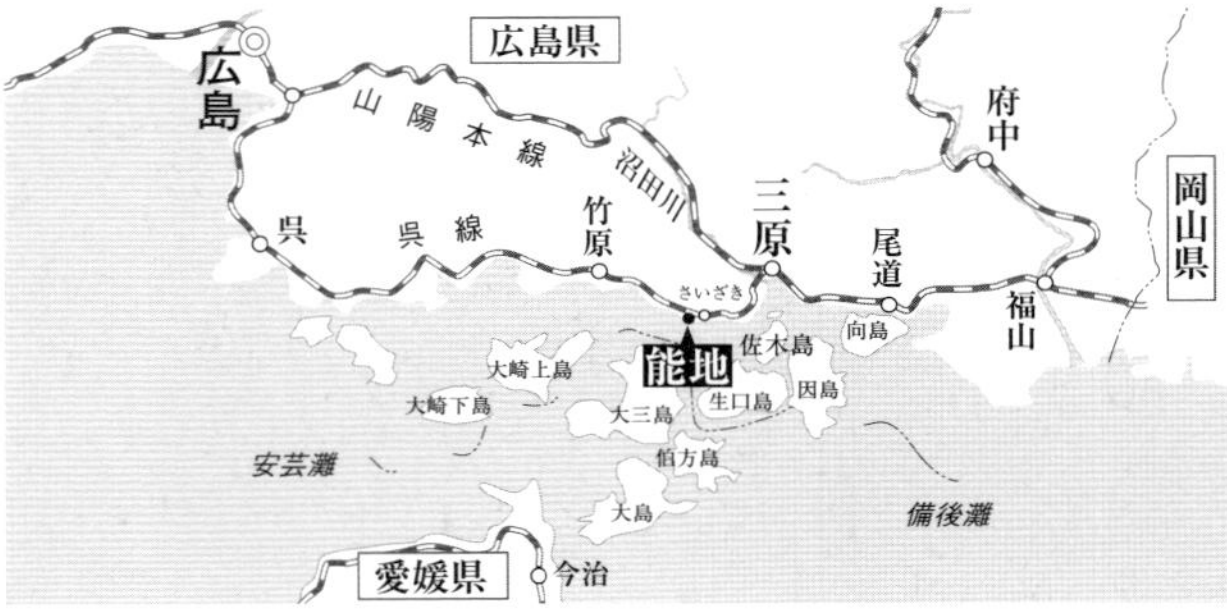

家船《えぶね》と半桶《はんぼう》

瀬戸内海沿岸にも、もちろん漁村が無数にあり、そのうちで女が行商に出歩くところも少なくない。

それは、瀬川清子さんの『販女《ひさぎめ》』（未來社）で、阿部《あぶ》（徳島県海部《かいふ》郡）、能地《のうじ》（広島県三原市）、松前《まさき》（愛媛県伊予郡）、津留《つる》（大分県臼杵《うすき》市）などが行商の盛んな漁村として明らかにされているとおりである。

この中では、特に能地が興味深い。

というのは、能地ではつい二昔《ふたむかし》ほど前までは、家船を操って瀬戸内海のほぼ全域に漁に出ており、その行く先々で獲った魚を売っていたからである。家船は文字のごとく、家と船とが一緒になったものである。船の舳《へ》（前方）は屋形造りで、そこで食事や寝泊りができる。艫《とも》（後方）では漁をするため屋根がない。また床下には生簀《いけす》と、衣服や食料を保存する室《むろ》がある。つまり、船上で家族生活が営めるわけだ。

したがって、漁は家族労働でまかなわれる場合が多かった。それも、おもには夫婦の労働である。もちろん、大がかりな網綱《あみづな》は使えない。漕ぎ網であれ、手繰《てぐり》網であれ、内まわり約八ヒロ（一ヒロ＝両手をひろげた指先から指先まで）、袋網は約四ヒロぐらいの小さい網を使っていた。これを、小網《こあみ》、あるいは小網漁という。また、小網漁は藻《も》のあるところを漕いでまわったので、藻打瀬《うたせ》ともいった。

小網は古い漁法だといわれるが、戦前（昭和二〇年以前）までの能地の漁業は、この小網と小網船に頼る割合が実に大きかった。小網船とは、即ち家船であり、全長はだいたい六、七ヒロぐらいだった。

小網で獲れる魚も、大きなものは少なかった。鰮《こいわし》、眼張《めばる》、鱏《えい》、小海老などがよく獲れたという。漁をするのは、月夜を除いた夜から朝にかけてである。朝、漁が済むと、どこか近くの浜に船を寄せて一《ひと》眠りする。あるいは、主婦はそのまま上陸して村里に魚を売りに行く。

魚を売るには、ハンボウ（半桶）に魚を入れ、それをかべって歩いた。ハンボウは、浅い桶である。それを頭の上に、いただいて歩くのだ。この時、頭とハンボウの間に、ヘワラを敷くのが普通だった。ヘワラは藁を丸めて輪にしたものだが、布でもまた代用できた。今風にいえば、クッションである。

小さな家が建て込んだ浜能地。耕地を持つ家はほとんどない。ここでは家船の方が大事だった

「魚は獲れるところまで追うていけ」

「藻が三本あれば引いて通れ、魚も三本あれば売って通れ」

能地に生まれた人たちは、こういう言葉を聞かされながら育ったのだという。そして、能地の漁業や行商はどこまでもたくましく、活動的だった。どこまで出ても、なお前進をめざしてきたのだ。

その証拠に、能地から出た人たちが、瀬戸内海沿岸のいたるところに枝村《えだむら》(分村)をつくっているのである。商売で津々浦々を廻るだけでなく、行った先に移住したり寄留する人ができたのである。能地出身の人たちの活力で、九州にも四国にも、そして内海の島々にも村ができたのだ。また、能地の隣の二窓《ふたまど》(竹原市忠海町《ただのうみ》)も同様に家船の多い漁村だったが、ここからもやはり枝村が内海各地に発展している。

行商が盛んなことと土地条件

そのことについては、常民文化研究所の河岡武春さんらがすでに丹念な調査をされている。まず、河岡さんらは能地の善行寺に保管されている江戸時代後期の『過去帳』に目をつけ、その中から他村に出ていった人を書き出していった。

その報告によると、移住村八〇余、寄留村五〇余になっている。一つの漁村から一〇〇以上もの箇所に人が分かれたのである。これは驚異的なことだ。そのしたたかな活力は、どうだろうか。

能地は三原市の南端に位置している。北側から山が海まで迫ったところにあり、わずかな入江に町並がある。

平地は極めて少なく、その平地にはびっしりと家が並んでいるわけである。町並の東側に山の切れ目があり、そこに小さな谷が開けている。水田があるのはそこだけである。畑は山の斜面に少しあるが、いずれにしても全般的には耕地が少ないところである。

　能地は、厳密にいうと本能地と浜とに分かれる。本能地はどちらかというと農業地域である。浜はもちろん漁業地域である。そうして耕地を本能地に結びつけて考えてみれば、浜には耕地がまず無きに等しくなる。浜には約一四〇軒ばかりの家があるが、その中でわずかでも耕地を所有しているのはたった二一、二軒しかないのである。

　耕地どころか、浜には屋敷地さえも余裕がない。一軒の屋敷は平均すると一五坪から二〇坪ぐらいのもので、それこそ庭らしい庭もない家が多い。もっともここでは、家よりも船が大事という気風が強く、必要以上に大きな家は誰も建てなかったのだともいう。だから、これだけの家数がこの土地に建ち並ぶこともできた。だが、それにしても、過密である。

　もともとは、浜の家数も少なかった。そもそもの始まりは七軒とか三軒の家があっただけ、と伝えられている。もしそうだとすると、そのころは、たぶん、獲った魚は近くの農村で米や麦と交換すればよかったであろう。また、同じ地所内に分家することもできただろうし、他から人が来て住みつくこともできただろう。

　ところが、ある家数ある人数が定着してしまうと、それ以上はこの能地の土地に生活基盤をおいたのでは生活できなくなる。土地が絶望的に狭いのだ。それも、ただ陸に土地がないだけではない。先に石見海岸の例で述べたような、漁港として発展するための一つの条件である磯（岩石海岸）がここにはない。浜の近くで獲れる魚の量は、しれているのである。

　耕す土地もないし、磯漁に頼るわけにもゆかない。また、大きな船を造りだすほどの財力もない。そうした限定条件が重なったので、能地の人たちは必然的に漁場を求めて家船で海を漂泊するようになったのではなかろうか。その結果、漁場や行商範囲が拡がり、行った先々に住みつく人もでた。簡単にいってしまえば、そうもいえるのではなかろうか。

　移住の問題はここではさておいて、特に行商が盛んな漁村についてみると、先の石見地方でもそうだったように、まず非常に厳しく限定された土地条件が共通してあるように思える。耕地を持たない漁村ほど、広く行商に出なくてはならないのはいうをまたないことである。

　それにもう一つ、漁村の行商には漁法や獲れる魚の種類にも大いに関係があるようだ。

　というのは、同じような土地条件を持ちながら、能地には行商があり、隣の二窓には行商はみられないといった例があるからである。その理由は漁法からみてゆけばわかる。能地では小網漁が主であるのに対し、二窓では延縄《はえなわ》漁をおもに行う。延縄は、中心になる綱から釣針をつけた枝縄を等間隔に結びつけたもので、長いものでは中心綱が五、六〇〇ヒロもある。この延縄漁の餌には小海老をよく使うが、この海老は小網にかかる。だから、二窓の漁師は能地の小網船から餌用の海老を買ったりもする。

能地の家船の夫婦。家族ぐるみで船に暮らして漁をし、船を陸につけると妻が魚を行商するのが、伝統的な暮らし方だった

延縄では、鰈《かれい》や穴子《あなご》がよくかかる。これらは比較的値段の高い魚で、まとまれば市場に出せる。市場にかかる魚を獲れば、漁師が自分で売り歩く必要もないのである。だから、二窓では行商が行われない。ところが、能地の小網でかかるものは雑魚《ざこ》が多い。鰮《いわし》などは乾かせば煮干になり、まとまった取引もできるが、あとは市場に出せるような魚がまとまって獲れないことが多いのである。そうすると、雑魚は自分で売って歩く以外にないのだ。

能地でも、今から五〇年ばかり前に大型の打瀬網が使われるようになり、また玉筋魚《いかなご》網も入ってきた。そうすると、市場に出せるような魚が大量に獲れるようにもなり、直接の行商も姿を消しはじめるのである。

幻のより処・橋本トミさん

私が能地を訪ねたのは、前後四度である。最初は昭和四四年、三原市に住む鮓本《すしもと》刀良意《とらお》さんに連れて行ってもらった。鮓本さんは、五〇歳になって本格的に民俗学にとりくんだほどの気骨のある人である。そして鮓本さんにとっては、能地は生涯をかけて取り組んでもよいというほどの調査地でもあった。

その時、鮓本さんは信仰や行事を通じた能地の生活をいろいろと話してくれた。

「家船《えぶね》に乗って海上で生活しとるからというて、根なし草と思うてくれたらいかんぞ。家船はたしかに一番大事なもんじゃが、みんな、れっきとした家を陸にもっとるんじゃ。それでなあ、陸の行事はぎんとうにしとるし、せにゃあならん。ぎんとうというのはわかるじゃろう、きちんとするということじゃなあ。正月と旧正月二七・

八日の浜の祭り、それから盆には、どんなん遠くまで漁に出とってでも帰ってこにゃあならん。

能地の人の心の寄りどころは、本当は海じゃあのうて陸《おか》じゃということを忘れんようにしてくれ。海は船一つ、個々の生活じゃが、それだけじゃあ生きてゆけん。やっぱり仲間がいる、村がいるんじゃ、それを一番よう知っとるんは、能地の人たちなんじゃ」

たぶん、そんな意味の話を延々と聴いたのだが、正直なところ、その時の私にはあまりよく理解ができなかった。メモもとっていない。何しろ私は、備中《びっちゅう》(岡山県)の山の中の生まれで、漁村でまとまって話を聴くのはそれが初めてのことだった。見るもの聴くもの、ただ物珍しいだけだったのである。

次に能地を訪ねたのは四六年で、この時は夏と秋の二度だった。広島県の民俗緊急調査の手伝いに行ったわけで、夏は宮本常一先生と一緒だった。宮本先生は紹介するまでもなく、民俗学の大家である。おそらく、日本の隅々まで歩いていることにかけては先生の右に出るものはいないだろう。

先生はその時、私に瀬戸内海の漁村の共通した地理について細々と教えて下さった。初日に遅れて参加した私を、夕食後連れ出して、懐中電灯の光を当てながら一つ一つの事例を説明して下さったことを、今でも鮮明に想い出すことができる。にもかかわらず、正直なことを言うと、夜がふけるにつれ私は眠気を抑えることができず、先生の話をいくつか聴き漏らしてしまつた。たいへん、もったいないことだった。

しかも、失敗はまだ続く。


ある日、私は先生のお伴をして、橋本トミさんの話を聴きに行った。

橋本さんは、物腰のはっきりした婦人だった。生まれたのは家船の上で、佐柳島《さなぎ》(香川県仲多度郡《なかたど》)の近くだったという。そして、結婚した後も、すぐ夫婦で家船に乗っている。若いころは、おもに魚がよく獲れる讃岐《さぬき》方面に出た。獲った魚は、すぐ陸に上りハンボウに乗せて売り歩く。売り終ればまた魚を獲る。橋本さんは、休む間もなく働いた。

例えば、雨の日はたいていの人が漁を休むのに、橋本さん夫婦は沖へ出る。かえって雨の日の方がよく魚が獲れたからだが、そのかわり命がけだったという。また三月二〇日ごろからは、網引きが一八人もかかるような鯛網に雇われて、伯方島《はかた》(愛媛県越智《おち》郡)方面にも出た。そこでも五月の節句まで、ぶっ通しで働いた。まるでバネ仕掛の人形かのように働いた、とはご本人の言。それでいて、子供は六人もちゃんと一人前に育てている。子供が小さいころは家船に乗せて出たが、学校へ行くようになると子供だけを浜の家に住まわせ、一人一人に高等教育も受けさせたのである。子供も偉かったが、橋本さんのしつけもきちんとしていたはずだ。

このような話を、橋本さんは整然と話してくれる。自慢たらしい口ぶりは、これっぽっちもない。そして記憶は、実に正確である。特に一つ一つの行事とその時の食べ物などは、淀みなく細かに説明してくれた。

家船に乗って馬車馬のように働きながらも、陸上での行事をきちんと守り続けた人だった。そういう心の豊かさを持った人だった。これは私だけの印象ではない。こ

伊予・松前

れまで数えられないほど多くの人と接してきたあの宮本先生がすっかり感心して、夜がふけるまで熱心に話を聴かれたほどなのだ。

私などは、ただ黙ってそれに耳を傾けているだけで、どんなに為になったかわからないのに、全部を聴かなかった。私に与えられていた調査項目をこなすのに気がせいて、途中でついつい腰を浮かしてしまったのだ。だから、肝心な橋本さんの行商についての記録が私のノートにはない。したがって、それを書き綴るすべもない。ただ、瀬戸内海漁業の発生地ともいわれる能地の概略をここに記しておくだけである。

松前の町並み。屋数は600足らず。そのほとんどが漁業か商業で暮らしてきた

ところで、いつまでもそのことが悔しくて、また橋本さんの表情や言葉がたまらなく懐かしくなって、私は一昨年の春すぎにまた能地を訪ねた。これが四度目である。しかし、たいへん悲しいことに、橋本さんは亡くなっていた。すべてがあとの祭りとなった。

私は橋本さんの墓に参ったその足で、四国に渡ることにした。行く先は、オタタさんと呼ばれる女行商で有名な伊予《いよ》の松前《まさき》である。

松前の港・今は昔物語

松山から伊予鉄道に乗る。

古ぼけた車輌が一〇輌、客は十数人、ディーゼルカーが小さな振動を伝えながら引っぱってゆく。

もう初夏の風情で、鉄道の沿線には水田が広がり、青々と育った稲が目にしみる。窓から入る風も爽やかだ。

やがて、潮の香りがする。右手に、松林が続く。そして前方に、やや大きな町並がみえる。黒い瓦屋根、煤けた白壁、あるいは黒く焦がした板壁。その向うに東洋レーヨンの煙突がみえる。

松前の駅舎は、木造の小さなものだった。駅前には自転車がずらりと並んでいる。松山あたりに勤めに出る人が多いらしい。町には、旧式な洋館が二つも三つもある。今は使われていないものもあるが、壁に信用組合とか銀行とかの文字が剥げかかったまま残っていて商売が活発だった頃のこの町の様子がうかがえる。

漕ぎ網漁船がもやう松前の港。突堤の松の木の下には、お滝姫と竜宮様を祀る二つの社があった

町並のあるところを浜という。普通、松前といえばこの浜のことを指す。家数は六〇〇足らず、そのほとんどが漁業か商業に関係してきた。今は勤めに出る人が多くなっているが、もとは魚を獲る人と、魚を加工したりそれを売りさばく人が集ってこの町を形成しており、たいそう活気があったという。

昼さがり、港も静かである。おじいさんが黙々と網を編んでいた。赤く陽焼けた顔、深い皺の窪みだけが白い。その脇で、おばあさんが海草を広げている。

「昔の話いうても、私は明治二六年の生れやから、えろう古い話も知りませんからのう。

私の物心がついたころ、明治三〇年過ぎになるかい、そんころ浜の半分ぐらいは漁をしておった。船をもたなんだ家もあるから、漁船の数としたら一五〇ぐらいか、まあそんなとこじゃろ。大きい船で六間（船底で約一一メートル）、小さい船で二間（約三・五メートル）、平均したら四、五間（約七〜九メートル）の船が多かった。漁船の大きさは、昔も今もそれほど変りはないですけん。

私は一六の歳から船に乗った。私は、おもに鯛を獲った。鯛を獲るには、一つ船に三人乗り、ゴチ網を使う。曳《ひ》き網じゃね。四月〜五月ごろが一番よう獲れた。一日で一〇貫（三七・五キロ）、多ければ二〇貫（七五キロ）も獲れましたわい。

鯛の他には、鰮《こいわし》や鰆《さわら》をよう曳いた。今は地曳網を使うからいろんな魚がいっぺんに獲れるが、私の若いころはこんなもんじゃね。そういうと、河豚《ふぐ》も一日に七、八貫（二六〜三〇キロ）釣れたなあ。そうじゃ、これは釣るんじゃ。ほじゃけんが、河豚の他には、ここは釣りは下手じゃったですわい。

昔は、船を夜出すことはない。昼でも、なんぼでも魚が曳けたからじゃ。そう遠くまでも出ん。遠いとこで大島の手前の片島（山口県大島郡）まで、手漕ぎで二時間半ほどのところまでじゃ。まあ、だいたい松山沖の興居《ごご》島、中島（愛媛県温泉郡）あたりまで出るのが多かった。

私は行ったことはないが、烏賊《いか》は遠方まで出て獲っとった。長崎県の方まで烏賊船は出ましたのう」

おじいさんは、話し好きのようだ。しかし、網を編む手は休めない。

港では、明治26年生れの老漁師が黙々と網をつくろっていた

「獲った魚は、浜に生簀《いけす》が掘ってあったんでそこに入れとった。生きたままで仲買に売る。仲買もここに四、五軒あったけん。仲買は、それに一割から五割かけて松山の市に出しとりましたわい。

そうじゃ、浜から行商も出た。オタタいうて、この浜の女衆はよけえ行商に出ましたわい。オタタのことなら、ばあさんに聴いたらええけん」

おじいさんは、はじめて手を休め、煙管《きせる》を出して煙草に火をつけた。

「あんた、こんなこと聞いてどうするね」

おばあさんは、不機嫌ではないが、怪訝《けげん》そうな顔である。もっともなことだ。昔の話を聞いておきたいから、それが好きだから、と答える以外にない。大義名分がそれほど役にたつとも思えない。また、たいていの場合はそれですむ。

「まあ、ええさ。私も旅に出とったから、人を見る眼も少しはあるけん。あんたは悪い人じゃあない。何でも聞いて下さいや。おっと、悪いけど、ちょっと待って下さいよ。あっちにもうちょっと乾してくるけん」

雑魚の天日干し

おばあさんはそう言うと、海草をもう一面、手早く広げてきた。

「オタタというても、あんた、説明が難しいよ。そうじゃのお、ゴロビツ（御用櫃）をかべって魚の行商に出た女のことですわい。オタタさんと呼ばれたもんです。あんた、どっからおいでんなった。東京、それじゃあ、かべるいうてもわからんじゃろう。こうやって、荷を頭の上にいただくことですよ。

ゴロビツというんは、ここの方言じゃろうが、ハンボウのことです。寿司をまぜあわすのが、スシハンボウ、あれの大きいやつじゃと思うてもろうたらええかな。漆が塗ってある立派なものもありました」

松前のオタタさんについては、瀬川さんの『販女《ひさぎめ》』にはもちろん載っているし、小学館や講談社の『文化地理（大系）』にも写真入りで紹介されている。その中で、小学館の『日本文化地理大系』（昭和三六年）の写真解説をここには引用しておく。

「伊予郡松前町の頭上運搬をする婦人を（おたた）と称する。加藤嘉明が関が原の戦で東軍に味方して勝ち、松前（正木）七万石から松山二〇万石に増俸され城の石を移す時手伝ったので御用櫃の記号入の桶を用いたという。今は老婦の生魚行商者数十人が松山市近部に毎朝出かけている。」

おばあさんは、私の隣に腰をおろして話してくれる。おじいさんは、相変らず網を編んでいる。前は海、防波堤の向うに時おり白い波が舞う。

「おばちゃん自身もゴロビツをかべったことはありますよ。七四、五（歳）以上の女ならたいがいかべったことがあるじゃろう。私は、かべるのを早うやめたが、福江おばぁちゃんらは戦争後もかべって歩いとったですよ。ほら、学校の裏の福江おばぁちゃん。あの人らが、かべりの最終じゃったかの、おじいさん。ありゃ、いつごろじゃったか。もう一〇年以上にはなりますのお、やめんさってから。今は、かべる人はおらんですのう。

おばちゃんらは、子供のころから親を見て、自然に頭にかべるのを習ったんじゃが、今の人にはちょっとでけんでしょう。あれで、五貫目（十八・七五キロ）はかべりますからね。ゴロビツの上にまだカゴを乗せ、それにも魚を入れたもんです。

おばちゃんらでも、長い時間かべって歩くと頭が痛うなりましたよ。そりゃあ、痛うなれば辛いもんです。まあ、二時間も歩ければええでしょう」

いただき・頭上運搬

かべる、あるいはいただくともいう。この頭上運搬法は、古いものである。そして、古い時代ほどそれは一般に盛んに行われていたように思える。ちなみに、中世の絵巻物をみると、ずいぶんたくさんの頭上運搬図がでてくるのである。

例えば、『扇面古写経』（平安時代末期）には水汲み場で曲物《まげもの》桶をいただく女が描かれているし、『一遍聖絵《いっぺんひじりえ》』（正安元＝一二九九年）には曲物の容器をいただく女や、折櫃《おりびつ》をいただいている女が描かれている。

また『春日権現験記』（鎌倉時代）には蕪《かぶ》をいれた籠をいただいた女が、『福富草子』（室町時代初期）には魚や大根を入れた籠をいただいた女が克明に描かれている。他にも『北野天神縁起絵巻』（承久元＝一二一九年）、『粉河《こかわ》寺縁起絵巻』（鎌倉時代初期）、『石山寺縁起絵巻』（正中年間＝一三二四～二六年）、『年中行事絵巻』（鎌倉時代）などに頭上運搬図がでてくる。

これらの絵巻物は、京（都）かその周辺の風俗習慣を描いたものが多い。そして運搬法についてみると、だいたい女が頭上にいただいている図が多く、男は天秤棒でになったり、肩にかついだり背負ったりしている図が多い。ところが、中には男が荷物を頭上にいただいている例もある。

『北野天神縁起絵巻』には水桶をいただいて梯子を登っている男が、『粉河寺縁起絵巻』には壷や魚や芋を入れた木箱をいただく男が、『石山寺縁起絵巻』には経巻と四脚をいただく男が、それぞれ明らかに描かれているのである。

したがって、頭上運搬は女の運搬法だとはいえないのである。現在みられる例はほとんど女の頭上運搬だから、ついつい頭上運搬は女のものと考えがちだし、そうした記事も多いが、これは留意しておきたい。

私は、沖縄県立博物館の上江洲《うえず》均さんや研究所の仲間の工藤員功君と一緒に、数年間にわたり琉球諸島の民具調査を行ってきた。そこではいろんな問題に興味がわくのだが、中でも運搬法は地域により、あるいは男と女によって、かなりの違いがあることを気がついて特に注意をして見るようになった。そして、調査地ごとに運搬用

「扇面古写経」

「一遍聖絵」

「春日権現験記」

「北野天神縁起絵巻」

「石山寺縁起絵巻」

の民具と運搬方法を、地図におとしていった。

　すると、女の運搬法が北と南ではっきりと分かれてきたのである。つまり、沖縄本島の本部《もとぶ》半島あたりを境にして、南には頭上運搬が、北には背負運搬がでてくるのである。沖縄では頭上にいただくことをカンミ、背負うことをカシギという。カンミにはバーキと呼ばれる笊《ざる》をよく使い、カシギにはティルとかテルと呼ばれる籠を必ず使う。ティル（背負籠）には紐がついていて、それを額にかける。いずれも、女性用の運搬法であるが、両者が交ることはまずない。

　私たちはえらく興奮した。カンミ文化圏とカシギ文化圏がある、などとまるで鬼の首でもとったかのように得意顔で議論していた。

　ところが、調査を奄美諸島まで拡げてみると、当然そこは本島北部の延長上で背負運搬圏であるはずなのに、与論島や沖永良部島では背負籠はみられず、頭上運搬が発達していたのである。それでも、奄美大島では背負運搬だし、与論と沖永良部は何らかの形で沖縄南部との関係が深かったのだろう、と話していた。しかし、民具調査以外に聞きとり調査を補充してみると、どうも昔は沖縄本島北部や奄美大島でも頭上運搬があったらしい、ということがわかった。山から焚木を運ぶ時には、頭にいただく人があったらしい。

　私は、それを知って、愕然とした。私たちは、簡単に分布図をつくった。その分布図は、私たちの調査結果として間違いではないが、ただそれには現在目にとまったものにかぎってという調査条件がつく。それを忘れて、背負運搬中心の北部に頭上運搬がなかったなどとはいえないのである。それを論ずるには、まず年代の設定をしてかからねばならないのだ。

　沖縄本島北部にも奄美諸島にも、もとは頭上運搬があったのかもしれない。そして、あるいはそれは女に限ったものではなかったのかもしれない。私たちは、今はそう考えながら調査を進めている。

　話が横道にそれたが、頭上運搬が日本ではしだいにすたれてゆき、女性たちによってかろうじて現在残されていることも事実である。それも、瀬川さんの『販女』や大間知篤三さんの『伊豆諸島の社会と文化』（慶友社）などをみると、頭上運搬を今日まで残しているのは漁村か島か一部の山村とある。漁村では能地や松前がそうだし、島では沖縄の宮古、八重山諸島や伊豆諸島、山村では京都の八瀬大原などが代表的である。

　それが、どういうことを意味するのか。

　それをそのままに受けて考えてみると、頭上運搬は、漁村や山村で必要なものだった、ということになる。漁村といっても、多くは山や崖が海まで迫ったところで、地形は起伏に富んでいる。そして運んでいるものは、おもに魚と水と焚木である。どうやら、平地での農耕社会との関連が薄いのだ。

民俗学関係の書物をいくつかみると、頭上運搬は元来山坂道（山地）の運搬法で、水や焚木の運搬に適していた、という意味の記事が多い。それもそうなのだが、でも、そう言ってしまってよいのだろうか。というのは眼を外に向けてみると、頭上運搬はインドやアフリカにも現実に存在しているのだ。

私も何度か体験したが、インドで鉄道に乗ろうとすると、頭に布をちょっと巻いたポーターの男たちが、それこそ荷物めがけて殺到する。そして、荷物を奪いとるように頭上にいただき、すたすたと車輌まで運んでくれる。たいへん印象深い光景だ。こんなことがあってから、私はインドを歩く時は、頭上運搬を注意して見るように心がけた。

インドでは、都市でも農村でも頭上運搬がよく見られる。まず、どこでも女は水を入れた壺をいただいて歩いている。道路の工事現場では、土砂を盛った金属製の鉢をいただいた女の人夫によくでくわす。畑では、男も女も収穫した麦や豆を袋に入れて頭上で運搬する。野菜もそうで、それは野菜市場まで続く。私の見た限りでは、頭上運搬は平地の農村や都市に定着しているのである。逆に、山地や坂道では背負籠での運搬がよくみられた。

そういうことがあるので、頭上運搬が山坂道（山地）の運搬法とは言い切れないのだ。この問題は、もう少し周辺民族を含めて考えてみたいと思っている。

しかし、頭上運搬が古いものであることに相違はない。そして、それは、ことさらの運搬用具がなくても可能な行為なのである。容器が必要なのは水や魚、穀物ぐらいだが、それも運ぶための容器は必要でなく、保存用の容器をそのままいただくことができる。焚木や野菜は、ちょっと縄で縛ればそれでよい。あと、形の大きなものはそのまま頭上にのせる。頭上運搬専用の道具はないに等しいのだ。強いていえば頭と荷の間におく藁の輪があるが、これも手ぬぐいなどで代用できる。

ところが、頭上運搬ではあまり重いものは運べない。私が聞いた範囲では、だいたい一〇貫（三七・五キロ）以内の場合が多い。慣れたら二〇貫（七五キロ）以上も運べるという話もあるが、それは特殊な例だろう。それに重ければ、頭に乗せたり頭から降す時に他人の手を借りなくてはなるまい。そうすると、一人では歩きにくくなる。そして、頭上運搬では、ある重量以上となれば長時間は歩けない。長距離向きではないのだ。特に、荷物の上げ降しを手伝ってもらう場合には、休息が必要な距離はまず歩けない。もちろん、今の私たちの軟弱さをもって昔の労働を計ることはできないが、それにしても限度があったように思える。

そうしたことが、やがて頭上運搬を衰退させた原因になったのではなかろうか。と同時に、天秤棒なり背負籠なり背負梯子なりの道具をとり入れることにもなり、それを使って重いものでも遠くまで運ぶことが可能になってくるのではないだろうか。

瀬川さんは『販女』の中で、頭上運搬から天秤棒の運搬に代った金沢近辺の行商例をあげた後、次のように述べている。

「物を頭にいただく、天秤を用いて肩でかつぐ、背に負

運搬方法
上　天秤棒（広島県下）
中上　頭上にいただく（京都府下）
中下　ティル（沖縄県下）
下　カシミバーキ（沖縄県下）

う、という三つの運搬法を生理学的にみたらどういうことになるか、ということもやがて明らかにされることと思うが、最後まで頭上運搬だった地方は、多く天秤に代ったように思う。伊豆七島の三宅島で、頭上に天秤をのせて二つの荷をつりさげたのは、面白い経過である。」

　また、北見俊夫さんは『市と行商の民俗』（岩崎美術社）の中でこの問題をとりあげている。

「頭上運搬には地形による適応性や神祭りに捧げいだく敬虔な心意を表わした運搬法としての要素があったことが推測できるのであるが、信仰的要素が薄れ、より有効な運搬法が工夫されて世上一般に普及してくるようになると、ごく一部の地域だけに遺風をとどめながら衰退したものと考えられる。そして、とくに交易の場合には、背負運搬とか肩担運搬に肩代わりされるにいたったと考えられる。」

　外からの制約もあったが、松前のオタタさんについてもそういうことがいえる。もう一度、おばあさんの話に耳を傾けてみる。

「おばちゃんが三〇（歳）のころ、ここから一〇里（四〇キロ）先の上林《かんばやし》（温泉郡重信《しげのぶ》町）まで足を延ばすことになりました。母親が商売をやめることになって、その得意先をもろうたんです。

　上林に行くには、松山まで鉄道で出て、そっからまた乗り換えで横河原まで行く。横河原からは歩きます。

　汽車に乗りだすと、ゴロビツ（御用櫃）がちょっと気後れでね。乗せていかんというわけじゃないし、お母ちゃんらは平気で行っとったんじゃがねえ。車掌がうるさいことを言い出しよるでしょう、それでおばちゃんはゴロビツをやめましたよ。

　ブリキ箱を買うて、それにいろんな魚を詰めて汽車に乗るんです。それじゃと、車掌も文句は言わん。歩く時は、ブリキ箱は背負うて歩きました。

　おばちゃんが商売をやめたんは、一四、五年前。眼を悪るうしまして、食べ物商売で汚いのは困るんで身を退いたんです。そうじゃ、薬も飲みに帰ってこにゃぁならん。こんなところでええですかのう」

　おばあさんはそういって立ち上り、一度腰を後に逆らしてから、また前かがみに歩きだした。

儀助煮《ぎすけ》・伊予絣《かすり》・娘達の行商

港の西側に、防波堤のように海に突き出た土堤がある。そこに松の木が三本、その下に小さい社が二つある。そして、右側の社にはお滝姫が、左側の社には龍宮様が祀られているという。

お滝姫はオタタの神様である。そのお滝姫の伝説は、今でもまことしやかに語られる。

昔々、京都の公家の息女お滝姫が不義の罪でこの地に流された。その後、お滝姫は漁師から漁をわけてもらい、それを頭上にいただいて松山の城下を売り歩いて生活した。

と、いうのである。また、ある人は、お滝姫は京都の大原女《おはらめ》だった、とも言い伝えられる。

お滝姫の祭りは、旧暦の五月一七日である。その日はオタタさんはみんな仕事を休み、社の前で酒を飲み、ごちそうを食べていたそうだ。もっとも、オタタ行商が廃った今ではそれはもうみられない。しかし、社まで行ってみると、きれいに掃除され花が生けられていた。誰かが今でも参っているのだろう。

松前の浜の女たちは、お滝姫を行商の始祖と仰ぎ、生魚を頭上にいただいて町や農村を巡って歩いた。「魚買わんか、魚買わんか」、と呼ぶオタタさんの声を覚えている人はまだ多い。

浜の女の行商がさらに発展するのは、明治二七、八年ごろからである。

そのころ、博多儀助という人が「儀助煮」を考案して製造を始めた。儀助煮というのは、海苔、ヒイロギ（小さな鯖）、海老、豆を味淋で味付けして乾かし、それを混ぜ合わせたものである。酒の肴、特にビールの付き出しには最適で、これが料理屋や酒場によく売れるようになった。

そこで、女たちが儀助煮をかついで行商に出るようになる。私は、儀助煮の行商に出たというおばさんの二人から話しを聴いた。一人はおもに東京へ、一人は北海道にも渡ったという。ちょうどそのころ、鉄道が全国的に通じるようになったので、儀助煮を持っての松前からの行商はどこまでも足を延ばしていった。朝鮮、満州、台湾まで、当時の日本中が行商圏となった。

最初は儀助煮の行商であったが、やがて伊予絣も併せて持ち歩くようになる。伊予絣は、松山市を中心に明治一〇年ごろから織られだしたもので、絵模様の線が太く柄が大きいところに特色がある。ひとり伊予絣だけに限らず、当時は絣といえば着物にも布団にも最も有用な布地だった。肌ざわりがよく丈夫で絵柄が美しい。おまけに輸入綿が大量に入るようになったので、値段も安定している。地方によってはまだまだ麻布や太布《たふ》（樹皮繊維）が衣生活の中心になっていたころである。絣は、どこでもよく売れた。

もっとも伊予絣は、儀助煮が出廻る以前から、すでに

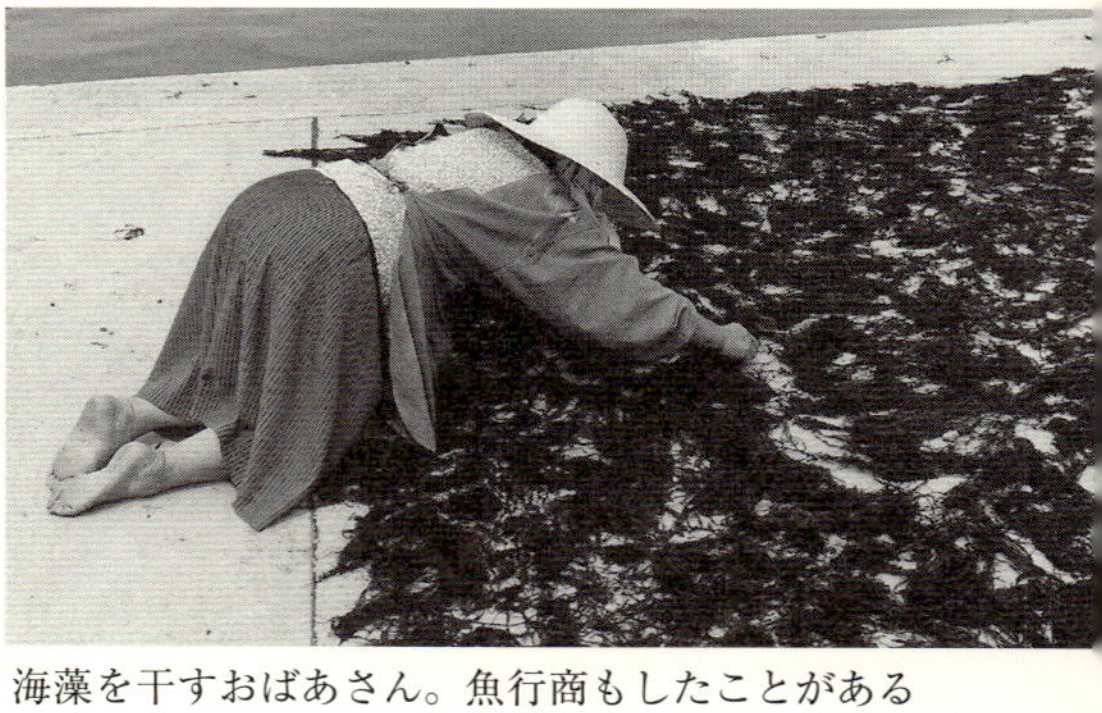

海藻を干すおばあさん。魚行商もしたことがあるという

船での販路を拡げていた。『長州北浦風俗絵巻』（マツノ書店）などをみても、絣の行商船が日本海岸まで出ていたことが明らかである。しかし、より販路を密に拡げていったのは、儀助煮と一緒に持ち歩いた松前の女たちの力が大きかった。生産量統計表を『伊予絣』（河野正信・愛媛文化双書）でみても、明治二〇年から大正一〇年にかけて年々急増しているのがわかる。

儀助煮と伊予絣の行商には、おもに娘たちが出た。特に、遠くまで足を延して売り歩くには日数がかかる。その場合、家庭をもたない娘たちの方が適していたのである。

中には親について出る娘もいたが、ほとんどは娘同志が組を組んで行商に出た、という。ただ、娘同志の組には年配の女が一人はついて出た。これは、商売を教えると同時に、旅先で娘たちの身に間違いのないよう監視する役目だった。特に、旅先での男関係にはうるさかったようである。

娘たちは、行った先で一軒家を借り、そこで生活を共にしながら昼間は別々に歩いた場合が多かった。もちろん、そこでは頭に荷をいただくようなことはしない。五貫（一八キロ）前後の荷を風呂敷に包み、それを背負ってゆくのである。料理屋が密集している三業地や遊廓には、見本だけを持って行き、注文を取り歩くこともあった。荷物は、必要に応じて松前の問屋から鉄道便で送ってくる。だから、娘たちは半年ぐらいは滞在して売り歩いた。春先に出れば盆までは帰らず、盆を過ぎて出れば暮までは帰らなかった、という。

このような組織だった行商のあり方にはたいへん興味があるが、残念なことに、私はまだ充分に話を聞き集めていない。誰と誰が組を組み、どの問屋から仕入れてどこに行商に出たか、あるいはそういう組がいつごろ何組あったのか、利益の配分はどうなっていたか、など今後の課題として調べてみたいと思っている。

あのおばあさんも、言っていた。

「おばちゃんも、はじめは商売は嫌じゃったが、ほじゃけん親から、嫁に行っても母親が死んだらどうすんの、男に頼っとったら子供を太らせんど、と言われて商売に出ました。娘時代は儀助煮を持って東京へ出たし、嫁にいってからは子供の面倒はお姑《しゅうとめ》さんにみてもろうて、ブエン（鮮魚）を売りに出ましたわい。

それが、松前の女の当り前の生き方でした」

明治末から大正、昭和前半にかけて、この松前から三〇〇人もの女が常に行商に出ていたのである。ゴロビツを頭上にいただいて近くの町や村に生魚を売り歩くオタタさんもいれば、儀助煮や伊予絣を半年がかりで遠くまで売りに出る娘たちもいた。数からすれば、オオタさんよりも遠出する女たちの方が多かったようだ。

それが戦後は、だんだんと減って、今は女行商人はほとんどこの松前から姿を消したといってもよい。自動車交通が発達し、あるいは電話や印刷物見本でも取引ができるようになったことで、すっかり商売の方法が変ってきているのを反映しての変化である。

だが、魚や儀助煮関係の商売そのものが廃れたのではない。現在も松前に、儀助煮や干物の加工場は続いてあるのである。

茶碗船での商売《あきない》

再び、港で。

ポッポッと船に人が集まりだした。夜の漁の準備が始まる。おじいさんも網を編み上げた。その網は息子が使うそうである。おじいさんはもう船には乗らない。

「若い者《もん》が船に乗るころになると、ワシは暇になりますわい。話の続きですか、えーと。私は今七九（歳）じゃが、三五のころいっぺん漁師をやめた。昭和六年じゃった。子供が太ったら学校へやらなあならんけん、商売をやることにした。

商売は、茶碗船ですわい。二本帆の船で茶碗を売ってくる。茶碗は問屋から貸してもろうて、売りに出る。茶碗いうても茶碗だけじゃあのうて、皿も湯呑《ゆのみ》もある。上《かみ》の、瀬戸（愛知県）や美濃《みの》（岐阜県）で焼いた磁器がほとんどでしたわい。

砥部《とべ》焼は、もうそのころは扱わなんだ。砥部焼の茶碗船は、私らの前の代のことですけん」

松前といえばあまりにもオタタさんが有名で、その行商だけに眼が向けられがちだが、茶碗船（陶器）の行商も盛んだった。いや、規模からいえば、その方が大きかったのだ。そして、陶器の行商は男が担当した。陶器の行商は、そもそもは砥部焼を扱ったものである。砥部焼は砥部（伊予郡砥部町）で焼かれる磁器で、特に茶碗が多かった。

砥部は、松前から一山南に越えたところにある窯場である。もとは山間の交通の便の悪いところだったが、今では松山、高知間の国道三三号線が整備されているので、ずいぶんと開けている。現在は、ここに約三〇軒の窯元があるが、いずれも洒落た建物の展示即売所などを持ち、休日などにはたくさんの訪問客でごったがえしている。四国最大の窯場だ。

砥部焼の始まりは、安永四（一七七五）年といわれている。最初は粗陶器を焼いていたようだが、藩主大洲公の殖産奨励で肥前《ひぜん》（佐賀県）から技術を導入して磁器を焼きだしてから発展する。陶器が土を原料とするのに比べ、磁器は石の粉を練って原料とする。だから、焼き上ったものは硬くて丈夫である。それに、肌が白く滑らかで舌ざわりがよい。絵付けも自由にできる。そこで、特に食器などに商品価値がでた。

それを松前の港まで馬車で運び、船で出したのである。といっても、幕末にはすでに先進の有田焼（伊万里焼）が販路を拡げていたので、それに対抗するまでにはいかなかった。しかし、明治時代になると海外への貿易が開けてくる。そして、砥部焼は松前商人を通じて中国や朝鮮に運ばれるようになるのである。

特に、砥部ボールと呼ばれた飯茶碗の白素地《きじ》が大量に出ていった。砥部ボールは、白く焼き上げただけの大ぶりな茶碗で、絵は付いていない。つまり、中国や朝鮮で上絵付けをして、今度はチャイナという名前をもって東南アジア諸国に売られていったのである。

砥部ボールのおかげで松前の茶碗問屋は蔵が建った、とよくいわれる。事実、港に面してずらりと白壁の土蔵が建ち並んでいる。現在残っているものからだけでも、その勢いがうかがえるぐらいだ。明治から大正時代、約三〇軒の問屋があり、四〇艘の商船が港に出入りしてい

焼物工場の煙突の煙が山間にたなびく砥部町。およそ30軒もの砥部焼の窯元があった

たという。

ところが、昭和になると砥部ボールが売れなくなり、それと同時に内地向の食器もさばけなくなった。瀬戸や美濃で焼かれた磁器が、安く大量に西日本各地にも出廻るようになったからである。それで、松前でも砥部焼に見切りをつけて瀬戸や美濃からの下り物（焼きもの）を扱う人が増えてきた。砥部焼の卸しをしていた問屋が、瀬戸や美濃焼の仲買いや小売りへと代ってゆくのである。

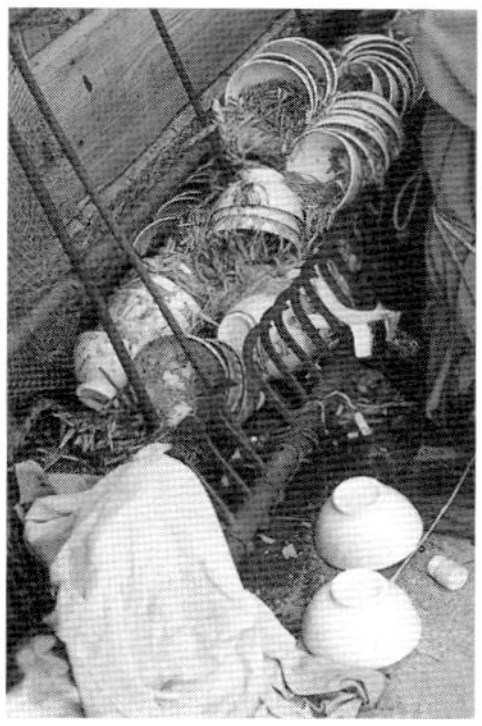

左　皿、マグカップ、急須、壷など砥部焼の磁器はさまざま
右　売れ残った白素地の砥部ボール。大正時代には中国や朝鮮に良く売れた

おじいさんが茶碗船を始めたのも、そのころのことだった。

「松前の問屋が、瀬戸や美濃から仕入れたもんを、私らが売る。まあ言うてみれば下請行商じゃけん、思うたほど金にならなんだ。全部言うてしまうと、船に積んだものの三分の一が利益じゃった。

私は、広島県の糸崎や鞆《とも》、岡山県の下津井あたりによう行きましたわい。尾道（広島県）までが二五里（一〇〇キロ）、風のええ時なら一日に行ける。朝、日の出にこっちを出ると日暮には向うの風呂に入れたけん。

売るんは陸《おか》に上って売るが、旅館には泊らん。船で食事をして、船で寝泊りしますわい。風呂は、港町ならどこでも銭湯があるけん。売るやり方は、ワイタテかレンバイかじゃ。ワイタテというのは、大道《だいどう》売り、早い話が叩き売りじゃ。ダイジルシが余計ある時は、ワイタテの方がええんです。ダイジルシとは、二級品のことじゃけん、レンバイでじっくり手にとってみられん方がええんです。品物《ねた》がしっかりしとれば、レンバイでええ。レンバイは、天幕を張ったり家の軒先を借りて露店を出して居坐ることじゃ。まあ、どっちかというとレンバイの方がえかったですわい。その方が、信用もある。

宮島さん（厳島神社）や金比羅さんの祭の日を狙うて商売に行ったこともある。宮島さんの管弦祭《かんげんさい》は、六月一七日じゃったなあ。宇和島の祭りに行ったこともあるし、いっぺんだけ一二月九日の宇佐神社（大分県）の祭りにも行ったことがありますわい。祭りだけならあんまり売れんが、宮島さんや宇佐神社のように買物市がついとる所はよう売れた。

露天下のセトモノ市（浜田市唐鐘）

今思うてみると、結局、茶碗船ではそれほど稼げませんでしたわい。品物を借りて行くんじゃけん、その払いをいつも心配せにゃあならんがな。それに、行く先々は港町じゃろう。女郎がおる。夜は船に寝るというても、時々にゃあ風呂に行く。風呂に行ったら、ちょっと飲もうか、という気にもなる。そうすりゃあ、女郎の誘いにも乗りますわい。悪いことに、女郎屋のオカミは昼間のこっちの商売を見てだいたいの売上げの見当もつけとる。離してはくれん。

ああ、こりゃあ書いたらいかん、いかんぞな。ほじゃけん、私は酒も飲まんし散財もしなかったが、酒と女に失敗した茶碗船が昔はあったということにしといて下さいや」

おじさんが茶碗船の行商をやめたのは、昭和一八年のことである。戦争が激しくなって、企業統制令が発令され商品が不足してきたからだ。茶碗船は、ほとんどが陸に上ってしまった。そして、戦後は再び一五、六軒の家で瀬戸や美濃の焼きものを扱っての商売を始めた。現在、問屋は一軒だけ、あとは自動車による行商である。

西の空が赤く染まる。船の上には人がざわめき、エンジンの音も響き始めた。間もなく、船が出る。おばあさんの使いだといって、中学校から帰った孫娘が呼びに来た。私に夕飯を食べて行け、ということだった。少し躊躇している私に、おじいさんが嬉しそうに言う。

「何もごちそうはないじゃろうが、寄っていきなさいや。あんたが来たんで、ばあさんも今晩は一本つけてくれるじゃろうけん」

鍬《くわ》の輿入れ

―土佐梼原・影浦鍛冶屋の仕事

文・図　香月節子
写真　香月洋一郎

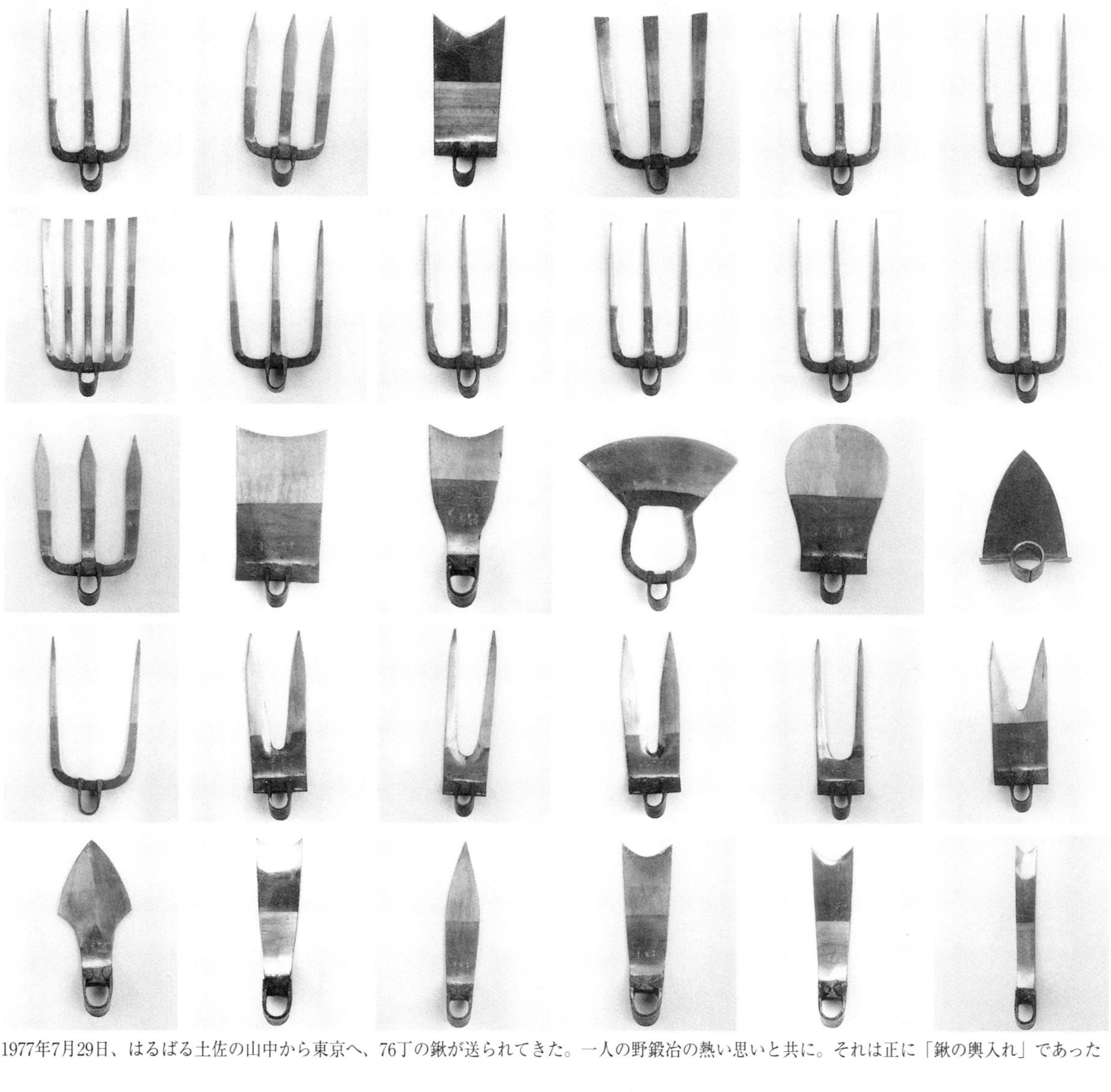

1977年7月29日、はるばる土佐の山中から東京へ、76丁の鍬が送られてきた。一人の野鍛冶の熱い思いと共に。それは正に「鍬の輿入れ」であった

高知県高岡郡梼原町の農村景観。石垣を積んで拓いた棚田にこの地方の農民の苦労と努力がにじむ

第一章■鍬の輿入れ

四国から届いた鍬

影浦さんの打つ農具との出会いは全くの偶然であった

一九七七年七月二九日、私の勤めている武蔵野美術大学・民俗資料室（吉祥寺校）に、二つの重いリンゴ箱が配達された。

民俗資料室は四階にある。校内電話で連絡を受けた私は受付まで一気に駆けおりた。

――影浦さんの鍬がきた――

リンゴ箱をあけると新聞紙でていねいに包まれた固りがいくつも出てきた。一つ一つ包みをほどいていく。形も大きさも各々に違う、打ったばかりの鍬が次々とあらわれた。山を開墾するビンダレグワ、トウグワ、開墾したあとに使うメナガ、畑を耕すハサミグワ、ミツゴ、ヤシキザラエ、ヒラグワ、田に使うアゼヌリ、タウチ、石垣積みに使うテグワ等々。

旅の衣を脱いで、ずらりと並んだ七六丁の鍬。力強く美しい造形物であった。私はその前に立ち、しばらくの間見とれていた。影浦さんの気持を代弁して表現すれば、これら七六丁の鍬は土佐の山村から東京の民俗資料室に輿入れ《こしい》して来たのである。

さらに影浦さんの言葉を借りれば、この鍬は梼原《ゆすはら》という土地でその使い手である農民と、作り手である鍛冶屋との合作の上で成った造形である。そして、その多くは、いく世代もの時の流れに機能を磨かれてきた。

影浦富吉《かげうらとみきち》さん。高知県高岡郡梼原町におられる明治四五年生まれの鍛冶職人である。

この鍬の輿入れのきっかけは、昭和五〇年に、夫、香月洋一郎が山村振興調査会の仕事でこの町に入った時のことである。その折、教育委員会で教えてもらった古老の中に影浦さんがいた。

会いに行った彼に影浦さんはこの土地は鍬の種類がきわめて多く、それらを打ちわけられないことにはこの土地の鍛冶屋はつとまらないこと、そうして、もう一度これまで打った鍬を一とおり打って残したいこと、さらに、かつてそうしたことを教育委員会に話をしたが何の反応もなかったことなどを話したという。

この三つ目のことについては町の教育委員会を一方的に責めることはできない。この町は高知県下では市町村レベルで初めて民俗資料館を昭和三九年に開館している土地柄である。

高知県下で民具の収集保存が本格的に行なわれ始めたのはここ七、八年のことである。影浦さんの提言も、当時の社会の状況ではそれを受け入れる素地がまだ弱かったのであろう。

帰京した彼は宮本常一先生にこのことを話した。

「それじゃ、うち（武蔵野美術大学民俗資料室）で打ってもらおうじゃないか」

と宮本先生はいわれた。

それから彼は、影浦さんに梼原の鍬の種類を、一つ一つたずねながらその鍛造をお願いした。最初、影浦さんは本気にしなかった。彼も気持の半ば以上は無理かもしれないと思っていたという。

それでも寄れる折には梼原まで足をのばした。四、五回ほど通ったであろうか。打とうという決心をしてくれたのは、昭和五二年であったと記憶している。それは彼が影浦さんに出会ってから二年目の早春である。

私と鉄との出会い——はっきりとした目的を持って調査に加わっていたわけではなかった

私の肩書きは武蔵野美術大学の民俗資料室勤務、同時に日本観光文化研究所所員である。民俗資料とか大学とか研究という固苦しい言葉がその中にでてくるけれど、私自身はそうしたイメージとはほど遠い人間である。

ただその時その時に心をひかれたことに対しては素直に興味をもってきたつもりではある。しかし、その姿勢はおよそ学問的蓄積とはほど遠いものであると思っている。そうした私の歩みの中で、多少なりとも興味を持ち、見続けて来たのは鉄で作られた道具、とりわけ農耕具や刃物についてであった。

このことすら、

「何かテーマをもって見ていかないと骨に筋肉がついていかないよ」

とまわりから忠告されたあげくのことでもある。まわりというのは武蔵野美術大学の故宮本常一先生や、その研究室内のあつまりの一つである生活文化研究会のメンバーの方々である。そこに私は昭和四四年夏におしかけて、以来居すわっていた。

私が農家の刃物から強烈な印象をうけたのはこの研究室が引きうけていた山口県阿武郡川上村での民具調査の折のことである。当時、民具調査の一員として私がお世話になったどの農家にも鎌や鉈《なた》や鍬がむきだしにかけられていた。

私が興味を覚えたのは、それらの量や形の多様さにもでもあるが、それにもまして、時として凶器にもなるこれらの道具が、誰の目にもふれ、手にとれるところに収納されていながら、納まり方に怖さも嫌悪も感じなかったことである。

都会に住む私の友人は寝る前に必ず庖丁をかくして寝るという。その気持は私にもわからないではない。けれども川上村で見た刃物はそれとはまた別な形で暮らしの中で存在しているようであった。このことは単に都市での暮らしが見知らぬ人々に囲まれて成っているということのみが原因ではないように思う。

道具がきわめて自然にそこに置かれ、納まっている。道具が自然に納まるというのはどういうことなのだろうか。そうなるまでにどんなあゆみを人とその道具はたどって来たのだろうか。

その時感じたものを、今ふりかえって表現すればこんな風にもなると思う。

それからの私は旅先で、できるかぎり鍛冶屋をおとずれ、話を聞き、仕事を見せてもらうようになった。

そんな折の失敗も少なくはない。仕事のじゃまになる位置に立っていたり、「鍛冶屋の話を聞いてどうするの」と門前払いをくったり。そんなことがあると次の土地では鍛冶屋の家の戸をたたけずに家の前を行ったり来たりすることもあった。

技術の伝承と記録の間で

鍛造技術を知らない者が果たして何をつかめるだろう――

火床《ひどこ》の中で赤められた鉄のかたまりが自由自在に鍛冶屋の手によっていろいろな道具に作られていくありさまは、一日中見ていてもあきない。もとより鍛造技術も知らず、また農家の出身でもない私は見ること、聞くこと目新しく、それを夢中でメモしていった。それも腕に技術のない者が外からかいま見た程度のものでしかないのだが。

技術の伝承と技術の記録とは違うものである。それはあたりまえのことなのだけれど、私の場合は旅先でそれを痛感させられることが多かった。歩けば歩くほどその気持は強くなっていった。

これはただ、私が鍛造技術を知らないということからのみくるのではない。あくまでまねごとのレベルなら、私にでも鉄を打たせてくれる場所や機会は皆無であるとはいえない。私にとって、とても手が届かないと思うのは、一〇歳をすぎた頃から弟子入りして、成人期に至り、その後それで暮らしをたててきた鍛冶屋の技術と、その感性の世界である。けれども、この問いかけは私なりの視点を作っていく上において、必ずしも絶対的な足かせになるとはいいきれないような気もする。旅をするにつれてそんな気持が一方で強くなっているのも事実である。一面ではそうなのだけれども、また一方では鍛冶屋の古老の話のおもしろさにのめりこんでもいった。

だとすれば、

「お前は一体何を、どう見ようとするのか」

私はこの問いかけを、一生持って歩きつづけるしかないように思う。

そんな私に、一人の鍛冶屋の技術の幅と深さを、具体的にその物を通して知ることができる初めての機会を影浦さんが与えてくれたことにもなる。

もっとも武蔵野美術大学が打ってもらった鍬の数は七六丁である。これは影浦さんの技術のごく一部にすぎない。

後述の影浦さんの話にでてくるように、細やかな条件まで含めるなら、注文に来る人のほとんど一人ひとりにあわせた形の鍬を打っているのである。その中から一五〇ほどをリストアップし、さらに選んだ七六丁ということである。これらの他にいく種類もの手鍬があり、鎌がある。そうしたものは現在もひき続いて打ってもらっている。

農家の軒下につくられた鎌かけ。
高知県長岡郡大豊町

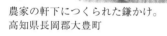

東京へ送る鍬の完成を祝って、鍛冶屋の影浦さんの家では、招かれた知人たちから祝い酒が贈られ、皿鉢料理をかこんで一夜の宴が催された

鍬の輿入れ

まるで手塩にかけた娘を送り出すように 七六丁の鍬のために宴が催された

私が影浦さんの鍬の到着を感動を持って迎えたのはそうした興味ばかりだけではなかった。それにもまして、輿入れ式まで行ない、七六丁の鍬を送り出してくれた影浦富吉という一人の野鍛冶の姿勢に胸が熱くなったからである。

輿入れ式の時のことを夫はある雑誌にこう書いている。

「影浦さんは仕事の合間を見て一丁、一丁を精魂こめて打ち始めた。あとに残すものではあるし、しばらく打ってない形の鍬もあるから、気に入るものができるまでに平均すると同じ鍬を五〇丁は打ってみた、と後で話しておられたが、これは決して大げさではなかった。ご自身が、もう今後、これ以上のものはできないといわれるほどの鍬であった。ただでさえ『私は打った鍬に愛着があって売るのが惜しくなるんですよ』といわれるほどである。こうしてできた八〇丁ほどの鍬を東京へ送るのは娘を嫁に出すような気持であった。それで冒頭に述べた輿入れの式をひらいて送り出すこととなった。

その前日、最後の仕上げのため鍛冶場には深夜まであかりがともっていた。開け放たれた窓からは影浦さんと息子さんが一心不乱になって働いている姿が見られた。当日、テーブルの上には、八〇丁近くの鍬が並べられ、懇意な農家の方々、親類の方々を招き皿鉢《さはち》料理を囲んでささやかな宴会が開かれた」（「新世」昭和五四年三月号）

この文を読んだとき、わが夫ながら「コノヤロウメ！」と思った。

深夜、明かりのともった窓から見える影浦さんの働く姿、輿入れの宴、彼にかわって私がそこに居たかった。

輿入れ式にそなえ、影浦さんは案内状を葉書に印刷し、親類、そして特に懇意な農家に送っている。七月二三日、当日、奥さんとお嫁さんは朝早くから宴の料理作りに大忙しだった。輿入れ式は午後三時からである。上座には送り出される七六丁の鍬が置かれ、床の間には招待された人の御祝儀や、酒が置かれていた。テーブルには心のこもった皿鉢料理が並べられた。

影浦さんの挨拶で宴は始まった。鍬を東京の武蔵野美術大学民俗資料室に送るようになったいきさつ、そして一丁一丁心をこめて打ったことなどの話が披露された。そのあと来客一人ひとりからの影浦さんへの祝辞や思い出話、あるいは奥さんの苦労話などがでて、町の写真屋を呼んでの記念写真のときにはもう外は暗くなっていたという。

それから六日後には私のもとに鍬が届いていた。輿入れ式直後、影浦さんは荷造りをされ、翌日東京へと送り出してくれたのであろう。

宴の席で披露された76丁の鍬。これでも影浦さんが打った鍬の種類のほんのごく一部

山間の町

梼原は伊予と土佐をつなぐ町であった

私が影浦さんに初めてお会いしたのは昭和五二年、鍬を送っていただいたその年の秋である。

お礼を兼ね、宮本先生に同行して夫と私は梼原の影浦さんをたずねた。宮本先生は宿毛《すくも》市（高知県）からの帰りとかで、みやげに大きな氷づけのマグロを一本、箱につめてもっておられた。

梼原町は土讃《どさん》線須崎《すさき》駅からバスで二時間あまり北へ入った山間にある。その中心部は四方を山に囲まれた小さな平地であり、現在は四〇〇戸ほどの家がある。

影浦さんの子供の頃は、現在の町の中心部には三三戸の家しかなかった。

とはいえ、この地は楮《こうぞ》、三椏《みつまた》、炭などの集散地としての機能をもち、北にぬけた伊予と南の須崎との間の交流で栄えたところである。三三戸の中に農家はほとんどなく、多くは商店、旅籠《はたご》、馬宿《うまやど》であり、一カ月に延べ五〇〇頭の馬がここに出入りしていたという。

馬には鞍に荷をつける一荷馬《いっかうま》と、馬車でひく馬車馬とがあった。梼原はどちらかというと伊予との交流が多く、物資は一荷馬の背によって運ばれた。

影浦さんが一九歳で上京し、麻布獣医学校の蹄鉄《ていてつ》科を修了後は梼原に帰ったのもそうした事情が背景にある。

馬の喉の下につけられた大きな鈴が、ジャンジャンジャンジャンとなり、それが五頭、一〇頭とつれられて町を歩くと、その昔は周囲の山々にこだまして響いたという。馬車の鉄の車輪のきしむ音も賑やかにきこえていた。

梼原の町を囲む山々の山腹を拓き住みついた農家。山仕事、畑、水田耕作と多様な生業をこなして生きる農家には、さまざまな形と種類の鍬や刃物が必要だった

現在、梼原の中心地の半ば以上の家は伊予からこの地に入ってきたか、もとは伊予に系類をもつ家々であるという。影浦さんも子供の頃、伊予からこの地へ移ってきた一人である。

「高知のチベット」、高知県下でこの町はしばしばそうした言葉を冠して説明されている。それはあくまで、かつては城があり、現在は県庁がある高知市の中心部の都合によって使われる枕言葉である。この土地に来てみるとむしろ愛媛県の奥座敷という感をつよくする。

私たちが梼原についた時は夜になっていた。

坂本竜馬が泊り、吉村虎太郎が泊ったという商人宿に荷物を置き、影浦さんのお宅に伺った。初めてお会いした御夫妻なのだけど、前々から話を聞き、作っていただいた鍬を見ていただけに、何かなつかしい思いがした。

梼原町地図
（昭和58年現在）

奥さんは私を見るなり「まあ、東京から来られるというんで」といったとたんに大笑いしてしまった。都会からやってくる人間の扱いをどうしたらいいのか、いろいろ気をつかって下さっていたらしい。そこに仕事着のアノラックを着込み、山まわりでもするような格好で、化粧もせず、ザンバラ髪の私が現われたのだから無理もない。私も奥さんのその言葉の意味をすぐに察し、思わず笑いだしてしまった。

食卓についた私の大食《おおぐら》いぶりを見るとますますほっとされた様子であった。

影浦さんの掘ってきた山芋のトロロ汁、やはり影浦さんの釣ってきた川魚、それから皿鉢料理、宮本先生のみやげのマグロの刺身などなど、おいしいものばかりで私はまさにあばれ食い。

その晩、影浦さんの鍛冶屋の話はつきることはなかった。

第二章■聞き書き・梼原の土地と農具

それでは、影浦さんからの聞き書きの中から梼原のこと、鍛冶屋のことなどを紹介してみよう。

九十九曲峠《くじゅうくまがり》を越えて

わしは子供の頃から鍛冶屋が大好きだった

私は明治四五年、愛媛県東宇和郡高川村（現城川《しろかわ》町）に生まれました。鍛冶屋は子供の頃から好きやったんです。

わしの生まれた部落にも鍛冶屋が一軒おりましてね、中をのぞくと、カナハダのいろんなのができよる。鉄を焼いたあとのかすのかたまりですがね。学校の帰りにそいつをひろうてきて、鍛冶屋やったらこんなものができるき、（鍛冶屋を）やらんといかん、というて、妹を相手にクドで火ばしを焼いて、ゲンノウをかまえて、たたかせたり、わしがたたいたりして稽古ですわ。小学校三年の頃のことじゃ。

おやじが嫌がってねえ。火ばしをわやにするもんで「やめえやめえ」いうて。わしは「やらせえ、やらせえ」いうわけよ。「好きなものはやらさにゃいかん」と。

わしはチョウナの小さいのんで頭で叩く。妹は金鎚でたたく。「はいやれ」トッチントッチン、「水つけにゃいかんぜ」ちゅうてね。

「あんちゃんがやれいうけん叩いたもんじゃがの」いうて、妹は今会うてもいいますがの。

明治45年の梼原町の中心部。梼原町立歴史民俗資料館蔵

今でもね、わしは鍛冶屋が嫌いじゃったらこの年になっても職場に入らんですわ。鍛冶屋が好きなんです。くさったものをね、焼いて叩いてあらたにして人に使うてもらういうのが、ものをかえるということが、わしは好きなんですよ。

釣りが好きでよく行くんですが、川の中に鉄のくさったのが落ちている。それをひろってきて職場の裏においてあるんですよ。これは誰かが生かしてやらにゃ。これはその技術をもつ者が生かしてやらにゃ。鉄がくさる、赤さびが出るんは生きとるから出るんや。そう思うんですわ。

昔は、古鉄を使うて打つことが多かったんですよ。鍋なんかは使わざったけど、草刈り鎌の古いのはよう使いました。その頃は鍬といってもサイモノ（先《さき》がけの仕事）、修理することが多く新規に作ることは少なかったですね。

だから仕事場の看板には『影浦農具病院』と書いていました。サイガケに来るのに、「サイガネ（サキガケの材）あるかよ」と聞いて、「あるが持ってこうかの」というて古い鎌なんか持ってくるんです。それで一五銭のサイガケじゃったら一三銭くらいでやりよったわけですね。古い鎌一五丁あったらミツグワが一つできます。

古い草刈り鎌を一五丁、互い違いに重ねておいて、どっちかの小口をわかしてつけて、焼いちょいて打っていったら、一つの新鉄になるんですわ。これは丈夫ですよ。今でもたまにこの注文はあります。

また、ネリカエちゅうのがありましてね、使い古した鍬の材はそのままで、それをもう一度、刃先と肩の方を逆におきかえて作りかえました。

多少の材は追加程度でいいんですが、手間がかかることで新規と同じ値段をとりました。

新しく鉄を買うときは、宇和島か須崎に注文しよりました。弟子時分は須崎までは馬車が来よりました。宇和島からは日吉町まで送ってくれます。それからは駄馬車につけるんです。師匠なんかは、「鉄買いに行くぞ」いうて金を一〇円持って出かけたら一〇円分は買うてこんですわ。五円は飲み代になるんですな。

弟子入り

鍛冶屋に貧乏した者はおらん
そういわれて、わしは峠を越えた

椿原のおじさんのところに弟子入りしたのは一三の年、昔の尋常小学校を出てすぐです。九十九曲峠を通ってこっちに来ました。椿原の西、私の生まれた城川町との境にその峠はあるんです。この峠は馬道が百八つもあったといいます。

そうせんとこっちからも、むこうからも荷を積んだ馬がようけい通っとりましたけ、すれ違いができんのです。昔の馬は他の馬が通れば食いついたり、けんかしたりしよったんですわ。

わしの若い頃、椿原の村には墓石の石碑屋は一軒しかなかったですよ。それはほとんど愛媛県からこの九十九曲峠を越して来よったんです。ただ条件があって、馬でも弱い馬にはその石の荷をつけざった。四斗樽を二つ積む馬でないと石碑は運ばせなかったですよ。そのかわり運賃は二倍とりました。

よそに出た、いうたら、わしは修学旅行に宇和島に行ってその時初めて汽車に乗ったくらいのことですよ。それまでには椿原には祭に来たり、親も弟子入りさせるちゅう下心があったから何度かつれてきてもろうとりましたけど。

わしがこっちに来た時分、子供でも朝会うたら「やァ」

鍛冶場で炉の前に坐る影浦富吉さん。子供の頃から鍛冶屋になりたかったという

と挨拶です。昼は「ちわ」です。「こん」をいわん。城川と違うんです。アクセントも違いますしね。子供心に「やれたまらん」と思うとったんですが。

ここには、ただ、おじの養子として来てくれんかというわけやったんですが……。私が鍛冶屋好きだったもんだけに、おじのところに養子にやったんじゃと母はいうとりました。実家は農業やっとりました。

おじは母の兄でした。おじの代で鍛冶屋は二六代目、私で二七代、息子で二八代目ですわ。そうとう昔から続いているんです。

おじの家は子無し子無しの鍛冶屋で、ずっと子がなかったんですわ。代々の血筋は続いてはいないのですが、やはり親類がついで続いてきたんです。

ですから鍛冶屋は続いても苗字が違うんですね。

もとはどこから来たかは、はっきりわかりませんがね。お墓をみると渡辺という姓もあれば影浦という姓もある。子供の頃、わしらが幻みたいに覚えとる師匠の師匠—これは愛媛の方におって母のおじになるんですが—鍛冶屋をやりながら、その品を愛媛から梼原に何回も持ってきた。その頃はこのあたりじゃ三椏やらカミソ（楮）をうんと作りよったんですが、それと、持ってきた品物を交換してここで財を作ったんです。刃物と三椏と交換して、それをまた三椏の業者に売りよったから、両方でもうけるわけよね。

その前の師匠も自分でナタネ油を製造して売っとりました。鍛冶屋をやっとってもなかなか商売人じゃったね。「鍛冶屋をならうんじゃったら自分の専門のものをやって、人にこれはええぞというてもらわにゃいかん。そうしたら金は自然にできる。鍛冶屋に貧乏した者はおらん」といわれて、おじのところに来たもんです。けど、わしは商売は好きじゃないんです。作ったもんは売りたくなくなるんです。

梼原村にはおじの家の他にも鍛冶屋があって、同業組合を作っていました。一番多いときで二四軒、この村の中で五軒ありました。村の中で四万《しま》川には鍛冶屋が多かった。東向《こちむき》、曲淵《まがりぶち》、上成《うわなろ》、下組《しもぐみ》などで、みんな愛媛県系統の鍛冶屋でした。越知面《おちめん》にも腕たちの鍛冶屋がいました。このへんの人たちは幡多《はた》郡、須崎市で修業した人が多かったです。

須崎西町にも鍛冶屋が多く、私の息子はそこに修業に行きましたわ。現在は鍛冶屋は少なくなりました。一代鍛冶屋というのは今はもうなくなってますね。

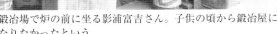

修業

炭切り、砥石がけ、夜業仕事の毎日だった

弟子入りして二年、三年はためになるようなもんじゃないですの。四年目くらいから見て覚えるようになりますわ。

来年は年あきじゃいうたら、師匠は、これはああせにゃいかん、こうせにゃいかんということもありますけんど、それ以外は絶対いいません。

向う鎚《づち》にも引き打ち、突き打ちいうてあるんですわ。弟子の向こう打ちが鎚をおろす時、ひっぱっておろすようにやるには、やはり師匠の引き方があるんですね。

三角に造らにゃいかん時は、師匠がそれなりに手を動かしますけ、師匠の鎚を見よらにゃいかん。鎚の入れ方ひとつ弟子が違うたら形にならんですわ。

だから、仕事の合間は向う鎚の練習ですわ。山に行った時に樫の木をとってきてね、鋸《のこ》で挽いて小さな杭を作って、ちゃんとかまえとくわけじゃ。練習用にね。仕事場の土間なんかその木がずっと一面に埋まっとった。向う鎚の練習にそれを地面に打ちこむわけですわ。

修業の六年なら六年のうち、ヨコザへはいりたかったら、弟子入りして三年位して休みの日にゃ入ってやってみたりしとりゃ、こりゃ鍛冶屋になれますわ。

私が養子にきた当時はおじに弟子が三人おりました。弟子は全部住みこみで食わしてもらい、お礼奉公一年ふくめて七年が修業でしたわ。私は芯から鍛冶屋が好きだったから疲れもせん。弟子入りして初めは炭切り、これはそう簡単にはいかん。まず五寸位に切る。初めはサシガネあてて切るが、あとは目見当で切っていく。この目見当ができなければ鍛冶屋はやれませんわ。

鉄でも目見当でバッと切って、それが一〇本が一〇本がきちんと同じ寸法になっていないとだめ。そんな目見当の訓練は炭切りの段階から始まるんですわ。五寸に切った炭をまた半分にボンボンと割っていく。またそれを半分にと、五寸のものを四つに切ってきって、そいつを今度はたてに割る。まず二つに割り、それをまた二つに割る。その割ったものを今度は三つに切る。

炭を切る刃物はエガマの先を切り落したような形ですわ。これは刃がついているほど粉ができる。

この指を見てくださいよ。この炭切りでこの左手の親指、人さし指をなんぼも切ったもんよ。よくあたるんで最初のうちは刃をようつけんのよ。その方があたってもけがが軽いから。クツラクツラあてると粉がよけい出るんですわ。

それをこさえんためには刃を薄うしていて、素早くトントントンと切っていく。そらァまあ気持よう切れるもんですわ。なれたらよそ見しよっても

「おお、そうかやー」

てなもんですわ。

切った炭はトオシにかけて炭ダツ（俵）に入れる。ダ

手作りナイフや従来の鎌や鍬を並べた鍛冶屋・影浦さんの店先

鍛冶屋28代目を継ぎ、鍛冶場で鎚をふるう椿原の影浦さんの息子さん

ツを三俵でも五俵でもドッカリ作ってね。

日に三俵は割りましたが、五俵位はいつも積んどかならん。

鋼精錬《はがねせいれん》でも炭一貫五〇〇、ゲンノウでも三貫五〇〇使いましたからね。

次にやらせられるのが砥石《といし》がけです。私の親方は刃物、鍬、蹄鉄などなんでもやりましたわ。いなか鍛冶屋だから何もございませんとはいえませんので何でもやりましたわ。

弟子はその仕上げのみがきを夜業仕事にやるんですわ。車《くるま》砥石を足で踏み回し、みがきをかける。弟子が二人おるとこは、後から綱をかけて兄弟子が足で踏んで回し、もう一人が綱で引いて回して応援するんですわ。動力がなかったですからね。冬などはお湯をわかしてやるわけでないから冷たい。ちょっと休んどったら砥石のまわりに氷がはる。丸い砥石の芯棒につながって下の方に押し板がついていて、それを踏むと砥石の芯棒がまわるようになっていたわけだけど、これをふむとゾウリの真中がすぐに切れたもんです。

毎晩寝る前には次の日にはくゾウリを自分たちで作ったもんです。押し板で踏んで砥石を回すときには多少間隔があるわけで、砥石が次第に長まるくなってしまうんですよ。

わしら夜業《よなべ》をやらん晩というのはほとんどなかったね。やらんとおっつかんですわね。わしが弟子の頃は松のあかりでね、電気が引かれたんは昭和四年頃じゃ。それでも職場のところまではすぐには引けません。ランプじゃ暗いんです。それに水打ち（水をつけた鎚で打つ）

谷筋に沿って拓かれた梼原の水田。戦国時代に土佐の守護大名であった津野氏によって拓かれた地域

やると水しぶきがはねてランプのホヤがわれますろ。油は高をもつくし。だから油がのった松をね、使ったんですわ。肥松《こえまつ》でね、煤《すす》がよう出ますんで、いやもう夜一一時頃まで夜業やったというたら顔がまっ黒になって、知った者でも「お前誰じゃ」というくらいで。

　また、肥松のネキ（近く）でもって仕事をしよると風が吹いてきて、バァと炎がくる。「アッチチ」ちゅうぐあいで眉がじりじりと焼けとる。で、みな頬《ほお》かぶりしちょりました。眉毛や生えぎわの毛はほとんど焼けてしもうとったりしました。

　晩方には弟子が三貫目くらい松を割っとくわけです。肥松は割りよいんです。チョウナを打ちこめばポンポン割れます。松が燃えてしもうたら一斗かんに入れてふたをしておく。これがカネをあげる時の一番ええ炭になるんです。一晩夜業したらその一斗かんに余るくらい炭ができます。

　この肥松掘りには皆で行きます。朝から弁当持ってね。弟子にはこれが一番楽しいんですわ。この辺は松山が多かったんです。そんな山に行って切り株のまわりを掘りまわしといてね。肥松掘りは師匠と兄弟子がやってくれるけ、わしは茶沸かしじゃ。

　ごはんはね、師匠は日本米でわしら皆外米じゃけ、それも麦と混ぜたり稗と混ぜたり。師匠より先には箸をつけられん。あとまでは食べれん。それでも食事中に師匠が席を立ったりしたら、お茶をかけて体をゆすって飯をゆすりこみよりましたが。

　食事は一日三回、夏中はサン茶が入って四回の食事でした。サン茶は三時半頃です。

　盆正月には三日くらい我《わが》うちに帰りました。親方のうちにおったら一日《ひいとい》しか休ませてくれませんけんね。それも自分がいうちゃなかなか許しがでん。親から親戚の初盆じゃなんじゃいうてもろうて帰ったもんです。

お前さん独立しいや

技術を盗み見る　そのためにあちこち歩いた

　独立したんは二二の年です。今のこの家の裏手で開業したんです。師匠は鍬や鎌ばっかりしかやらなかったから、刃物は不得手やった。エガマとかチョーナだとかは他の鍛冶場へ盗み見に行ってね。

　須崎市の鍛冶屋にも行った。

　ここいらの師匠は全体的にうまかったけど、特別によかったのはウマヅメといって、小さい男やったが細工は上手やったね。それはきれいな仕事をしました。もうやめてしまってどこへ行ったか。

　わしはそこに酒をさげて何べんか行ったもんよ。それでも絶対にようにぎらざったね、秘密を。

　わしはずいぶんと方々の腕ききの鍛冶屋をまわりましたよ。わしは芯から鍛冶屋が好きじゃけに。

　職人はちょっとやり方見たらハハァとわかる。師匠からいわれましたよ。鍛冶屋のところに行ったらヒバシをかりてタバコに火をつけるなと。ホクボ（火床）におきている炭火をヒバシでタバコにちょいと火をつける位は鍛冶屋にとっては何んでもないことだから、やれば鍛冶屋だとすぐわかってしまう。必ずマッチを使ってタバコに火をつけろとね。

でも手をみたらだいたいわかる。

その頃梼原にもええ鍛冶屋がおりましたよ。松浦さんという人は、猪のトラバサミをやらせたら県下で並ぶ者がないくらいのものを打っとりました。

鍬が上手な人は神在居《かんざいこ》におりました。ウシ鍛冶、ウシ鍛冶と呼んどりましたが、古鉄専門で、おかみさんが向う鎚を打っとりました。大きな杉の焼け跡にお釈迦様を祭っているところがあるんです。弟子の時分そこで一度その人に会うた時、

「お前さん独立しいや」

といってくれました。

ウシ鍛冶のヤシキザラエは肩に丸みがあってええんです。わしの師匠のはいかり肩になるんです。そうするとどうしても曲げたところが折れるんです。丸みをつけたらええとわかっとりながら、やりつけんもんで、ようこしらえん。そのやり方を「富さんだけにゃ教えちょかにゃいけまい」いうて教えてくれたんです。師匠からならうだけでは、なんぼやっても一人前じゃないんです。「どこの鍛冶はええ」といわれたら、そこに見に行きよったもんよね。

それに農家の人から教えられたりしてね。職人は一生職人でなからないかんのです。その土地の鍛冶屋が腕がいいということは、それを使う人がうるさいということです。使う人の苦情を受けとばしたらいかんのですわ。

わしの鍬はクグミが違うんです。つまり、しゃくみ方です。これでわしの鍬とわかります。このしゃくみで土切りと土がかりが違うてきます。

わしのマタグワは前から見ると広がったように見えても後から見たらすぼんどるように見えます。そんな鍬じゃないとだめなんですわ。

というんは、わしのマタグワは内ワキがぬいてあるんです。ツメの内側をうすくしとるんですよ。わしの師匠はそんなことは教えざったです。これは百姓さんから教えられたね。一〇人が同じようにいうんやったら、これは正しいですわ。

ビンダレグワはわしが考えたんですよ。これはトーグワとヒラグワの兼用の鍬です。ちょっと見たら薄い鍬でトーグワの働きをするとは見えんですが、ひとつはね、鋼《はがね》の入れようが違うんです。ワキの方によけいにいれとるんです。

それからカネを焼く温度をどうするか。これがまァポイント

影浦富吉さんが考案したビンダレグワ

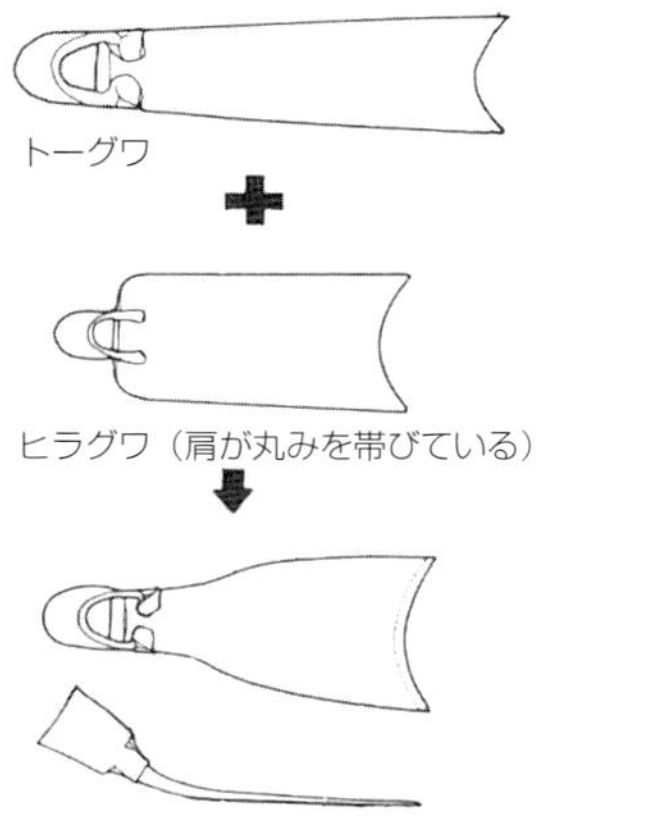

ビンダレグワ
山畑の耕作に使う。トーグワのヒツとヒラグワのホサキの幅をもつ。植えられた三椏の間を打つのに、肩が張ってないので三椏を傷つけにくく、ホサキの幅が広いので効率よく鍬を打つことができる

しゃくみのあるマタグワ

しゃくみは掌のようなくぼみをいう。真っすぐに伸ばした手先を砂の中に手を入れるよりも、窪みをつくった手先の方が入りやすい。クワも同じで少ししゃくみがある方が土に打ち込みやすく、土のかかりがよい

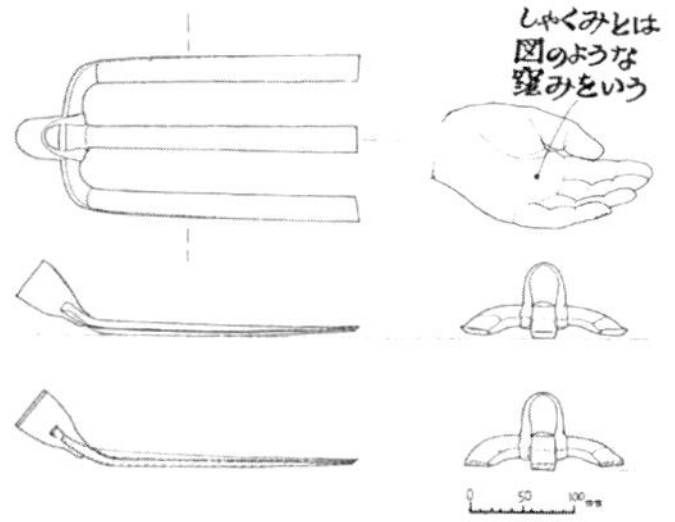

梼原町神在居の千枚田。田の石垣を築いている石は、開墾の際に地中から出てきたオニガラ石だという

です。ヤナギ（三椏）の間を打つのに肩が張っていないし、先が広いんでヤナギも傷つかず能がええちゅうことで便利やったんです。西の川の百姓さんに、
「二丁より一丁の方がようないか。こればァ使うてみよ」いうてこしらえてやったんです。こりゃいいいうことで反響はすぐあったんです。その人の隣の家の人が同じヤナギ畑に行きよって、はやもうそのあくる日にあれ二丁こさえてくれいうて来ましたわ。いっときの間に西の川中心に何百丁と打ったんです。愛媛の方からも注文がありました。

あれで大分儲けた。わしはこれをカイコングワと名前を付けたんです。けど百姓がビンダレグワという名を付けました。

ビンダレちゅうのはこっちの方言で、面倒くさがるということです。二丁が一丁ですむところからこういうたんですわ。

弟子時分は向う打ちをやるのが専門で、人の顔を覚えるじゃいうことはなかったね。自分で一力《いちりき》で店をはろうとしたら、この人はどこそこの人じゃいうようになりますよ。

そいで、その人の鍬を見たらどんな人かわかるようにならんといかんのです。このへんの者は鍬のヒツ（柄をさしこむ所）のノサ（鈍角的）、カギ（鋭角的）というのを、うんとやかましゅういいますけんの。これで鍬のちびようが違うんです。一つ一つ畑で傾斜が違いますが、急じゃったらカギでなけりゃいかん。

下の土を上からもちあげもちあげやりますけ。それから右出し左出しいうこともあります。これは鍬の柄を持

つ時、右手を出すか、左手を先に出すかでそれに合わせてヒツを少し傾けるんです。

村をまわる

冬稼ぎ、決まった宿をまわってサイガケをして歩く

昔の山の鍛冶屋は冬がせわしかったんです。というのは冬になると百姓がサイモノ（先がけ）を馬につけてどっさり持ってきよったんです。一軒のうちで何十丁というほどサイをしてね。

そいでサイをしたあとおろすまではイロリの上に吊っとくんです。柄を付けずヒツに紐を通してね、煤をかぶせておくんですね。錆止めですわ。わしが行くと、「お前がやってくれた鍬はこの通りや。まァ見てくれ」いうわけですわ。鍬の代金は米、麦でも払いました。米（白米）二升で鍬一丁としたものじゃったが、まあ現金でもろうて米を買うた方が安くつくんですわ。誠意のある人は盆暮に払いにきてくれますがね。だいぶ貸しとられました。困るのは親が頼みにきて子がとりにくることです。

昔はね、鍛冶屋は冬稼ぎに行ったんです。この出働きは昭和の初め頃までやりました。

だいたい梼原町一帯を回ります。地区地区に昔から宿が決まっておるんですわ。ふつうの百姓屋で旧家が多かったですね。二月頃でかけましたね。金床、ふいご、向う鎚など皆《みな》馬の背につけて持っていかないけんですけね。そうしたら向こうの人は炭も焼いてちゃんと待ってくれます。

梼原の町から谷をさかのぼり神在居《かんざいこ》へ、そこから仲洞《なかどう》、初瀬《はっせ》の上を通って中平《なかひら》へおります。尾根すじの道です。馬二頭が行き違いできる幅の道です。

もっと下って南へいくと大正町下津井に出ますが、こことは交際がうすいですね。

初瀬に出働きに行った時は村の集会所みたいなところで仕事をしました。人家からちょっとはなれたところでした。鍛冶屋は火をおこしますからね。

初瀬の東、折渡《おりわたり》、この上に出働きの時の細工場がありましたが、ここまで道明《どうみょう》の人が馬に荷をつけて運んでくれました。道明には一荷馬をやる人が何人もおりましてね。いうたら運送屋ですね。

一つの宿に一週間位おりましたが、そこへ近所の農家からサイをしてもらいたい者が持ってくるんです。

この時は一丁なんぼやのうて日役です。ふつうの大工、左官の五割ましの賃金でしたわ。その日当の他に宿から弟子には金一封がでました。

御飯も向こうもちで御馳走がでました。宿の家の分の仕事をやった日は宿の家から食事がでまして、それからは村中のサイをやる家々から米や味噌や酒が宿に届きましたの。

宿はどの鍛冶屋に頼んでもええんですが、だいたい腕のいい鍛冶屋に頼みました。

わしらは独立してからは、相当方々へ出店を出してやりましたよ。

正月の一五日は日吉町の子安地蔵さん、次の日が城川町古市の不動さんの祭、それをすまして帰ったら二月一日が東津野の大古味《おおこみ》の水月《すいげつ》観音さんの祭。神様はみな高

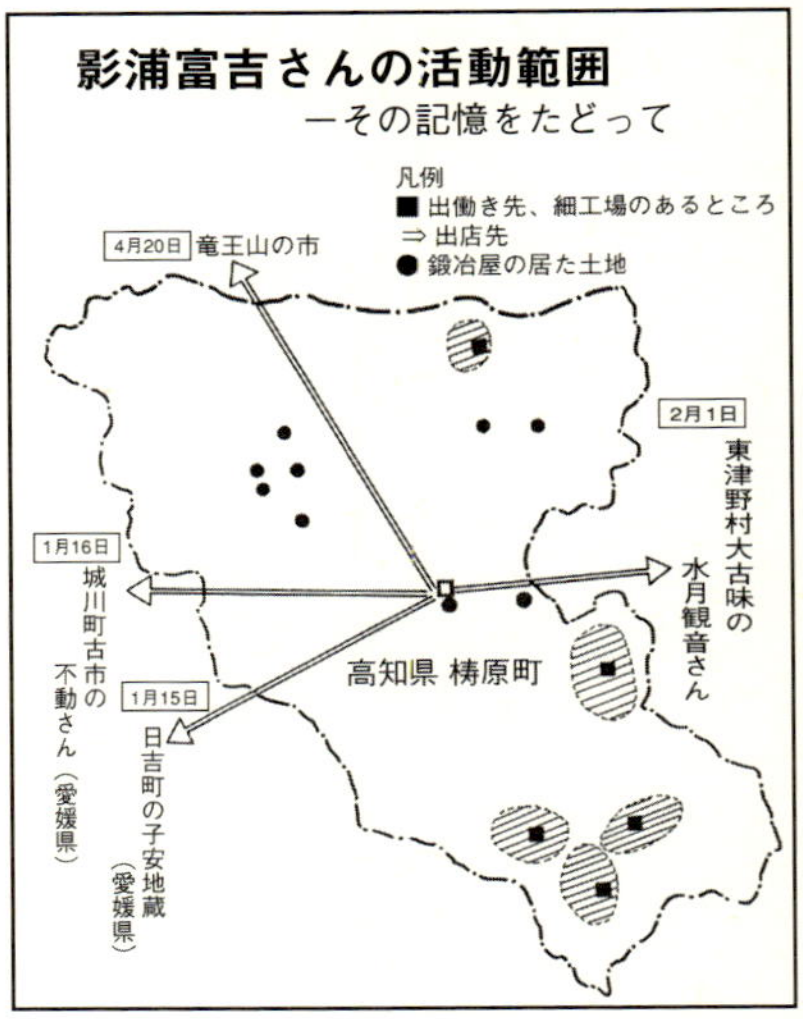

影浦富吉さんの活動範囲
―その記憶をたどって

いところにあるから品物はみなかつぎあげななりませんからしんどいですわ。ここで売れん分はその地の世話する人のとこにおいて売ってもらいます。

仕事は休むひまなしです。出店じゃったら持って行った品物は一割くらい引きまして売るんです。もう宿は定《じょう》づけ宿がありますけんね。そこへ葉書を出しとくんですわ。これはわしのお得意の農家です。宿賃はいらんしドブロクで歓迎してくれます。帰りに鎌一丁くらいお礼において帰ります。四万川の竜王さんの市にも鍬を二百丁くらい持っていきましたね。

土地と農具

■鍛冶屋泣かせのオニガラ石

この町のまわりからいきますとね、東の筋はオニガラ石が多いんです。梼原は総じてオニガラ石が多いんですけど、ここは特に多い。オニガラ石はちょうど、餅を口の中に入れて歯でかんだようなぐあいで硬軟いりまじったような石です。町の東の方の田んぼの中に大きな石がいながら残っとるでしょう。あれが皆オニガラ石なんです。これは畑の中にもころがっとるし、あっちこっちに大きな岩で出とるんもあります。

この石が特に多いのは神在古と太郎川ですわ。神在居の千枚田の石垣はそれを使うたもんで、そのくらい石が多いですよ。こまい石は掘りあげるんですが大きいのはいながら置くしかない。そんなとこの鍬はこっちがなんぼ沸《わ》かしをきかしてやってもいかんねェ。鍛冶屋泣かせです。

オニガラの小石が土の中に多いところは鍬がちびやすいんです。一鍬一鍬砥石にかけるようなもんですけんね。三ッ鍬なんか両わきがちびて中が光ってくるんです。鋼の入れ方も幅広うにして両わきからせって、ふちを厚うにするようにせんといかんのです。

オニガラ石の中で硬い部分は火打石に使います。土の中に混じって出てくる石をこのへんではコロビ石というとります。コロビ石で一番でてくるのもオニガラ石なんです。青石は層になってかたまって出てくるし、石灰岩はオニガラみたいに鉄をくわんのです。けども地質はオニガラ石がでるところの方がいいんです。

■地質の悪い青石地帯

梼原南で、一番オニガラの多いのは飯母《いいぼ》です。けれども更に下の川口のあたりまでは青石が多くなります。青石はオニガラと違って割ろうと思えば割れます。けども青石のあるところは地質はオニガラよりも落ちるんです。

これから下の山をずっと見て行けばわかりますが、自生の樫の木が多くなります。そんなところはほとんど青石です。川口からさらに下は青石からナメラに変わります。これはくずれやすい石で災害も多いんです。一般的にいうと梼原の下に多いのはこの青石、ナメラ。下手も中平《なかひら》まででるとまた青石に変わります。けれどもその中で山の上の村で土がいい所がぽつりぽつりでてきます。

山子《やまご》とか道明《どうみょう》なんかがそうですね。このへんで土がいいというのは、まずコロビ石が少なくて土が深いということです。道明の場合は赤土まじりの土がでるんですわ。椿原は他にも赤土のところがあるんですが、どうしてこだけ一ッ所にあんなふうに集まったもんか。道明の谷にずっと続いてあるんです。

この赤土は東の尾根をこえて下折渡《しもおりわたり》のところにでています。道明の人がもってきた鍬なんかはね、厚みを厚うにせなならん。赤土のひっつく中をこねまわすんで丈夫にしとかにゃいかん。この道明にはなかなかの旧家が何軒もあったんですよ。

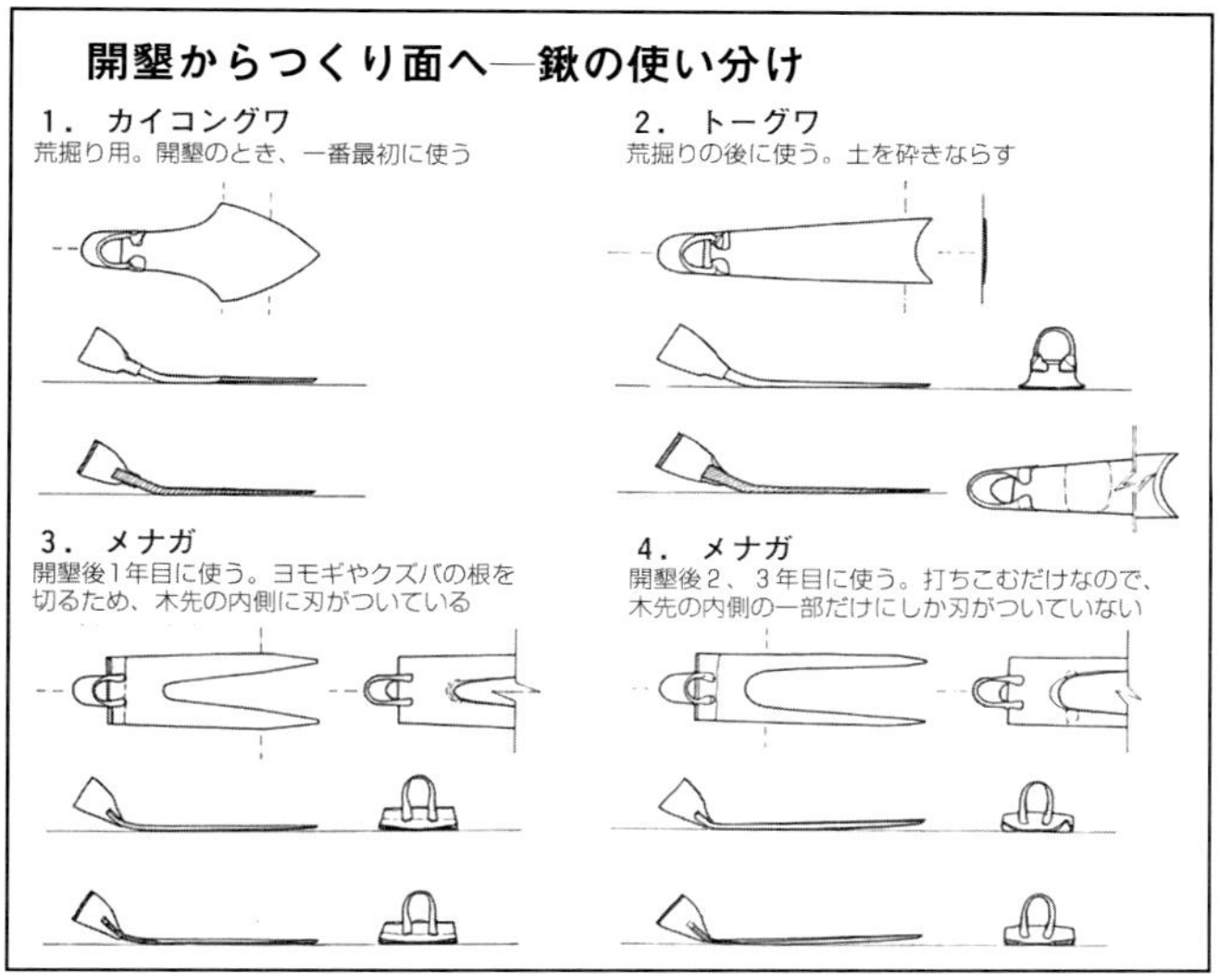

開墾からつくり面へ―鍬の使い分け
荒掘り用。開墾のとき、一番最初に使う
2. トーグワ
荒掘りの後に使う。土を砕きならす
3. メナガ
開墾後1年目に使う。ヨモギやクズバの根を切るため、木先の内側に刃がついている
4. メナガ
開墾後2、3年目に使う。打ちこむだけなので、木先の内側の一部だけにしか刃がついていない

佐渡《さわたり》も土のいいところです。そこから西の谷が家竃戸《かろうと》谷ですよ。ここも土はええですよ。コロビ石が少ないし、コッチが多いんです。松やヒノキの根がはっていくと、それをつつんでくれる根のこまかい土です。植林が進んでいましてこの谷は大きな町有林があります。コッチのない岩のところは自然に生えた雑木があるより他はしかたないんですよ。

大向《おおむかい》から下《しも》は松が多くなります。そこから幡多《はた》郡にかけて土質が悪くなるんです。中平から下は鍬の作りがだいぶ違いますね。小ぶりになります。小ぶりになるというのは土が少ないんですね。深打ちするにもできない。

■仕事のしよいところ、わるいところ

この辺では松原の仕事はしよいです。川下ほど流れた石が田畑に混ざってきますが、初瀬が一番石がないですね。初瀬の大野地《おおのじ》、影野地《かげのじ》、藪《やぶ》が峠《とう》が土がいいですね。藪が峠は高いところにある村ですが、下《した》を一〇尺掘っても石がないところです。鍬も大きいですがね。土が深く多いから太い鍬でこきざみでなく、大きざみでどっすりどっすりやりますわね。今は家が四軒しかないんです。

越知面《おちめん》はやりにくいところです。越知面や椿原の近くは作り面（耕地）が傾斜がかっていますからね。土を下におとさんように上へ上へもっていくような打ち方をする。これから下《しも》は作り面が平たいということです。

傾斜面よりは深く打ちこまんでいい。越知面には橋があって橋の右と左の谷で違うですわ。奥の方はシロイシが多いんですが、あそこの石灰岩はエボシ山の右と左とで違うんです。右の谷のは青筋がとおってかたいんです。そこまで知っとらんと、

「おまんの打った鍬はどうもいかんぜよ」

となります。それでも越知面の田野々《たのの》はこの近所と同じで石があっても浅い石はなく深石ですわ。まァやりやすい永野《ながの》も石は多いとこですけど作り畑には石がないですね。井の谷がいかんです。石が多い。

梼原の鍬

畑

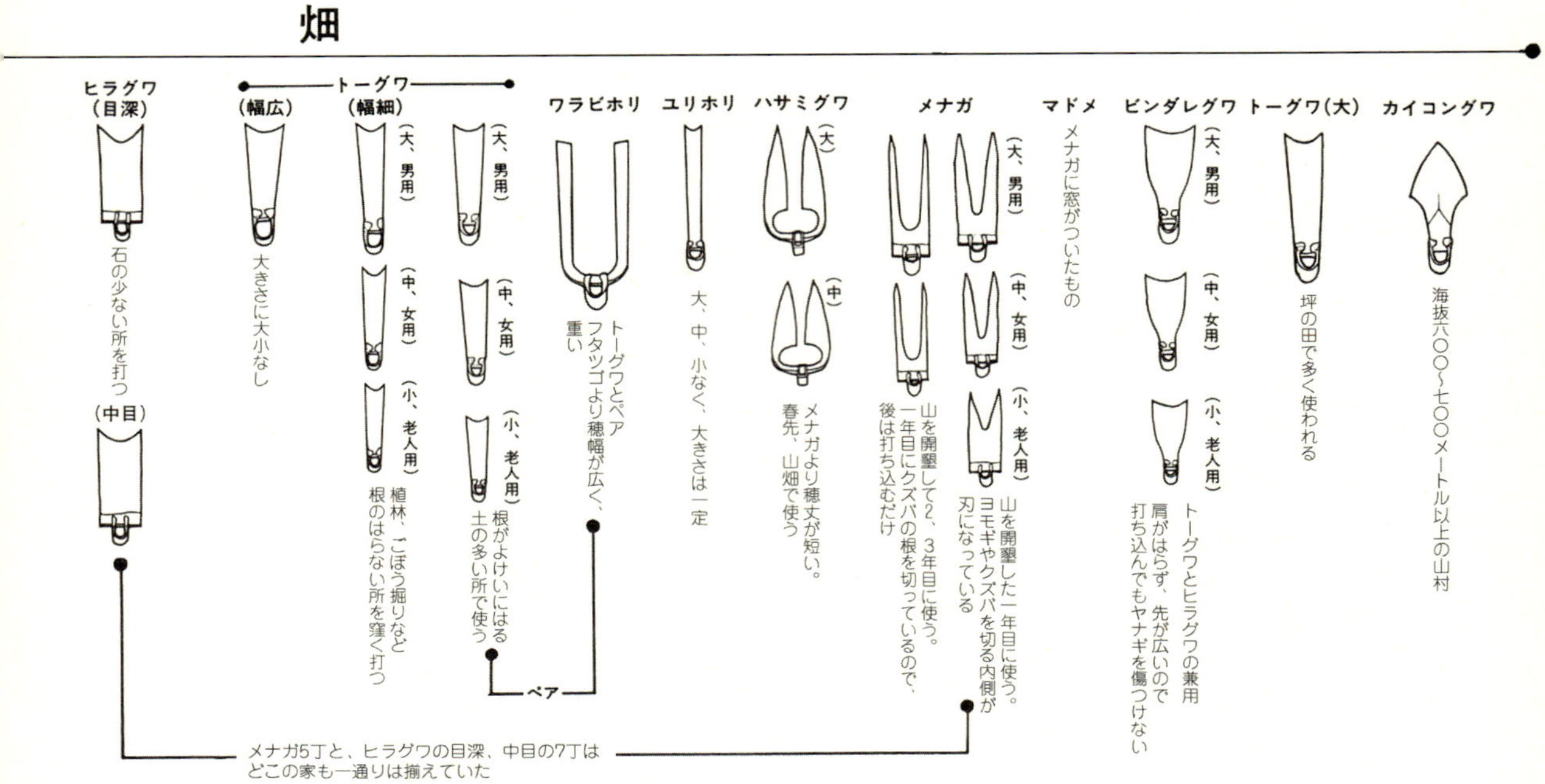

田

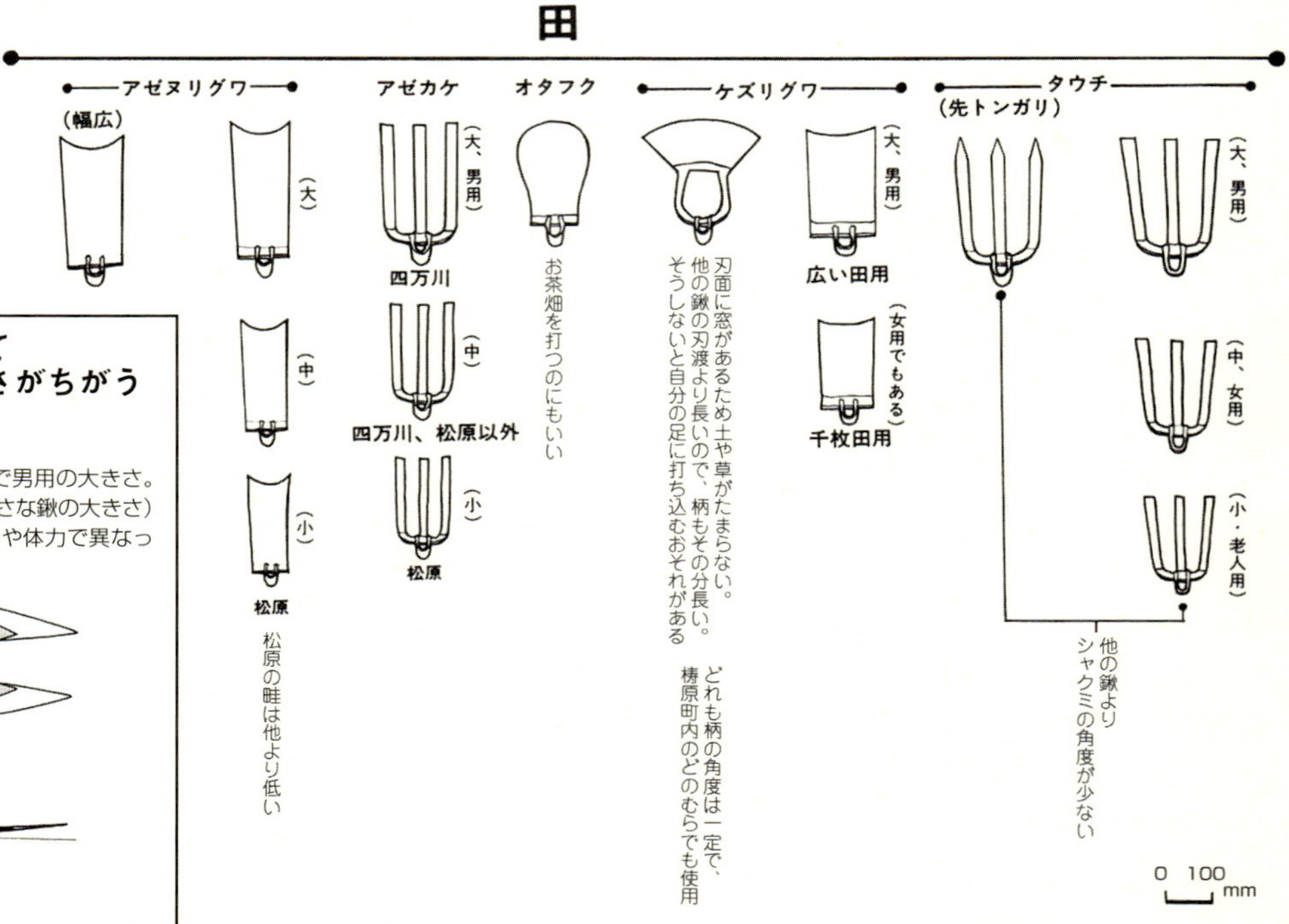

鍬は使う人によって大きさがちがう

鍬の大きさ

（男のハサミグワ、実線が大で男用の大きさ。網のかかった部分が女用の小さな鍬の大きさ）鍬の大きさは、使う人の体格や体力で異なってくる

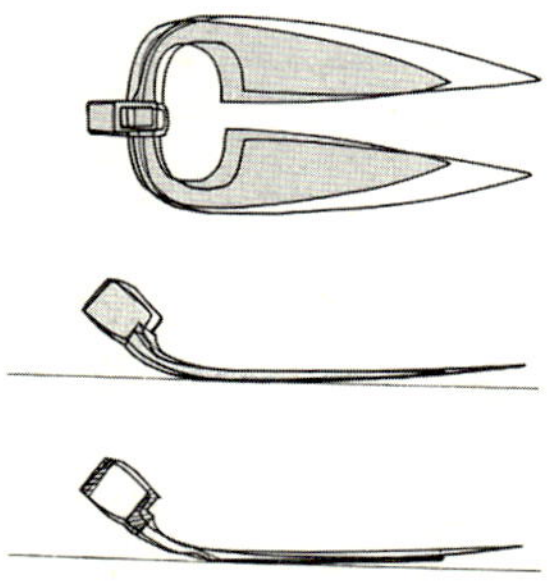

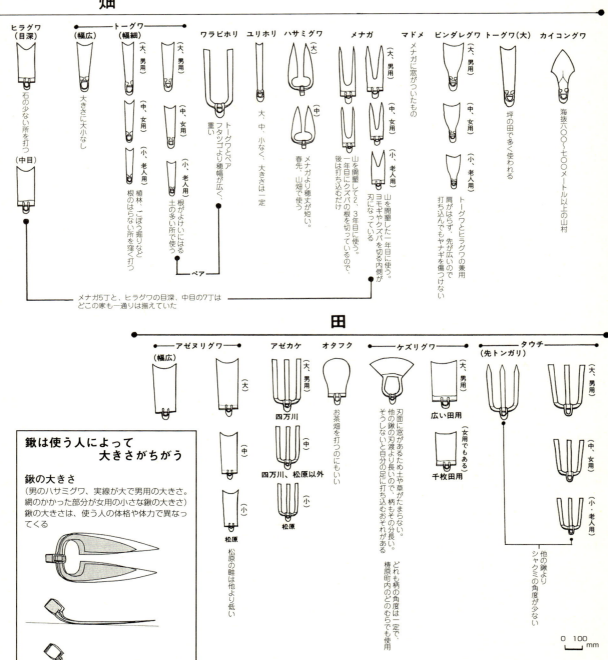

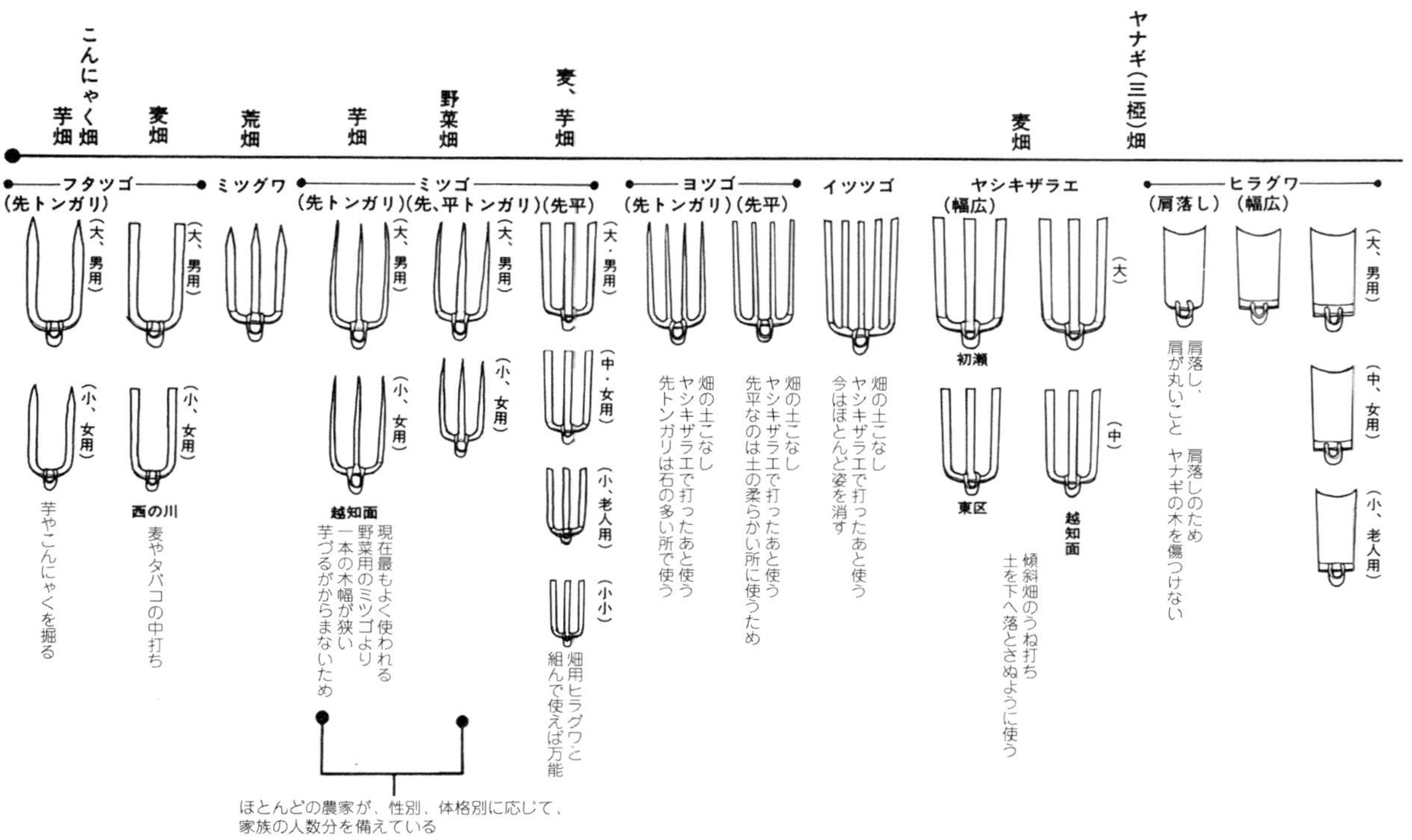

芋畑
こんにゃく畑
麦畑
荒畑
芋畑
野菜畑
麦、芋畑
麦畑
ヤナギ(三椏)畑
フタツゴ
(先トンガリ)
(大、男用)
(小、女用)
芋やこんにゃくを掘る
西の川
麦やタバコの中打ち
ミツグワ
ミツゴ
(先トンガリ)(先、平トンガリ)(先平)
(大、男用)
(小、女用)
越知面
現在最もよく使われる
野菜用のミツゴより
一本の木幅が狭い
芋づるがからまないため
(大、男用)
(小、女用)
(大・男用)
(中・女用)
(小、老人用)
(小小)
畑用ヒラグワと
組んで使えば万能
ヨツゴ
(先トンガリ)(先平)
畑の土こなし
ヤシキザラエで打ったあと使う
先トンガリは石の多い所で使う
畑の土こなし
ヤシキザラエで打ったあと使う
先平なのは土の柔らかい所に使うため
イツツゴ
畑の土こなし
ヤシキザラエで打ったあと使う
今はほとんど姿を消す
ヤシキザラエ
(幅広)
(大)
(中)
初瀬
東区
越知面
傾斜畑のうね打ち
土を下へ落とさぬように使う
ヒラグワ
(肩落し)(幅広)
肩落し、
肩が丸いこと
肩落しのため
ヤナギの木を傷つけない
(大、男用)
(中、女用)
(小、老人用)
ほとんどの農家が、性別、体格別に応じて、
家族の人数分を備えている

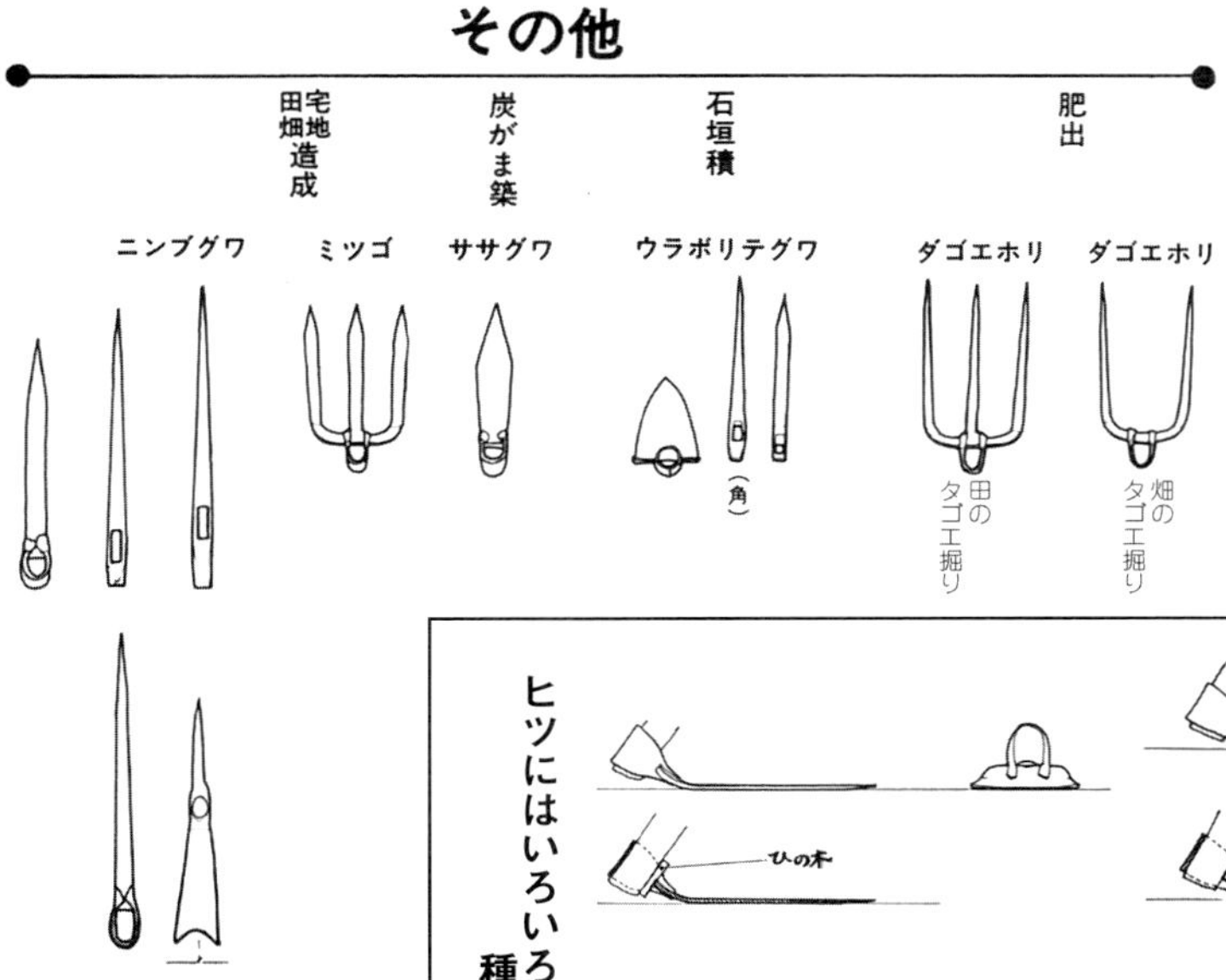

その他
宅地田畑造成
炭がま築
石垣積
肥出
ニンブグワ
ミツゴ
ササグワ
ウラボリテグワ
(角)
ダゴエホリ
田のタゴエ掘り
ダゴエホリ
畑のタゴエ掘り

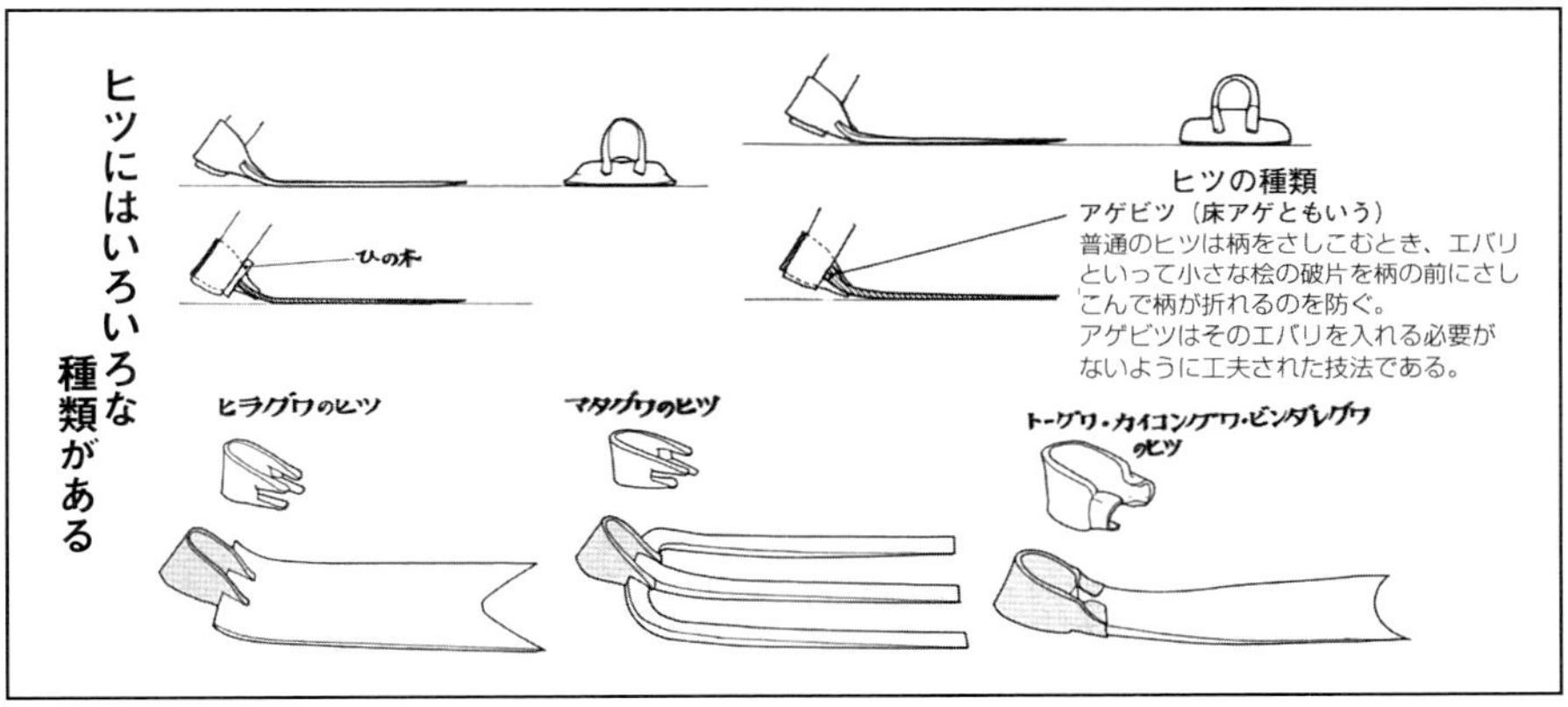

ヒツにはいろいろな種類がある
ひの木
ヒツの種類
アゲビツ（床アゲともいう）
普通のヒツは柄をさしこむとき、エバリといって小さな桧の破片を柄の前にさしこんで柄が折れるのを防ぐ。
アゲビツはそのエバリを入れる必要がないように工夫された技法である。
ヒラグワのヒツ
マタグワのヒツ
トーグワ・カイコングワ・ビンダレグワのヒツ

影浦さんの目を通して見た梼原

影浦さんの聞き書きの中から地区単位の耕地の様子を図示してみた。さらに、各地区の中で影浦さんが手がけた道具を使っている農家を一軒一軒たずねてみると、もっと細やかな鍛造技術が浮びあがってくるだろう。

凡例

- 地名（四角囲み）・つくり面にコロビ石が多い所
- 地名（丸囲み）・つくり面にコロビ石が少なく土が深い所
- ■地名・オニガラ石の多い所。鍬がちびやすく鍛冶屋なかせ
- （模様）・蛇紋岩（青石）地帯
- （模様）・石灰岩（白石）地帯。コンニャクが育ちにくく、カヤも育たない
- △地名・青石地帯。この地帯にはカシの自生が多い
- □地名・ナメラ地帯（くずれやすい石で災害が多い）
- ●地名・赤石（やわらかい石）地帯
- （黒塗り）地名・赤土地帯（粘土質で鍬が厚手になる）

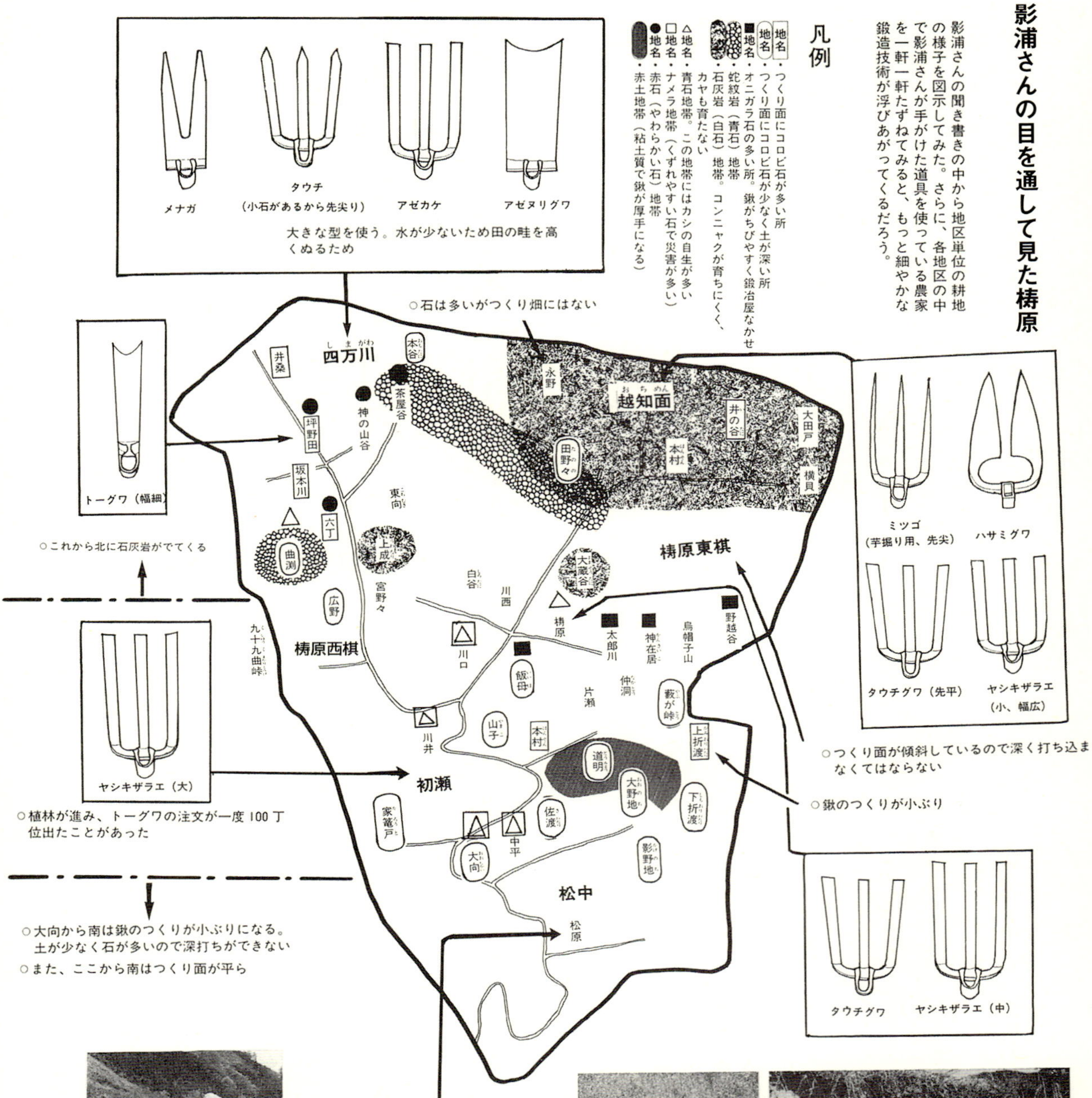

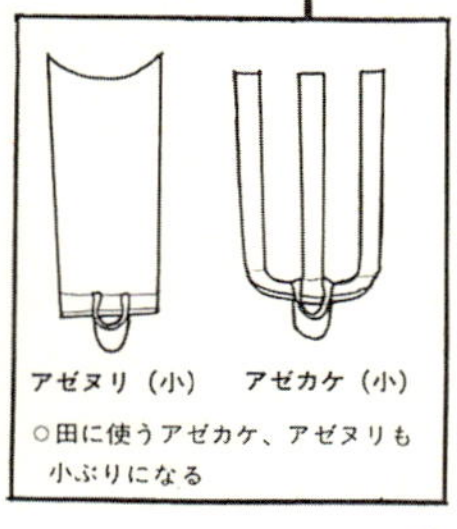

○春先の田ごしらえ

○斜面畑を耕す。腰をかがめて、土を下から上へ

○切り通しの道に顔を出すオニガラ石（太郎川付近）

■四万川《しまかわ》あたり

四万川はね、オニガラ石は少ないですがコロビ石がよけいある。これは土の中に混じっとる小さな石です。ジャリ地が多いんです。これはカネのあげようによってはしょいんです。ただ四万川の中で、坂本川だけはソコ石があるんですよ。

越知面、田野々の家と耕地

あそこの石は赤石ですわ。これはあってもやおいんです。これはまた硬い石とは違うように打たにゃ。やおい石にはカネを硬うあげる。硬い石にはやおうあげる。これがまァ奥伝の一つですわ。

坂本川以外の四万川の土地はやりやすいです。上石《うわいし》が少ないということでしょうかね。茶屋谷、オモ谷、中の川は平均して土がやわらかです。

田に使う鍬も一様じゃいかんのです。四万川のタウチグワは先を尖らせます。下に小石があるんですわ。そのかわり田の土が浅いですわね。本当は尖ってない方がええんです。

このごろはあんまり山の草を田に入れんですが、昔は入れよったんで、先が尖らず真直ぐでないと、埋めた草が切れんのです。越知面のタウチグワは尖ってないんです。

松原はね、タウチグワはあまり使わんのです。おかしいとこですよ。一軒のうち一丁あるかないかです。一番よく使うのは四万川とこの私の家の近所です。

アゼヌリグワは一番大きなんは四万川ですからね。越知面の一部でもそうですわ。四万川は畔を高う塗らんといかん。水の少ないところじゃから。田に水をためるわけですよ。やから畔が大きい。これは今でもかわりません。

■町の周辺

町の北西の谷になると、上成あたりから石灰岩がまじります。曲渕《まがりぶち》からは青石がまざります。この青石は下《しも》の青石とは違うんです。蛇紋《じゃもん》岩になるんです。

このへんから赤石もでます。これは庭石に喜ばれる石です。六丁のあたりの川には赤石が多くなります。ここから坪の田にかけてはこの石が多いのです。これはやわらかい石です。

このへんからは白石（石灰岩）もでてきます。坂本川から奥は白石と赤石がでます。

北東の谷は大蔵谷《おおぞうたに》あたりから石灰岩がでてきます。この奥、越知面、大田戸《おおたど》、横貝、永野あたりは石灰岩地帯ですが、西の谷すじの四万川の田野々になると青石、蛇紋岩の地帯です。この谷川の底を見ると真っ青な石がころがっています。苔がつきにくい石です。田野々はコロビ石も少ないし、比較的土も深いですし、作り面も広い。

※梼原町北端から愛媛県にかけての一帯は大野が原というカルスト地形が広がっている。『高知県地質鉱産図』（高知県商工課　昭和四三年）を見てみると、その南に蛇紋岩の層が断片的に顔をのぞかせている。町の南部は須崎層、葉山層といった堆積層からなっており、その岩石の構成地質はそれだけではわからない。もっともこの地質図は土地の表面の耕土の部分はさほど考慮にいれていないということである。町の南部はしばしば地理学上の書物で嵌入蛇行《かんにゅうだこう》の好例として紹介される地域である。嵌入蛇行とは川すじが固定された後に土地の隆起がおきる際にできる川のあり方の例で、曲りくねった川すじによって特色づけられている。耕地は曲りくねった川の攻撃斜面の対岸に堆積された土地に広がっており、傾斜畑とはまた違った景観を見せている。

■一人ひとりに合わせて

まあ、ごく大まかに鍛冶屋への注文の鍬を通して見た梼原の土はそんなようになっています。さらに、一軒一軒の家で見れば、こまやかな条件がでてきますし、右ききか左ききか、その人の体力、背丈など考えるともっとうるさい注文になってわしのところにくるんです。そうしたことに答えられなければ、ここで一人前の鍛冶屋としてやっていけません。注文をこなしていくなかでわしの鍛造技術がきたえられていったのだと思います。

武蔵野美術大学に送る鍬を打っている最中にも忘れかけていた昔の鍬をいくつも思い出しました。この他に小鍬の類にしても五種類や一〇種類ではききません。他にも鎌を打ち、サンリョウシという山仕事のためのトゲヌキの刃物を打ち、やってきました。

だから私の家族は胃が丈夫なんですよ。鎌や鍬でこれまで食べてきたんですからね。

*

私が鍛冶屋の話を聞いて歩いた地域は市町村の数にしておよそ三〇ほどであるが、その折々の野帳をひっくりかえしてみても、これほど野鍛冶の鍛造技術の高かった所は少なかったように思う。

聞き書きという形でそれを知り、完成した造形を外から見ることでしかその高い技術や集中力や気迫を知り得ない私は、仕事の終った鍛冶場の余熱にやっとふれ得たようなものであろう。感動が私の旅を続けさせていく。影浦さんの御健康を祈りつつ筆をおきたい。

山へ。梼原は四国山地の中でも植林の進んだ地域である

鉄の生命《いのち》

朝岡康二

鉄の文化というと、博物館の陣列室などで見る美しい日本刀を思い浮べます。時には華やかに、時には雄大に、地膚に溶け込んで行く刃文《はもん》の微妙な変化をみつめていると、不思議な幽玄の世界にさまよい込んでいくのに気付くのです。

そうした鉄のもつ魅力はなにも刀剣に限られているわけではなく、日常の道具や利器のなかにも様々なかたちで入っています。そしてこちらは刀とは比較にならないほど、使いの激しいものですから、そこに表われるのは鉄に託された形而上的な世界だけではなく、それを用いた人々の労働や生活を反映し、人々と暮らしを共にしてきたことを教えてくれます。

だから、博物館の刀剣に永遠の美を感じるとすれば、鍬鎌や鉈・ヨキ・大工道具等の常民の用いた鉄器には生命の美が宿っているということができるでしょう。このことは単なる譬《たと》えということではなく、ひとつ前の時代まで、鉄器は事実として「誕生」し、「生き」続け、そして「死」に至ると考えられ、その上で再び蘇ることを約束されたものなのです。

鍛冶屋とは、この鉄器の誕生と再生を掌る特別の能力を持つ人々のことを指していました。彼らは火と風とを操り、白熱した世界に参加して、鉄器を生みだすだけではなく、ケガレて死に至ったものに新たな生命をふき込んだのです。

よく知られているように、日本の製鉄の中心地は中国地方の山間の地でした。その地域以外にも、それぞれの時代に各地で作られて来たことがだんだん明らかになってはきていますが、それでも、古い時代から近世、さらに明治時代のなかばまでは吉備《きび》・美作《みまさか》・伯耆《ほうき》・出雲《いずも》がその中心地であることは変りませんでした。いずれにしても近世に入る以前から、鉄器は日本中に普及しており、村々の暮らし、山や海の生活と深く関わっていたことは驚くべきことで、重くて運搬に不便であったにもかかわらず、実際には古くから非常に広い範囲にわたって流通していたのです。

しかし、ひとことに鉄の流通といっても、それはタタラ場（製鉄場）や大鍛冶場（錬鉄を作る細工場）で作られた新鉄のことだけを意味しているのではないと思います。なんといっても鉄は蘇ることのできる性質をもっており、それを可能にする技能をもっていることも鋳物師《いもじ》や鍛冶屋の条件であったからです。いいかえれば、鉄器の流通や普及の基礎には条件にあった様々な古物の再生・再利用があって、それが「流通」と一言で表わしている世界の影にひそんでおり、それはそれで大きな体系を作りあげています。ここではこの点に注目して鉄の材料をみていくことにしましょう。

鉄は古い時代から硬くて減りにくいけれども、脆くて割れやすい鉄と、柔らかで容易に変形する鉄とが知られていました。前者は現在銑鉄《せんてつ》といっているものに相当しており、溶けやすい（融点が低い）ために鋳物を作るのに使用されてきました。産業革命以前に日本の鉄鋳物の利用は限られていて、鍋や釜、鉄瓶、あるいは牛にひかせる犂のへら先、鉄灯篭、半鐘くらいにしか用いられてきませんでした。それは現代の銑鉄とはかなり性質の違うものだったからです。だから昔はこれを「鍋金（ナベカネ）」と通称してきたのです。

鋳物師や鍛冶屋のような専門家はこれを「ズク」と言っていました。このズクがいくら硬かったからといっても、長年の使用によって鉄釜の底は抜けたり、割れたりします。小さな痕ならば村から村へ渡り歩いた鋳掛屋（イカケヤ）が直しましたが、それも手におえず生命が尽きてしまうともう一度、鋳物師のところにもどってきて「鋳返し」されました。今日でも鉄鋳物の工場を訪れると屑鋳物が山になっているのをみかけることがありますが、昔から鋳物というものは新しい材料からだけではよい製品ができなかったのです。そんなわけで古い鍋釜は次々に新しい製品に鋳返えされてきました。

もう一方の、柔らかな鉄を扱う人々を鍛冶屋といいました。この鉄は非常な高温にしなければ熔けることがなく、加熱をして打ち鍛えることも、鉄と鉄を接合させることもできましたから、様々な形態が得られました。また、加工や処理の仕方によっては形を作った後に硬化させることも可能でした。

中国の古代、春秋戦国の頃にアジアで初めて鉄器が実用になった時には刃物も農具も鋳物が用いられていたのですが、後に鍛冶の技術が段々と発達してくると、犂先以外の刃物や農具はすべてがこの技法によって作られるようになりました。

柔らかくて溶けにくい鉄には炭素が比較的少量しか含まれていません。鉄が含まれる炭素の割合によって性質を変えることは今日ではよく知られていることですが、大体一・七%以上になると硬いけれども脆くて、特別な処理をしないかぎりは打ち鍛えることが困難です。しかし一方で融点はずっと低くなってきますから鋳物に使用できるようになるのです。

もうひとつ大切な点は打ち鍛えのできる鉄でも、含まれる炭素の量によって、はなはだ違った性質を表わすことです。昔はこれを「刃金（ハガネ）」と「地金（ジガネ）」とに区別していました。刃金とは文字通り刃先を作る鉄という意味で、現代の「鋼」に相当しますが、概念の上ですこし異なるところがあります。

これはおおよそ炭素が〇・五%から一・三%ぐらい含まれていて、加熱して赤熱したものをいきなり急冷させると非常に硬くなる性質をもっています。この処理方法を「焼入れ」といって、刃物作りには欠くことのできない技法です。初めに述べた日本刀の美しい刃文はこの焼入れの時にできるものなのです。

近世の代表的な刃金は「玉鋼（タマハガネ）」が特に有名で、これはタタラ吹きという製鉄方法から得た上質の鋼でした。この製鉄方法は色々の性質の鉄が同時に得られる方法でしたから、玉鋼ばかりを作り出したというわけではありません。「鉧（ケラ）」という大きな鉄の塊をばらばらに割って、それを選別して得ていました。この鉧の欠けらを鍛えて夾雑物を取り除き、目的に合うように仕上げたものが「刃金」となったのです。

次に「地金」の方は近世には「小割鉄・千割鉄・万割鉄・包丁鉄」等といわれていましたが、これは材料の形を表わす言葉でしたから、一般にはただ「鉄」もしくは「生鉄（ナマテツ）」といっていました。中国で「生鉄」というのは鋳物に使う鉄のことで、日本でいう「ズク」のことです。「地金」の方は「熟鉄」等の言葉をあてています。

「生鉄（ナマテツ）」は炭素をほとんど含んでいませんから、柔らかで加工が楽でした。しかし強度には限度があって、また焼入れを施しても大きな変化を示しません。これを得るのは直接に砂鉄や鉄鉱石からではなくて、一度、鉄（ズク）や鉧（ケラ）を作って、それを再加工して炭素分を低減させたのです。この工程を鉄山では「大鍛冶」と称して一般の農鍛冶や刃物鍛冶と区別をしていました。しかし、これと同じ工程は町や村々の鍛冶屋も行なっていて、それが急にすたれたのは明治時代に入ってから西洋鉄が普及してからのことでした。それは古鉄再生にとって重要な技術であって、元々は鍛冶の技術の基本を成していたのです。

鎌のようなものは消耗が激しい刃物でしたから多量の廃鉄を生み出しました。本文の影浦さんの話にも出てくるように、これを用いて鍬を打つことがさかんに行なわれていました。いやむしろ、新しい千割万割鉄で作った鍬は、前述のような「生鉄」の性質からして、柔らかすぎて減りやすく不向きだったのです。影浦さんのお話にもこのことが暗示されていますが、近世の鍛冶屋文書の中にも記録されています。古鎌には刃金の部分も残っていましたから、これを練り合わせて地金を作ると丈夫で減りにくい鍬ができたのです。

昔は定期的に村を訪れて農具を作り、修理をする農鍛冶がおりました。これは全国的に広くみられる農鍛冶のあり方でしたが、どうもこの椿原のように山村や島々に色濃く残っているようです。この場合には「鉄は農民持ち」で、先手《さきて》（大鎚をふるう助手）も村人があたることが多かったのです。この農民持ちの鉄はほとんどの場合に使い古した鉄屑で、このために鉄ならばなんでも取っておいて、訪れてきた鍛冶屋に心要な細工をさせていたのです。

日本の鍬や刃物は刃先のところで地金に刃金をワカシ付け（鍛接）ています。その技法には両刃とか、色々の技法があって、地域によって大きな差がみられるのです。また、鍬先の場合には刃金を用いないで、鍋金を地金の片面に熔して硬化させる方法もあり、こうした多様さにこそ特徴があったともいえましょう。影浦さんのお話に「鍋金」は使わないというところがあって、はっとしました。

なぜならば太平洋岸は南西九州から東海・関東を通って東北までの広い範囲で鍋金によって鍬を作る方法が普及をしており、多分高知もこの中に入るものと思っていたからです。しかし、この場合は瀬戸内海側からの伝承であることが判って一応の納得をしたのです。

文・写真　森本　孝
須藤　護

瀬戸内の釣漁の島

沖《おき》家《か》室《むろ》

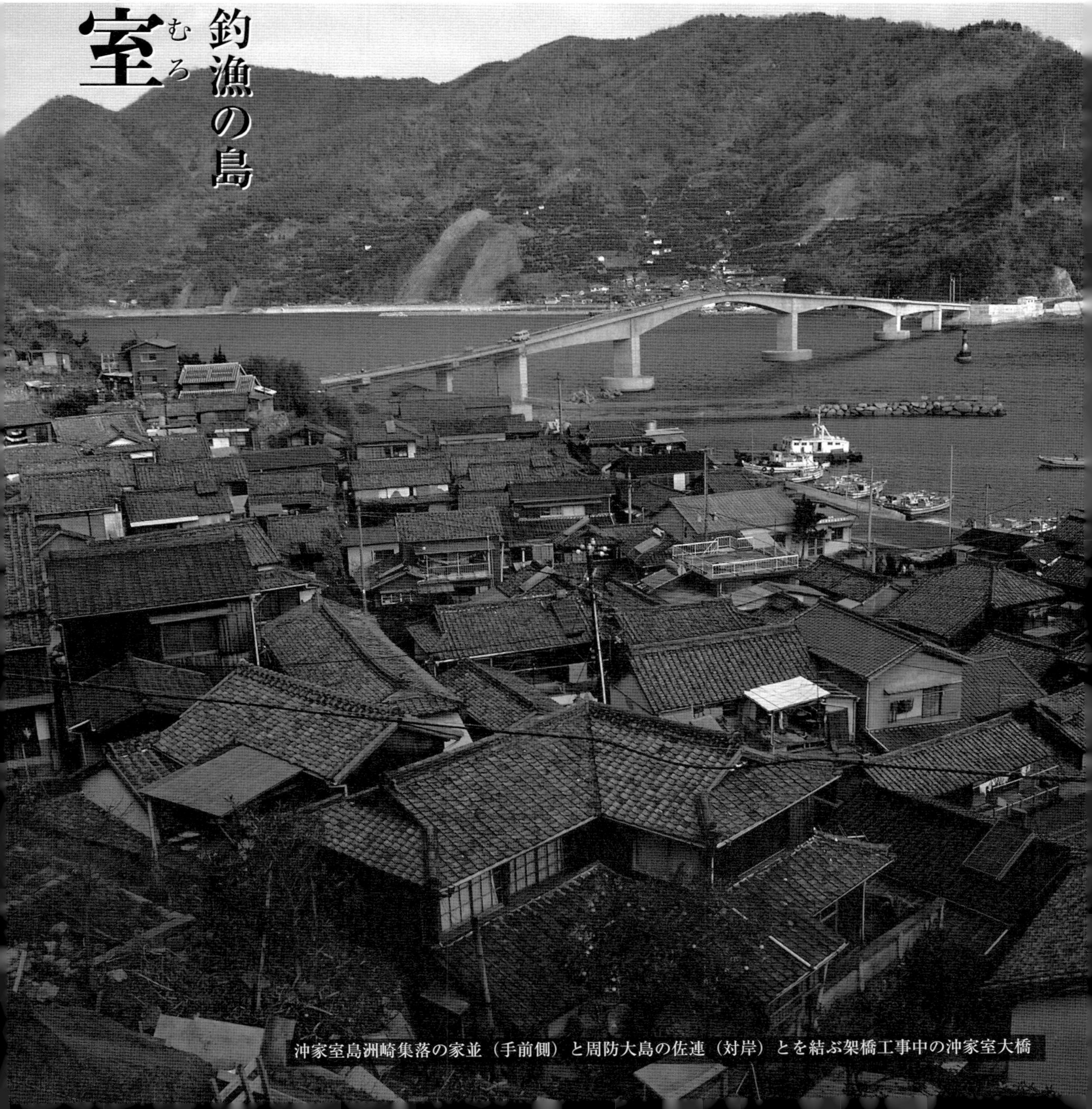

沖家室島洲崎集落の家並（手前側）と周防大島の佐連（対岸）とを結ぶ架橋工事中の沖家室大橋

沖家室という島

山陽本線柳井の沖に瀬戸内海で三番目に大きな島がある。周防大島とも屋代島とも呼ばれる島である。この島の東部に位置する山口県大島郡東和町は早くから人が住んだようで、中世の頃には島末の荘と呼ばれていた。今日ではミカン栽培の盛んな島で、集落の背後の山の頂き付近まで段畑が拓かれ、晩秋ともなると黄色く色づいたミカンの樹々が瀬戸内海地方特有の明るくのびやかな風景をかもしだしている。

沖家室《おきかむろ》島はその東和町の属島の一つで、面積〇・九四平方キロメートルばかりの小さな島である。小島ではあるが本浦《ほんうら》と洲崎《すさき》という二つの集落を抱えており、現在〔昭和五八年〕では二つの集落をあわせて約二三〇戸、約三五〇人の人々が住んでいる。

島に残る遺跡などをみると、中世初め頃には人が住んでいた形跡が見られるが、中世末にはいったん無人島になっていた。そして今日に続く人々が住みはじめたのは、慶長十一（一六〇六）年のことで、伊予河野《こうの》氏の家臣、石崎勘左衛門他の一団が渡島してきてからだと伝えられている。そして農業にしたがっていたのであるが、口碑によると貞享二（一六八五）年頃に阿波堂ノ浦より一本釣りの漁法をとり入れ、以来多くの漁民の来島も相次いで一本釣りを中心とした漁村として発展した。それには千貝瀬《せんがいせ》や大水無瀬《おおみなせ》・小水無瀬《こみなせ》など島の周囲をとりまく好漁場のあったことも大きな要因であった。

また沖家室は瀬戸内海航路の要衝にもあたっていたことから、毛利藩の御舟倉、狼煙《のろし》場、番所もおかれ、本浦の浄土宗の古刹泊清寺が江戸へ参勤交代する九州諸藩の大名の海の本陣を勤めるなど、帆船の寄港地としても賑わいを見せた。そして、天保年間（一八三〇～一八四三）の頃には戸数四四八戸、人口二三九四人、明治に入ると戸数約七〇〇余戸、人口約三〇〇〇人余と、他の東和町に類のないほど戸数、人口が増加し、家室《かむろ》千軒と呼ばれるほどの活力を見せ、東和町の中では唯一の「町」として発展した。

元来、瀬戸内海沿岸や島々は江戸時代にあっては城下町として、あるいは帆船の寄港地、綿花栽培、漁業などで栄えた。沖家室島は小さな島で耕地、砂浜に恵まれず、農業や製塩には適さなかった。しかし、交通の要所としての恩恵は受けた。そして、なによりもよい漁場に恵まれていた。内海沿岸の城下町や港町の発展につれ、そこに新鮮な活魚を供給する役割を担ったのである。内海の島では東から淡路島、家島、豊島、下蒲苅島（三ノ

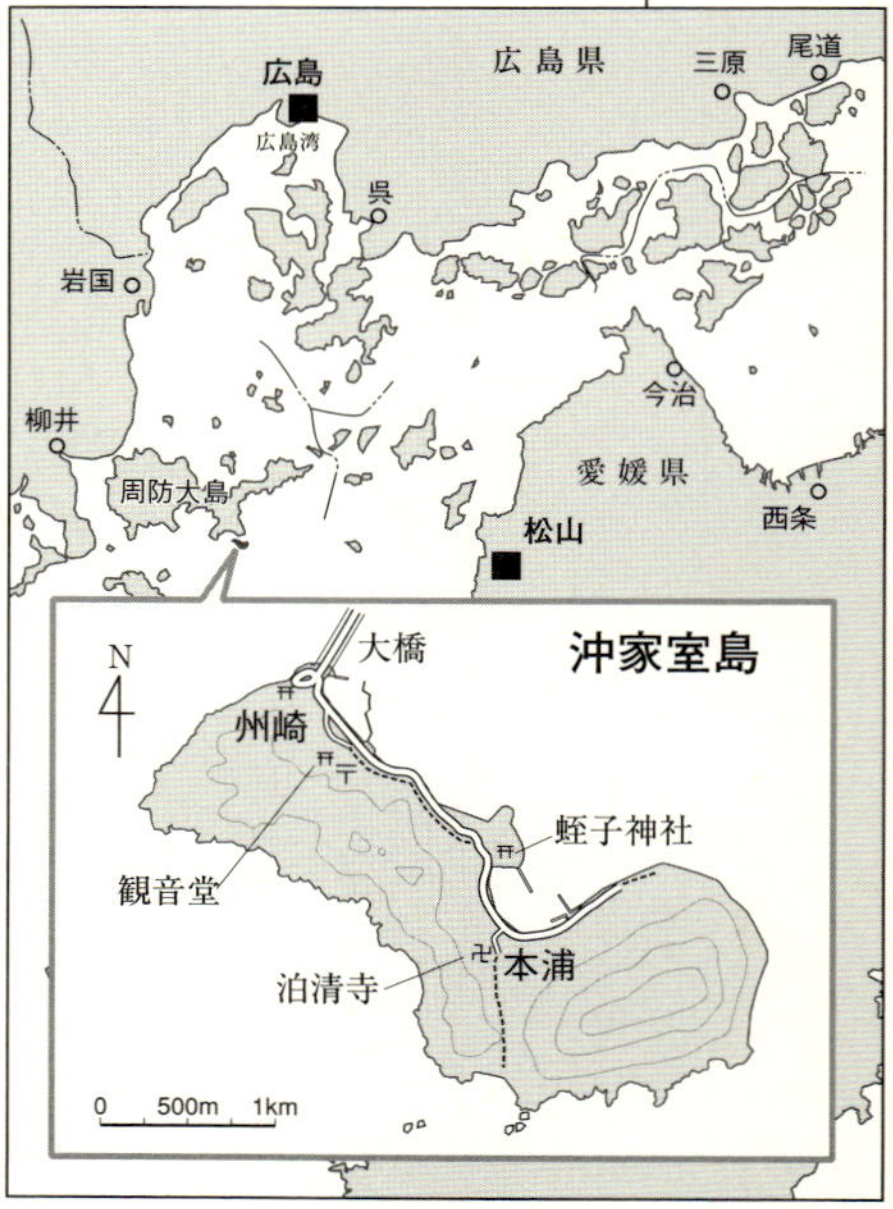

周防大島本島の地家室からみた沖家室島。右にかすかに見える島は、今は無人になった大水無瀬島

瀬)、仁保島、姫島など、沖家室と同様に一本釣りに従う島々があったが、沖家室はこれらの島の中にあっても漁家戸数も漁穫も有数であり、また、沖家室漁民の釣るタイは大阪の鮮魚市場では「家室鯛」の名で特別扱いされるほどであった。

この漁業面での活躍はいちじるしく、塩飽《しわく》諸島などの東瀬戸内海方面、下関、対馬、伊万里などの九州方面へ船団を組んで出漁し、遂には対馬の浅藻《あざも》に、枝村を出している。更に明治に入ると朝鮮半島、台湾、中国(青島)、ハワイ諸島まで出漁し、移住漁家も輩出した。

また、漁家とは別に新天地と新しい仕事を求め、国外へ農商業移民も相次ぎ、移民を輩出したことで有名な大島郡の中でも最も移民の多かった島として知られた。

沖家島民はこのように海の上をどこまでも行く勇気と活力、進取の気質に溢れていた。が、第二次大戦後は有力であった海外漁場を失い、島の周囲の漁場も荒れたことから、漁では暮らしが立てにくくなった。それと共に商業もふるわなくなり、急速に島の人口の減少をみて、今日では典型的な過疎の島の現状を呈している。それも六〇代以上の老人が過半数を占め、若者は極めて少ない。島の漁業も今日では老人の手で細々と続けられているにすぎず、活力ある若い人のリターンが心から待たれている。

その夢をつなぐものとして五八年三月には大島側の佐連との間に、沖家室大橋が完成した。橋にかける島人の夢、期待は大きく、島民あげての島再興に取り組みはじめている。

(森本　孝)

海から見た沖家室

森本 孝

千貝瀬で漁をする一本釣り漁船。千貝瀬はタイ、アジ、ハマチの好漁場で、多くの一本釣り漁船が集まってくる

漁を終えて満潮時の港に帰ってきた洲崎の漁船

一本釣り漁民の作った景観

私が沖家室を初めて訪れたのは昭和五六年夏のことであった。以来三度ばかり島を訪れ、老漁師たちから昔の漁業や暮しのたてかたの話を伺っている。

大島側から狭い海峡を隔ててすぐ目の前に浮かぶ沖家室島を初めて眺めた時の印象は忘れ難い。標高一〇〇〜一八〇メートルの低い島の稜線から急峻な斜面が海におちこんでいる。平地は海岸べりにわずかしかない。それも海岸から三、四〇歩も歩けばすぐ山に突き当たりそうであった。山の中腹以上は竹などの風垣に守られて畑が拓かれている。この三月まで渡船場のあった洲崎の集落は、その山の中腹から、海岸端のわずかの平地にかけて、階段状に積み重なるように、ひとかたまりになってひしめきあっている。山の斜面を削り、石垣を積んでわずかな平地を作り、そこに家を建てているのである。

私がこうした家並みを眺めて心魅かれたのは、この景観こそ、瀬戸内の典型的な釣漁村の景観だったからである。そしてまた、沖家室のように風格に満ちた釣漁村の景観に出会ったのは初めてだったのである。

沖家室に限らず、瀬戸内海には一本釣り、延縄漁などを行う釣漁村が多い。それは、釣漁という漁法の性格に関係がある。釣漁の代表的な漁法である一本釣りは、タイ、ハマチ、カレイ、スズキなどの高級魚を狙う。それを活かしたまま市場に送りこむことで値を維持もできる。つまり、一本釣り漁が成立するには、それだけの経済力のある消費地が必要になる。その点瀬戸内は城下町も多く、北前船の寄港地たる港町も多かった。

一本釣り漁村ではどこも小さな家々がひしめきあっているのが普通だった。漁の主たる対象であるタイが潮流の早い瀬戸に多く、釣漁村はその漁場に近い半島や島々の鼻や崎と呼ばれる狭い場所に住居を構えたからである。それに、一本釣り漁は船一隻、極端にいえば船を持たずとも釣具ひとつあれば漁ができ、独立、分家も容易であった。もともと狭い土地に住みついているのに、そうして分家、独立が多ければ、家々はひしめきあわざるを得ず、また、一軒一軒は小さくならざるを得なかったのである。

出稼ぎ漁の島

沖家室が、瀬戸内海の漁村の中でも屈指の一本釣り漁村だった最盛期の明治二〇年頃には、総戸数約七〇〇戸、人口約三〇〇〇人余を抱え、そのうち六〇〇余人が漁師で、漁船数も二三〇余隻あった。漁船の多くは長さ二〜三間の小船だったが、それでも今日の洲崎と本浦の港を埋め尽くして余りある数になる。

そういう数字を知って島を歩いてみると、今日の沖家室はいかにもわびしい。漁業こそまだ沖家室の主たる生業とはいうものの、正準漁業組合員あわせても、約七〇余名、平均年齢約七〇歳という老漁師たちによって細々と営まれているにすぎないからである。戦後、瀬戸内海沿岸に林立したコンビナート群の吐き出す工場排水と、一部漁業資本によるトロール漁が島の周囲の漁場を荒らし、漁では暮らしが立てにくくなって、多くの者が漁に見切りをつけ、島を去っていったのである。

しかし、たん念に島を歩いてみると、華やかであったろうかつての島の漁業の姿を思わせるものが、あちこちに残っている。

洲崎にある観音堂の石段には、かつて下関方面に船団を組んで出漁していた馬関《ばかん》組が寄贈したことを示す次のような文字が刻まれている。

関　八双組　大船頭　山田弥助

明治三〇年　八月吉日

本浦《ほんうら》の蛭子《えびす》神社の境内には馬関組一〇名の船頭名と四八名の船方（乗組員）名の入った記念碑がある。これは明治三二年に神社の石段を寄贈した時のもので、同じ神社の御影石の大鳥居は、九州の伊万里方面に出漁していた伊万里組が、明治三四年に寄贈したものである。更に神社の拝殿の石段も伊万里組の寄贈になるらしく、それには、大正八年四月、大船頭　山本兼五郎、西村利吉、他二二名の船頭の名前が記されている。他にも島の小学校には伊万里組が持ち帰った大きな伊万里焼きの飾壷があり、本浦にある浄土宗の泊清寺には、対馬の浅藻や台湾、ハワイといった海外への漁業移住者と思える人々からの寄進札がたくさん揚げられている。

こうした記録から、沖家室漁民が早くから積極的に他国の海へ出稼ぎ漁に出ていたことが察しられた。更に後に町の教育委員会の倉庫に眠っていた明治一五年の書類から愛媛県青島・由利島・宇和島・二神《ふたがみ》島・伊予長浜、香川県高松・与島、博多、佐賀県唐津・伊万里、長崎県五島などに出漁していたこともわかった。

これらの出稼ぎ漁船は各々、出漁先の地名をとって、例えば馬関組、伊万里組のように組を作って出漁していたのである。こうした出稼ぎ漁が明治、大正、昭和にかけての沖家室漁業の本流で、どうやら沖家室は出稼ぎ漁の島といっていいのでないかと思えてきた。

沖家室は島の開発当初（天正年間）は、およそ四〇戸ばかりで農業の島であった。しかし島のすぐ南には千貝《せんがい》瀬、大水無瀬、小水無瀬など絶好の一本釣り用の網代（漁場）があった。また、元禄一四年（一七〇一）に鼠の大群に襲われ島中の作物を喰い荒らされるような事件もあって、次第に一本釣りを中心とした釣漁村へと変っていった。そして瀬戸内沿岸の町の隆盛に伴ない漁はますます盛んになり、おそらく他島から寄留した漁民もあって、天保年間（一八三〇～一八四三）には、総戸数四四八戸、漁船数一七二隻の漁村に成長している。増加は尚も止まらず遂には明治の七百戸の時代を迎えるのである。島の周囲の好漁場が漁家を増やし、増えた漁家のため島の漁場だけでは足りず他国の海へ出漁し、その好結果が漁家を更に増やす。

そんな漁村の発展の過程が見えてきて、私は出稼ぎ漁を中心に沖家室をみていってみようと考えた。

島の漁

そう思って島の漁師の方々にたずねてみると、ほとんどの漁師が、かならずどこかの海に出稼ぎ漁に行った経験者だった。

洲崎は対岸の佐連《され》からの渡船の船着場で、その待合室や広場が老漁師たちのたまり場になっていて、夏には渡船の待合室の日蔭で、冬には古船の板切れを燃やして輪を作り、その日の海や漁の様子を語りあっている。話を聞くには都合が良かった。何回か島を訪れ、その輪に加

洲崎の漁師たちは浜の一画に集まって日和や漁撈状況を語りあう。これを浜会議といっている

わっているうちに自然となじみの人もできた。なじみの人の家には上りこんで話を聞くこともあった。中山虎一さん（明治三六年生）、浜田岩松さん（明治三七年生）、畑常吉さん（明治三五年生）らは、私が良く昔の漁の様子を教えていただいた人たちだが、いずれもその輪の中で知り合えた方々である。

そうした方々との話の中から、次第に昔の漁の様子も見えてきはじめた。

島の漁は大きく分けると主として島の周囲で漁をする組と、出稼ぎをもっぱらとする組に分かれていた。そして、出稼ぎ組は「上《かみ》行き組」と「下《しも》行き組」に分かれていた。上行きは東瀬戸内海の塩飽《しわく》諸島、下行きは馬関、伊万里、対馬、朝鮮など九州方面の出稼ぎを指し、この他に西瀬戸内海の宇和島、豊後臼杵《うすき》方面に行く組もあった。そして上行き組は出稼ぎ漁から帰ってくると今度は島の周囲で漁を行っていた。下行きの方は殆んど地元では漁をすることはないようであった。

地元組は比較的老年の者が多かった。長さ二～三間の小船に一～二名の漁の習い始めの子供を船方にし、千貝や大水無瀬、小水無瀬周辺で釣った。

釣りの主力はタイであった。タイはほぼ一年中釣れた。しかし、冬の間はタイは余り喰わず、喰っても小さかった。そこで、旧正月から旧三月までの間の漁はメバルなどを釣りに出る程度で、実質的には休漁期のようなものだった。そこでこの間に各漁家は船の修理をしたり釣具の製作にしたがった。また、一年間で使う薪の採取も大切な休漁期の仕事であった。漁家で島の山を持つ者はほとんどいなかったから、大水無瀬まで船を押して取りに行っていた。

そして旧三月三日の桃の節句がすぎると本格的な漁にはいった。昔はその頃は千貝瀬でのトリマワシ漁が盛んだったという。この漁は春シベリアから渡ってくるアビ鳥を利用した漁である。アビがコオナゴを捕食するため海に潜ってコオナゴの群れを固める。ところがタイもコオナゴを捕食する。そこでアビ鳥の群れている海面を目ざし、アビがコオナゴを群れ喰っているところに釣糸をたらすのである。タイの方もコオナゴの捕食に夢中で擬餌針で釣れたという。

この漁はアビがいなくなる旧三月一杯まではあった。そして旧の四月頃からはマツイカが釣れるようになり、またハマチも釣れるようになる。ハマチはそれから一〇月頃まで釣れた。夏の漁はカレイ、ハマチが多かった。

タイを主に釣ったのは九月頃から旧正月頃まででであった。この頃のタイは大きくいい値で売れた。ことに正月

船たで。杉の葉を船の下で燃やしている。底板にもぐりこんだフナクイムシを炎であぶって除去する

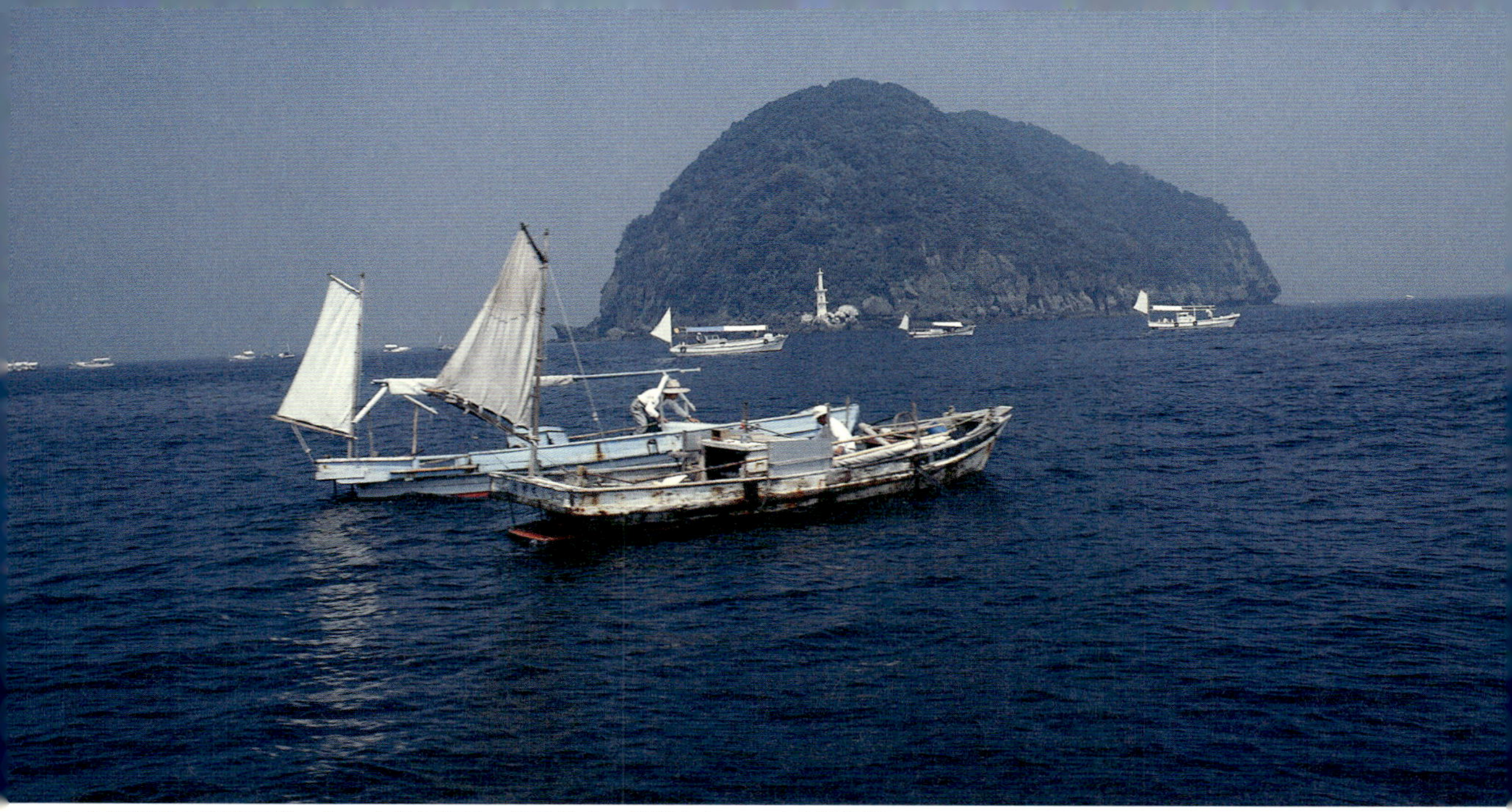

小水無瀬島の漁場に集った一本釣り漁船。伊予松山の漁船もやってくる好漁場

上　釣ってきた魚は目方を量って漁協の生簀に入れて出荷まで生かしておく
左　タイが釣れた。タイ釣りは長年の経験がものをいう

前は高く売れた。こうした漁を一年中タイ釣りを中心にしながらおこなっていたのである。

　漁はたいそうつらいものであったという。朝は陽の出の前に船を出し、夜は暗くなってから港に帰った。日没前に帰る時があっても、そんな日は夕飯を済ますと釣り用の餌曳きに行った。その作業は、漁を習い覚えの子供にはつらいものだったようだ。やっと餌曳きから帰ると、次に船番という仕事があった。港に舫《もや》っている小船に泊って朝まで船の番をする役である。船には生簀《いけす》が切ってあり、そこに餌のエビを活かしておく。ところが、昔は港といっても砂浜で、潮の干満があるから、潮がひいてくると、船のもやい綱をのばして、沖に船を移動させねばならなかった。折角曳いたエビが死ぬからである。そして三時頃になると、船のクドに火をいれ、そろそろやってくる船頭や他の船方のために朝食の粥を炊いた。だからろくに眠れなかった。そんな日々がカシキ（船方の中でもっとも若い者がなる）の間は続いたのである。

島の蛭子神社（右）とその境内にある馬関組の石段の奉納記念碑（左）。10名の船頭名と48名の乗組員の名が刻まれている

上行きの日々

　中山さん、畑さん、浜田さんらの話では、上行きが始まるのは島の畑の麦の穂が青い頃であったという。八十八夜頃に漁場で漁ができるように沖家室を出帆した。中山さんが上行きに加わったのは尋常小学校を出た年というから一二、三歳であろう。その頃は誰でも尋常小学校を出るとすぐに船に乗り組んだ。

　出帆の前の日はたいてい船頭の家で「カドデ」の酒を飲んだ。そして出帆の朝はハシリ粥を食べた。ハシリ粥とは豆粥のことで、船が順調に航海するように、また、乗組員が元気で豆まめしくあるように願ってのことであった。親類縁者からはトウフや野菜など船で使う食糧品の差し入れもあった。トウフを贈るのは、船が浮くようにその縁起をかついだもので、一、二日は毎日トウフばかり喰ったものらしい。これらは馬関組など下行きの組でも同様だった。

　上行きの目的地は直島諸島だった。沖家室や直島諸島を出帆すると風があれば帆かけで、なければ漕いで、たいていは広い燧灘《ひうちなだ》はさけ、広島県沖の島々の間をぬって尾道へ抜けた。尾道からは途中阿伏兎《あぶと》観音（福山市）に詣で鞆《とも》に寄港した。鞆では沼前《ぬまくま》神社に詣で、またイカリなどの船具が必要であればそれを買い求めた。鞆まで来ると塩飽の島々はもう目の前である。沖家室島から順調にいって四、五日、遅くて七日の航海だったという。

　塩飽や直島諸島で根拠地にしたのは与島、小瀬居《こぜい》島、沙弥《しゃみ》島（以上坂出市）や、日比《ひび》（岡山県玉野市）、直島などだった。これらの島々には各々なじみの宿があった。宿といっても衣類を預け、たまに風呂を借りる程度で、寝泊りは船でした。そのため船にはゴザと丹前を積んでいた。

　漁はタイ釣りだった。八十八夜の頃に、この地方の海には産卵のため外海からタイが入ってきた。それを狙ってはるばる沖家室から出掛けたのである。

釣餌の白エビを曳くエビ網をつくろう洲崎の漁師さんたち

　釣ったタイは沖買い船に売った。沖買い船とは仲買船のことで、漁船の群れている瀬戸には特に多かった。彼等は漁船がタイを釣りあげると目ざとく見つけて、

「見たぞー」

と大声をあげ、船を寄せて来てその場で目方を計り現金で買った。

「俺が見た」

「いや俺が早よ見た」

と時には仲買人同志の争いもあったという。

　根拠地の島にかかって休んでいるとエビス船やヨロヅ船もまわって来た。エビス船はエビス様のデクを積み、それをまわすことを商売にしている船で、不漁続きの漁船はエビス船に頼んで豊漁を祈願をしてもらった。ヨロヅ船は米、ミソなどの食糧品や漁具、日常雑貨を積んだやはり漁船相手の商い船である。それが商売になるほどこの地方の海には漁船が集まっていたのであろう。

　こうして三〇日も漁をすると漁もしまいで、帰りは多度津につけて金比羅さんに詣でた。そして出帆の際世話になった島の人々への土産も買いこみ、来た時と逆のコースを辿って島に帰ってきた。出帆の時は青かった麦がこの頃には既に赤く熟れていたという。

　豊後や宇和海方面の組は八十八夜の頃に出帆した。この組はタイも釣るがアジ狙いの船が多かった。豊後へ出る組は保戸島《ほど》〔現大分県津久見市〕が根拠地で、釣った魚は保戸島から定期船で臼杵の市場に送った。そして漁さえあれば盆までとどまることもあった。

馬関《ばかん》組と伊万里組と朝鮮出漁

●馬関組

　下へ行く組は上へ行く組が漁に出て、地元操業組がトリマワシ漁でタイを釣っている旧の三月頃に出帆した。

　下へ行く船は玄海灘など日本海の荒海で操業するため上へ行く船よりは少し大きかった。五尋から大きいものになると八尋もあったという。八尋もあるのはたいてい朝鮮組の船で、馬関、伊万里組は五尋ほどの船であった。それでもトモに一丁、胴の間の左右に二丁、トモと胴の間のカンヌキのオモカジ側（右舷側）に一丁と四丁櫓の船である。

　船には米、麦、ソーメン、菓子、野菜、豆、ミソ、醤油などの食糧、調味料や、薪、衣類などを島の商店から仕込んで積んだ。薪はクヌギが上木といって尊ばれた。火力が強いし火持ちがよいからである。薪は出帆前に船方たちでケズリバナにした。刃物で薄く、切り離さぬようにソギ目をいれて燃え易くしておくのである。木の葉のように薄く削られた部分がクルクルとまるまって、まるで木に花が咲いたようになるので、ケズリバナと呼んだのであろう。クヌギの他では松が使い良かったという。

　さて、馬関組の話は前述の中山さんと、川井初五郎さ

んに伺った。今日の島の漁師の方々で馬関祖の乗組員だったのは、もうこの二人以外にいないのである。

川井さんは明治三〇年生まれで、尋常小学校四年を出ると直ぐに山田鹿次郎という馬関組の船頭の船に乗っている。明治四〇年のことで、五人乗組みの船であった。この頃、馬関組は八隻前後あったというから、およそ四〇名の漁師が馬関に出掛けていたことになる。乗組員は洲崎の者が多かった。

馬関組の根拠地は下関の小瀬戸だった。小瀬戸に着くと直ぐに下関の金比羅さんに詣でた。その後かならずゲコウミキ（下行御酒）を飲んだという。そして響灘《ひびきなだ》や玄海灘で漁をした。

馬関組の漁もタイの一本釣りであった。但しタイだけでなくブリも釣れば、季節によってはイカも釣ったし、その他の磯魚も釣った。また、一本釣り漁以外に延縄漁をおこなう船も一～二隻あった。沖家室の漁はかつては一本釣り中心であったが、いつ頃からか、延縄漁を行うようになってもいた。おそらく出稼ぎ漁の先で他国の漁師からか、あるいは、他国から沖家室に寄留した漁師から習い覚えたのであろう。沖家室の地元では延縄を行っていないことを考えれば、私の想像ではあるが、馬関組や伊万里組が各々出漁先で覚えたのではなかろうか。

漁は一潮《ひとしお》（一五日）単位だった。一潮ごとに船を浜に座らせて、下から松葉などを燃やして船底についたフジツボや貝などを落さねばならなかった。これを船タデといった。放っておけば船底に穴を開けられたからである。

馬関組の根拠地は、中山さんが初めて参加した大正八、九年頃にはすでに下関から北九州の若松に移っていた。明治四五年に馬関組と福岡県遠賀郡下の漁業組合とが入漁協定を結んでいるから、要するに漁場の変更に伴ってのことであろう。協定では一二隻の入漁が認められ、一隻、一年の通年で一〇円の入漁料を支払っている。

若松は筑豊炭田の積み出し港で賑やかな港町であった。一潮ごとの休漁日は中山さんら船方にとっては楽しみだったらしく船頭はじめ料理屋にくりこんだものだった。

「若松新地は家室の新地」

というぐらいで、沖家室漁師なら顔で飲めたという。とにかく良く飲み、船頭の中には稼ぎの全てを飲み尽くす豪の者もいた。それがまた漁師気質でもあったのだろう。

このようにして馬関組は旧三月から盆までと、盆すぎから正月までの二回に分けて出稼ぎ漁を行っていた。

●伊万里組

伊万里組も出漁の状態は馬関組と似たものであった。そしてこの組は本浦の漁師が多かった。洲崎は馬関、本浦は伊万里という図式ができていたのである。

伊万里組の根拠地はもちろん伊万里だが、他にも呼子、片島、平戸、壱岐、対馬厳原などに宿をとる組もあった。それだけ行動範囲が広く、南北の松浦郡一帯から壱岐、対馬、五島列島、更には朝鮮海峡までの間で漁にしたがっていた。

どれほどの船が出掛けたのかは時代によって異なるし、また呼子や片島に宿をとった組は別に呼子組、片島組と呼ばれた時代もあるので正確にはつかみにくいが、大正九年には伊万里組で一四隻の船が出漁したことは確

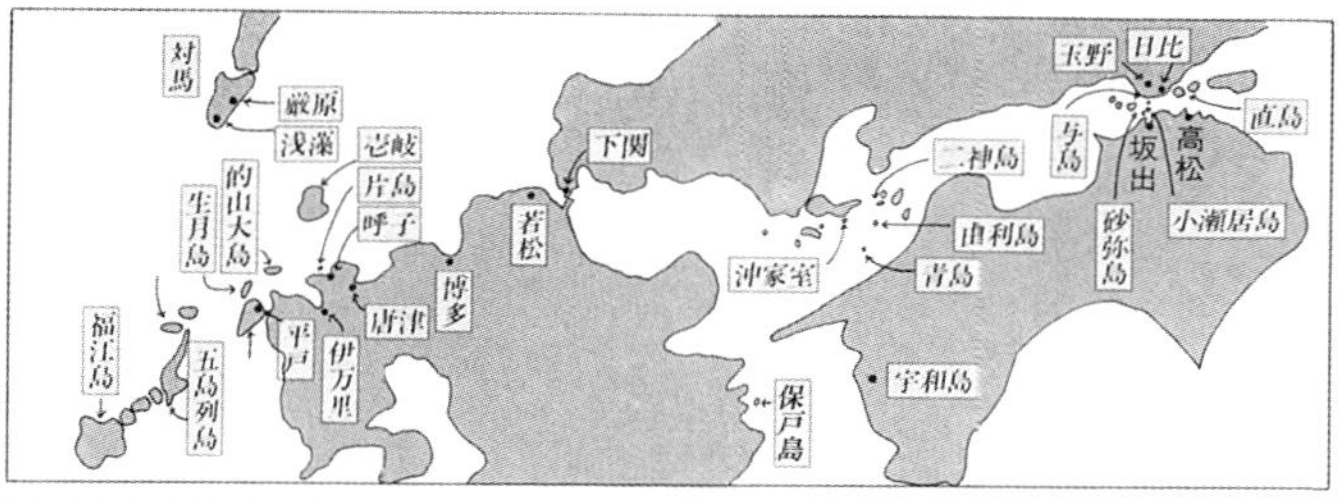

＝沖家室漁民の出漁先

上行きは東瀬戸内では塩飽諸島付近、下行きは馬関、伊万里、対馬などに出かけた

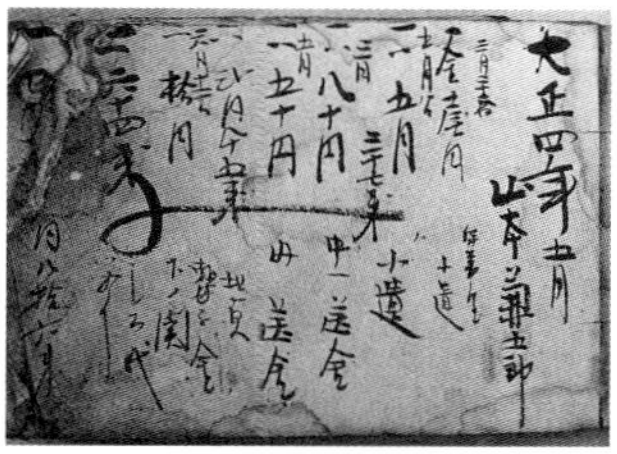

右　伊万里組大船頭の金銭出納覚え書き。出漁先から自宅や仕込問屋に送金している
左　伊万里組船頭が持ち帰った伊万里焼の皿

実である。この頃の大船頭は山本兼五郎と西村利吉という人であった。大船頭は船頭たちの長で、現地に詳しく、経験の深い、またそれなりの人格者が勤めた。彼らは漁業権の交渉、市場との交渉、宿の世話などに当たった。そして出稼ぎ先では、各々の船は大船頭の指示のもとに漁をした。それは馬関組も同じだった。

今日、本浦に山本造船という木造船造船所がある。当主は山本忠作さんという腕の良い大工さんでプラスチック船の全盛の昨今でも、大島郡下の村や隣の島の平郡《へぐり》島の方からも造船依頼がある。その山本さんは大船頭山本兼五郎の孫になる。山本さんからは『山本兼五郎小遣帳』なる帳面を見せていただいた。大正四年から一〇年までの出稼ぎ先での金銭出納帳である。

それを見るとおおよその当時の稼ぎ高や乗組員名がわかる。そして、漁期の間に船頭も船方も各々二～三回故郷の家族に稼ぎの一部を送金している様子も記されている。船方たちの送金は一〇円、二〇円単位である。

出稼ぎ組の留守を守る妻や子供はそうした送金を心待ちにしたにちがいない。金も必要ではあったが、なによりもそれが男達の無事を知らせる便りにもなったからである。

妻たちは島にあって遊んでいる訳ではなかった。男たちを送りだしたあと、一日、一五日には必ず蛭子《えびす》神社に、また毎日泊清寺境内にある鱶《ふか》地蔵尊に参り、男たちの旅先での安全を祈願した。潮水をくんで屋敷地や神社の境内にまくことも忘れなかった。

そして、島の商家や旦那様と呼ばれた富豪たちの畑の小作や綿をつむいで稼ぎもした。子供らも朝の学校へ行く前や後には養蚕をしている家の桑つみをし、わずかながらも稼いだ。とにもかくにも沖家室島では男も女も共に良く働いたのである。

●朝鮮組出漁

「朝鮮組の櫓をかつげれば一人前」と沖家室の漁師仲間では言われていたという。しかし実は一人前の大人でさえ櫓をかつぐとふらついたものらしい。梶穴は小さな子供が楽々とくぐりぬけられるほど大きく、帰帆した朝鮮組の船は子供たちの絶好の遊び場だった。

朝鮮半島への出漁は明治一二年に原勘次郎（洲崎の船大工、原安蔵さんの祖父）と、中山辰之助の二人の出漁がきっかけとなった。両船は対馬近海で漁をしていて、長崎県の漁師に朝鮮の釜山には邦人の漁船が多い、と聞いて出かけたと伝えられている。そして一隻で二八〇〇円の漁獲をあげた。当時としては破格の稼ぎであった。

本浦にある浄土宗泊清寺。小さな島に不似合いなほど堂々とした寺の佇まいに、かつて島の漁師や商家の賑わいが偲ばれる

その後、朝鮮組は続々と増加し、明治三一年には三五隻、二一〇名もの出漁を記録した。ちなみにこの年の九州方面への出漁船数を『旧白木村勧業統計』によってみると、馬関八隻、唐津（呼子、片島、伊万里などと思える）二五隻となっている。朝鮮近海漁全盛の時代で、沖家室以外の船も多かった。

朝鮮組の出漁は他の組と異なって旧暦九月中旬から一〇月中旬までに出帆し、翌年の六月～七月中旬に帰帆するという長期の出稼ぎ漁だった。そして旧の一一月頃までは安島、珍島から巨文島《こむん》間の海域で漁をし、一二月～三月は巨文島付近で、四月～六月は済州島近海に移動してタイ、ブリ、サバ、フカなどを釣った。

魚は釜山など朝鮮でも水揚げしたが、背を割って塩をふり、伊万里にも運んだし、風向きによっては唐津、対馬厳原へも運んだ。出漁漁船数が多くなってからは、数隻で組を作り、順番に一隻が他の船の魚も積んで伊万里まで走るようになった。

漁民社会のシステム

●船方と船頭

いろんな人に会い話を聞き、古い記録を捜すうち、沖家室という漁民社会やそれを支えるシステムも少しずつ理解できてきた。

漁民同志の中では大船頭、船頭、船方（乗組員）というタテの社会構造ができていた。大船頭は馬関組や伊万里組のような出稼ぎ漁組に限って存在した制度だが、一応漁民としては最高の実力者であるといえた。しかしそれによって利するものはなく、一船の船頭としての稼ぎ高の分配金を受けとるだけであった。

ちなみに船頭と船方の分配金は次のようになっていた。まず釣り上げ高の中から、食糧品、漁具など漁と船にかかわる全ての経費をひいた。その残りを、たとえば五人乗組なら六で割り、それを一人前の分配金とした。船自体にも一人前の分配金が付いていたからだ。それを船分《ふなぶ》といっている。そこで船の提供者である船頭は自分の一人前分の他に、もう一人前を余計にもらうことができたのである。そして船方は釣りの腕が一人前と認められていれば一人前の分配金を得ることができた。しかし漁を習い覚えはじめの者は五分程度の分配金から、経験を得るにつれ、六分、七分、八分と上っていった。漁民社会は多分に実力に応じた平等社会であったといっていい。

船頭はできるだけ腕の良い船方をやといたかった。一方、船方の方も腕の良い船頭の船に乗りたかった。それが互いの利益につながってくるからである。

船方を頼むのに格別のルールはなかった。たいてい船頭の、

「今度乗ってくれんか」

とか、逆に船方からの、

「乗っけてくれんか」

という申し込みで決まったらしい。学校を出て初めて乗

り組む子供も同様にして決まった。

　初めて乗り組む子供は、前述の馬関組の川井初五郎さんのように最初から長期間の出稼ぎ漁に出る者もいたが、おおかたは最初は地元操業か、東瀬戸内海方面に出る船に乗った。そこで何年か漁を習い経験を積むと、今度は本格的な出稼ぎ漁組に入った。

　地元や東瀬戸内海組の船頭は馬関組、伊万里組の船頭や船方の引退者が多かった。長期の出稼ぎ漁に出られなくなった老年の者が地元の漁にしたがったわけである。もっとも、前述の畑常吉さんのように、台湾に何年か行っただけで、ずっと地元や上行きで通した人もいる。畑さんの場合は父を早く亡くしたことや、兄や祖父を馬関組で亡くしたことから、九州方面が鬼門のように思えたからであるという。

　ともあれ地元組は老年の船頭が多く、彼らが島の子供を一人前の漁師に育て、一人前になれば遠洋の出稼ぎ組に入って働き、引退するような年になったり、また小さいながらも自分で船を持つようになると、今度は自分が次の子供たちの教育をするようになる。というような漁師の育成サイクルが船頭、船方といったタテ社会組織の中にできていたのである。

●漁民と商家

　漁民は魚を釣ってくる。するとそれを買ってくれる者も必要であった。その役割をになったのがショウヌシと呼ばれている仲買人であった。ショウヌシは商主と書くのであろうか。古くはショウヌシは株制度で島の旧家である商家が勤めていたという。私の聞ける範囲では大正頃に約九軒のショウヌシがいたという。

　ショウヌシは港内に大きな生簀を持っていて、地元操業の漁民の釣った魚を引きとって活かしておき、それを自らの船で市場に送る人もいれば、外から来る仲買人に売る人もあった。大正元年に父がショウヌシをはじめ、後にそれを引きついだという洲崎の桑村照夫さんの話では、外から来る仲買船は淡路や六島《むしま》の船が多かったという。仲買船は船の胴の間に大きな生簀を持っていて、そこに魚を活かし大阪、神戸といった大都市の市場に運んで売ったのである。他に広島の草津市場や伊予三津浜の市場にも沖家室の魚は運ばれていった。

　ショウヌシと漁家は一種の親方、子方関係で結ばれていた。一軒のショウヌシに何十軒もの漁家が専属的に魚をいれていたのである。新興のショウヌシである前記の桑村さんの場合、覚えている限りでは二七、八軒は子方の漁家がいたという。また、桑村さんの場合は安下庄《あげのしょう》（大島郡）の漁家からも魚を買った。

　魚を買うといってもショウヌシは活魚船でやってくる島外の仲買人との間に立ち、分一《ぶいち》といって一割の問屋口銭をもらっているだけだった。では魚の値はどのように決めたかというと、一潮（一五日）ごとに、そのショウヌシの子方の漁家の代表である二～三人の漁頭《りょうがしら》と、島外の仲買人とショウヌシの三者で話しあって決めた。前もって向こう一潮の値を決める方法で、それを値立てと呼んでいる。そして一定の値が立つと、向こう一潮は市場の魚の値動きにかかわらず、決めた値で通した。

　ショウヌシは魚をいれてくれる子方を一軒でも多く持つことが利益につながった。そのためショウヌシは新た

上　漁師の釣ってくる魚を商ったショウヌシ（仲買人）。昭和8年頃
下　昭和前期の本浦の浜。大きな生簀が二つ置かれている

に船を作る漁民にはその資金を無利子で貸した。借りた漁民はその借金を魚の売りあげから支払った。現金で返すのでなく、ショウヌシにいれた魚の代金の一割を差しひいてもらう方法であった。これは豊不漁を問わず一割と決められていたという。だからその借金さえ返済すれば自由に別のショウヌシと契約し魚をいれることも可能であった。この意味では親方、子方といっても封建的なものではなく、柔軟な関係が保たれていたことになる。

　ところで沖家室でもっとも多く子方をかかえていたのは洲崎の船大工も兼ねている家であったという。船を作ってやることで多くの漁民をかかえこんだのであろう。

　さて、前にも記したように、漁家は出稼ぎ漁、地元の漁にかかわらず、漁に必要な物資は一切、島の商家から買いこんで出漁した。商家の中では米、麦、大小豆などを売る雑穀商が多かった。馬関組にしろ伊万里組にしろ、出漁の際はそうした雑穀商から食糧品を仕入れ、また他の漁具屋や燃料屋などから漁具、薪類も買い求めたのである。必要な時には金も借りている。

　商家は物資を漁家に売り、それを二種類の大福帳に分けて記帳しておき、盆、暮れに精算した。二種類のうちひとつは『漁方仕込帳』とか『漁船仕込帳』とか呼ばれるもので、漁船別の掛け売り帳である。もう一種は各漁家別のものであった。何故二種類必要であったかというと、漁船で用いた経費はそれを釣り上げ高から差しひき、その残りを船頭と船方で分配するというシステムでもわかるように、漁船経費は船頭、船方の共同負担で、各漁家の日常生活用の経費とは独立させてあったからである。

　この貸借を通して商家と漁家はやはり親方、子方の関係で結ばれていた。一軒の商家が何軒もの漁家を子方としてかかえていたのである。

　そして、この貸借は多くは漁家の借り方超過であったという。それにはさまざまな理由があったのであろう。が、ともかくその借金のために漁家の中には住む家さえなくす者もいた。そういう漁家は借家や一間切りの長屋に住んで暮らした。その借家や長屋の持主はまた商家であったから、漁家の暮らしはかなり親方である商家に頼らざるを得なかったことであったろう。

　しかし、漁家の方ではそんな貧しさはたいして苦にしていなかったようである。漁に出て魚を釣っている限り、たとえ借金があろうとなんとか暮すことはできたし、借金も甲斐性のうちだったからである。なぜなら商家もショウヌシと同様に一人前の漁師でありさえすれば漁船を作る代金は貸したし、その結果一丁前の船頭にもなれたからである（漁家の間では十数軒が集まって船頼母子講で漁船の新造資金を作ることも行われた）。

　また、どうにも首が廻らなくなると島の南一里ばかりにある現在は無人島の大水無瀬島に渡ることができた。

そこは商店もなく金を使うこともなかった（但し昭和の一時期一軒の商店があったという）。畑を拓いて芋や麦を植え、それを喰ってせっせと魚を釣っておれば、やがては金もたまり本島に帰ることもできた。こうして大水無瀬島に渡ることを、沖家室島ではコヤライシノギといっている。

商家、親方層の中には島民からは特別に旦那様と呼ばれる富豪も二～三軒あったようである。そうした富豪の一軒は伊予松山に米三〇〇〇俵もとれる水田を持っていたり、松山や朝鮮の釜山におびただしい家作を持っていたという。ある時、伊予の青島の島民が島ごと金に困ることがあって、誰かに島を買ってもらおうということになり、沖家室のその富豪に話を持ってきた。するとその富豪は、「ほんなら買おうか」と軽く言ったという。それほどずばぬけた資金を持っていた訳であるが、それは沖家室の漁家の釣り上げる魚がいかに金になっていたのかを物語るようでもある。

こういう富豪を除くと一般の商家の暮しは、漁家よりは、はるかに楽であったものの、苦しい経営を強いられる家もあった。漁家に金がなければ掛け売り金を回収できぬからである。実際、多額の掛け売り金を回収できずに傾いていった商家もあるのである。

しかし、島の小さな社会であれば、お互いに目くじらを立てることはなかった。今よりは、ずっと柔軟な人間味に富んだ社会で、住み良い世界だった。

このように島の漁業は、漁家と商家が、子方、親方の関係を結び、商家が漁家の漁業活動を積極的に助けることで維持されてきた。また、それによって商家も漁家も暮しを立てることができたのである。

出稼ぎ漁から移民へ

馬関組、伊万里組、朝鮮組といった出稼ぎ漁が活発におこなわれるのと並行して、出稼ぎ先への寄留、移住、いわゆる分村化の動きも同時に進行していった。私の知り得る限りに於ては明治一二年頃には既にその動きが見られる。愛媛県三崎浦への出漁漁家がその頃より寄留して漁をおこなっているのである。それは佐田岬半島の三崎浦漁民の専用漁業権の主張がきっかけであった。強固な漁業権の主張で三崎浦付近の漁場で漁をする者は、寄留してそこの住人とならなければならない状態になったからである。

そのような漁業権問題が引き金になって、しだいに九州の壱岐、対馬方面でも寄留、移住が増加していったようで、例えば泊清寺の鱶地蔵堂改修の寄付札からは、大正二年には対馬浅藻におよそ一八軒の寄留漁家があったことが推定される。

こうした傾向は単に漁業権だけの問題だけではなく、魚を追ってどこまでも行き、そこが魚の多いところならば積極的に寄留してしまうという、漁民の持つ海洋民的体質に依るところも大であったと思われる。

そういう寄留、移住が大きな潮流となったのが台湾、朝鮮、ハワイ、中国の青島《ちんたお》といった国外への進出であった。そうした積極的な海外進出は単に漁民だけのものでなく、一方では農、商業も含めての当時の国策に沿ったものでもあった。

朝鮮やハワイへの進出は明治初期頃からはじまってい

右　漁民たちが住んだ5軒長屋。一軒に一間きりしかないが、船と釣具さえあれば漁ができるので、島の一本釣り漁家の家は小さくてもすんだ
左　釣り具が置かれている漁民の家の棚

る。但し、これらは最初は農、商業移民であった。沖家室からだけでなく大島郡下から盛んに新天地を求めて移住して行った。そしてそれに誘発されるかたちで徐々に漁家移民も増えていったと思われる。私はまだ朝鮮、中国、ハワイへの漁家移住の動向については詳しくつかみえないでいるが、朝鮮では漁家移民は少なかったようで農商工関係に従う者が多かったようである。また中国では青島に一〇軒内外の漁家移民があったようである。

ハワイに関しては大正七年頃にはホノルルに漁家二三軒、鮮魚商二軒、魚類運搬業者三軒、ヒロ市に漁家三〇軒、鮮魚商三軒、カウアイ島ククイ市に漁家六軒の漁業に直接的に関係する定住家族があった。この他にも船大工、製氷業者、鍛冶職も七～八軒ある。当時のハワイ全島の沖家室島民は約一二〇戸ほどであったから、およそ七割は漁業関係の移民だったことになる。ちなみにその他の沖家室島民の職種をあげておくと、宿屋、自動車関係業、雑貨商、農業、理髪業、洋服業、風呂屋などで、そのうち農業を営む者は数名でしかない。

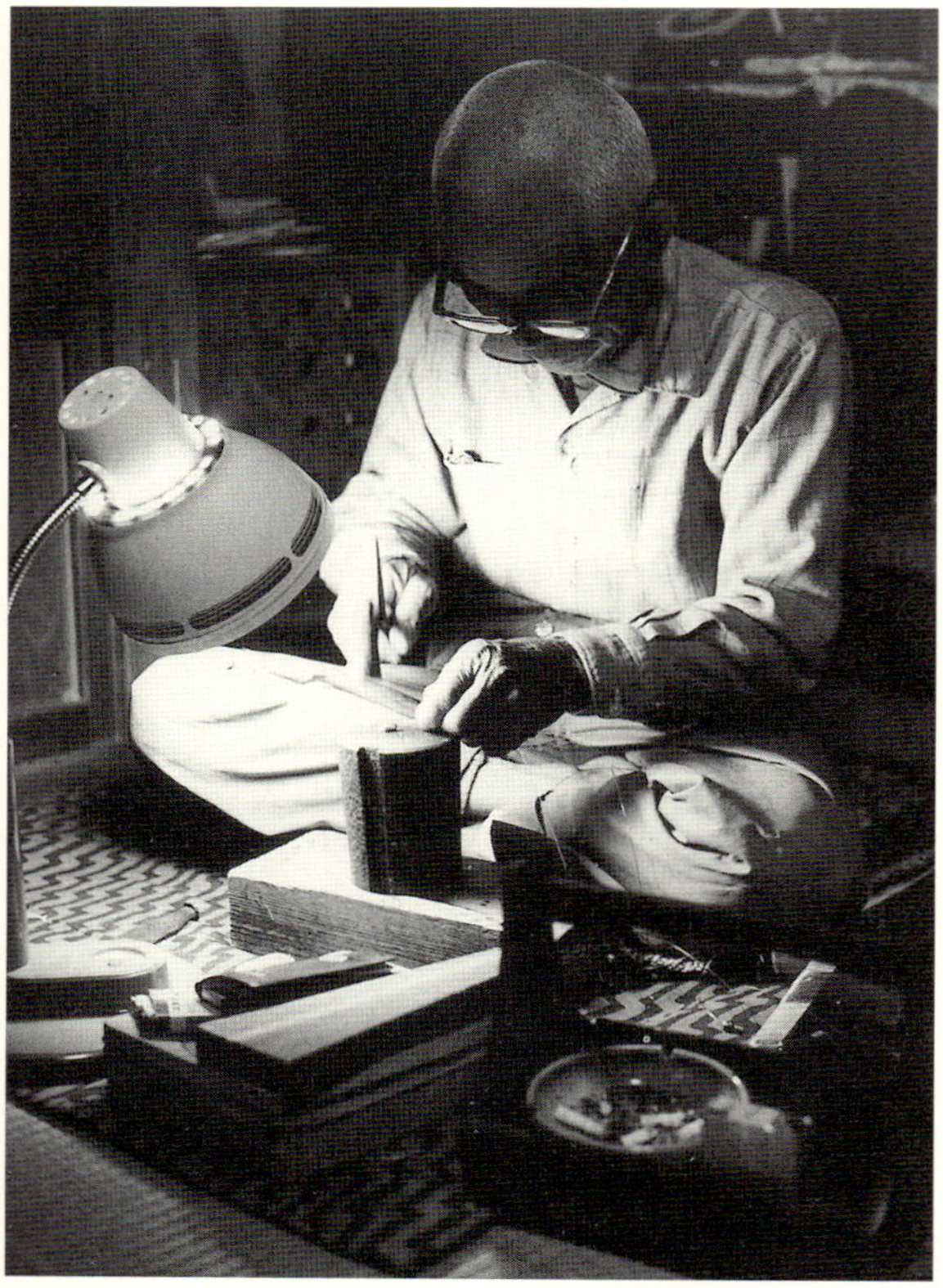

釣り糸にビシ（鉛の錘）をつける洲崎の漁師。ビシの数やつける間隔は微妙で、釣り具の良し悪しが漁を左右したという

こうした数字からハワイ移住は漁業関係を中心としたものであったことが理解できる。そして、その数は漸次増加し、ハワイの漁場の開拓者は沖家室漁民といわれるまでになるのである。

台湾への出稼ぎ漁は台湾が日本の領有になった明治三〇年頃より始まっている。その最初は汽船に漁船を積んで台湾に送り漁にしたがっている。しかしいつ頃からか漁船も台湾で作り、船頭一家は半ば定住し、船方だけが沖家室から通うようになっていった。

『東和町史』（宮本常一他・一九八二）によれば、大正四年には二一隻、大正七年には六六隻の台湾への出漁船があったという。またそれより六年後の大正一三年には基隆《きーるん》に四八軒、高雄《たかお》に五七軒の定住漁家をみるにいたっている。このことから大正中期から急激に出漁、定住する漁家が増加していったことがわかる。

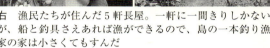

今日の沖家室の六～七〇歳以上の漁師はほぼ全員が台湾で船頭や船方の経験を持つ人たちである。大正二年生まれと今日の沖家室漁師の中でも比較的若い本浦の北川岩雄さんも、昭和二年、一五、六歳の時に台湾へ出かけている。その後、第二次大戦の終了までの約十八年間を台湾高雄での漁に明け暮れた。最初のうちは北川さんは沖家室と台湾の間を往復して漁にしたがった。旧九月に沖家室を発ち、翌年の四月に島に帰ってくるという長期の出稼ぎである。が、徴兵検査をすませると、台湾に定住していた船頭の娘と結婚し、台湾に定住してしまう。

台湾での漁は、一本釣りによるタイ釣りもおこなったが、延縄漁によるカジキマグロ漁、フカ漁が中心であったそうだ。北川さんの出かけた頃は台湾では既に動力船全盛で、百馬力もの漁船もあったという。だがカジキ延縄漁は金にはなるものの、一本釣りによるタイ釣りとは比較にならぬほどの重労働で、時には魚を満船にするまでに一～二週間、海上を漂うこともあったという。

また危険でもあった。機関がたびたび故障し遭難する船が多かったのである。そこでカジキ延縄船は俗に後家縄船とも呼ばれた。北川さんも毎年一、二回は漂流、遭難の浮目にあっている。

高雄では哨船《しょうせん》町に沖家室漁民が固まって住んでいた。北川さんが定住する頃は沖家室出身の漁家と商工業者で哨船町は正に「家室町」の感があったという。そして正月も沖家室同様のしきたりでおこなわれ、正月の間は日ごろ付き合いのない船頭の家にでも上りこんで飲み喰いでき、家室と同じような正月気分を味わえたという。

では、ハワイや台湾へ何がこれほど多くの漁家をひきつけたかというと、それはハワイや台湾での漁が内地に比較するとはるかにもうかったからであった。たとえば台湾の例でみると、大正八年に内地の漁では一五〇日間で二四〇円の稼ぎであったが、高雄では二〇〇日と漁期は多少長いが最高五〇〇円稼いでいる。往復の旅費稚費を一〇〇円ひいてもなお四〇〇円もうかる計算であった。

こうして大正初期頃からハワイや台湾への出稼ぎ、移住が増加していった。こうした海外熱のために大正初期頃から伊万里、馬関などの国内出稼ぎ組は船方の不足をきたしはじめている。そこで因島《いんのしま》、上蒲苅《かまがり》島、下蒲苅島、紀州などの釣漁村から船方を雇ったり、また現地で船方を雇わねばならぬ船もあらわれた。こうした船方不足から馬関、伊万里といった出稼ぎ漁は衰退していき、国外漁の熱は更に高まっていくのである。

このような海外への出稼ぎ漁、漁家移住は第二次大戦の終了まで止まらなかった。それは、周囲約五・一キロという小さな島に余りに多くの人口を抱えた、沖家室のたまりにたまったエネルギーの放出でなかったかと思われる。火山の爆発に似た漁民のエネルギーの噴出といっていい。

新しき発展

今日の沖家室はうってかわったように静かである。道を歩く人さえまれにしか見かけない。老漁師ばかりが細細と漁を続けるだけの島に変わっている。戦争、敗戦という時の流れが島を変えてしまったのだ。

沖家室は出稼ぎ漁に生きてきた島であった。その漁民

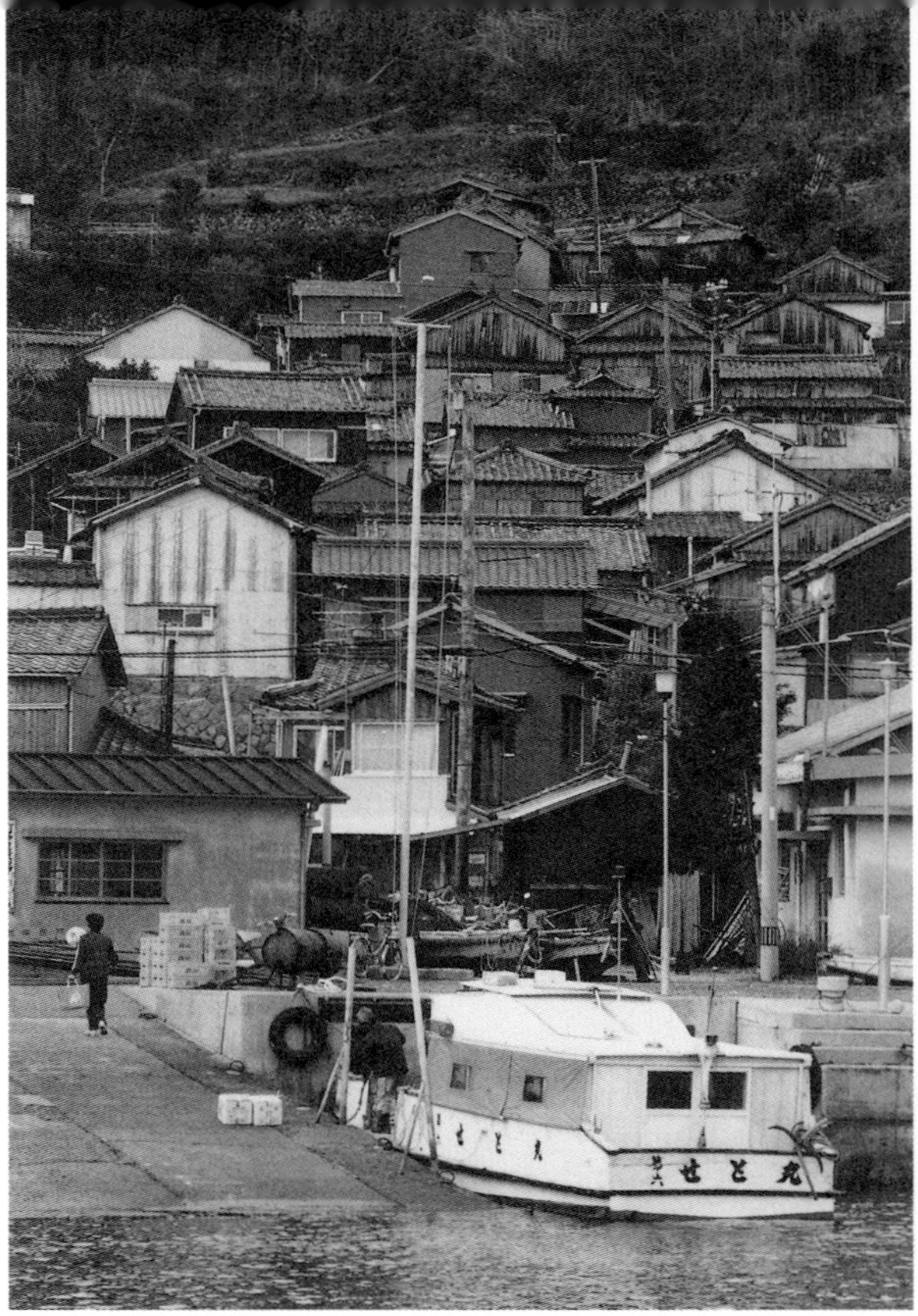

洲崎の家並と大島本島を結ぶ連絡線の瀬戸丸

のエネルギーによって、島は多くの人口を抱え、発展することができた。敗戦は、既に沖家室漁民の漁撈活動の本流であった出稼ぎ漁、あるいは移民による漁の流れを止めてしまった。また、戦後の新漁業法の制定で国内の出稼ぎ漁先にも種々の制限が加えられた。頼みの綱である地元の海も汚染と乱獲のために荒れてしまった。狭い漁場では島を支える漁獲はあげられず、島民は漁をあきらめ次々と島を去っていった。

人々の去った島は侘しい、沖家室は衰退の一途を辿っていると、私も時には思う。

だが果たしてそうなのであろうか。繰り返すが、沖家室は出稼ぎ漁、ひいては移民の島であった。島の人々は次々によりよい漁場を求めて突き進んでいった。丁度、千貝、大水無瀬、小水無瀬という好漁場めざして他所の漁民が沖家室に渡り来たように。それは典型的な海洋民的な暮らしの立て方であり、行動様式なのである。

であるとしたら、今日、希薄になった島の姿を単純に衰退というのは当たらないのではなかろうか。海洋民は移動を苦にせぬ人々であった。島民の移動と拡散は海洋民にとっては発展であった。

それを今日の島のありようと重ねてみたらどうであろうか。多くの人が島を去ったというものの、それは島民にとっては、かつての出稼ぎ漁や移民と同様、発展といえるのでなかろうか。漁業が他の職業にとって変り、活動の場が島外に移っただけのことである。

今日、島を去って、国内各地に移住した人々も、昔の出稼ぎ、移民と同様、故里の島とまだ深く結びついている。島の無数の空屋も盆になると、全ての家に灯がともるという。それはきっと温かく美しい風景であろうと思う。

今年三月一八日、佐連《され》と沖家室の間に橋がかかった。架橋の実現のために、一千万円を超す多額な寄付金が島民及び島を去った人々から送られてきた。

今年の盆までにその橋の畔には、東和町の生んだ民俗学老宮本常一先生の文になる次のような小さな石碑が立つという。

沖の家室に睦《むつみ》橋かけて　佐連《され》というても去られない

この橋は全国同胞の協力によってできました。感謝します。　沖家室島民

沖家室は今なお発展の過程にある。そう思っていいのでなかろうか。

陸から見た沖家室

須藤 護

本浦の入江とそれを囲むように広がる家並

泊清寺の石灯籠が海際にたつ本浦の浜通り

三軒屋の解体

沖家室島は東和町に属している。東和町は故宮本常一先生の故郷で、晩年の先生は多忙なスケジュールのあい間をぬって、できるだけ長い時間を故郷で過すことを心がけておられた。郷土研究は郷土で研究することである、という言葉をその通りに実践されていたのである。

昭和五四年六月も半ばを過ぎた頃であった。その先生から

「沖家室に大事な建物があるんじゃが、もうすぐこわしてしまうからすぐ行ってくれんか」

という電話がかかってきた。電話のむこうで、先生が大変興奮されていることがはっきりと伝わってきた。そして、その二、三日後に私は初めて沖家室島に渡った。

与えられた仕事は、解体される三軒屋《さんげんや》と呼ばれる長屋の実測をし、いずれ復元できるように解体することだった。一口に解体といってもなかなかの大仕事である。私はこれまでにそう多くはないが、何度か解体作業にたずさわったことがある。そんなことから私に声がかかったのであろうが、責任の重さによほど緊張していたのだろう。沖家室までの行程はほとんど覚えていない。

沖家室に着いて、教育委員会の中野忠昭さんに案内していただき、三軒屋を見たときほっとひと息つき、何やら緊張感がほぐれるのを感じた。当初思っていたよりも建物の規模が小さく、比較的構造が単純だったからだ。屋根は瓦葺きで和小屋の組み方だが、基本的な部材のみで補強材や装飾材はほとんど使われていない。質素で実用的な住まいだったのである。これであれば実測調査も解体・保存も比較的スムーズにいきそうだった。

解体する三軒屋というのは、三軒続きの長屋のことで、島の一本釣り漁業が隆盛を極めていた頃、おもに漁師が暮した住まいであるが、近年はこの種の住まいがめっきり減ってきていた。今回とりこわされる三軒屋は、明治、大正時代の漁民住宅の姿を伝える貴重な建物だったのである。

そうした知識を得て、次の日からさっそく実測にとりかかったのだが、連日雨にたたられたこともあって、調査は二週間ほどかかった。

解体当日は、それまでの天気がうそのようにきれいに晴れ上がった。島の内外から一五人ほどの人々がやってきて、大工の棟梁である林貞さんを助けて懸命の作業を続けた。瓦をはがして下におろし、それをていねいに積み重ねていく。垂木《たるき》、柱、梁、桁、根太《ねだ》、大引《おおびき》、土台など、一つ一つの部材に番号を打ち、これもまたていねいにはずしていく。どのようなものでも一応は記録する。解体した部材は順序よく近くの空いた倉庫に積み重ねていく。

手間がかかり、根気のいる作業だ。しかし建物の規模が小さく、比較的単純な構造であったこと、それに皆もくもくと仕事に励んだことで、二日ほどで作業は終った。

この三軒家は本浦の東のはずれにある西横撫地区《にしよこなでちく》にあった。この地区は本浦のいわば新開地に相当する漁家の多いところである。家は海辺に建っているが、海からの強い風を防ぐために入口は反対側の山側についており、その前面にはみかん畑がひろがり、山へと続いている。海側は小さな窓があいているだけで、ほとんど板壁で囲

われている。両妻側の壁も板壁で、その板壁をはがしてみると土壁が出てくる。これらも強い風を防ぐための工夫であった。

三軒屋の間取りは二間×二間半のひと間取りで、それが並列に三室並んでいる（図(一)）。このなかに三世帯の漁師が住んでいたのである。一軒分の広さは五坪、畳数にして一〇畳で、出入口、炊事場、そして居室が納まっている。便所は外にあり風呂はない。風呂のない家はかなり多かったようで、島には銭湯が四軒あったという。

入口を入ると一坪の土間がある。この土間を二つに区切って左手に水ガメ、流し、クドが並び、炊事場の役目を果していた。右側が通路になっている。クドは平たい石や瓦を積んで円筒形に壁をつくり、その上を壁土で塗りごめにしたもので、焚き口は一つのものも、二つのものもある。また土間の脇に棚をつくり、食器や鍋などを収納していたようで、その痕跡が残っていた。

クドの真上の屋根には煙出しがある。煙出しはやぐらを組んだ形式と、屋根の平《ひら》部分を六〇センチ四方ほどに切りとり、その上に小さな屋根をつけたものとがある。長屋の場合は後者のほうが多く、天気のいい日はあけたままにしておくが、雨の日には吹き込まないようにしめる。屋根の下には勾配に沿って板が自由に動く仕掛けになっていて、その操作は下でロープを引いたり離したりすることでできるようになっている。

出入口の脇の床板は取り外しができるようになっており、その下に大きな穴があいていた。イモグラである。イモグラは幅七五センチ、長さ一・四メートル、深さ八五センチほどあり、内壁は壁土でしっかりと塗り込められたサツマイモの貯蔵庫で、多少大きさは異なるが三軒ともに備わっている。

イモグラは三軒屋ばかりでなく後に調べたどの民家にもあった。私が見た最大のイモグラは一・五間四方ほどで、深さは二メートルもの巨大なものであった。まるで地下室で、階段もついていた。イモグラの存在は、この地方でイモがいかに大切な食料であったかを示しているといえる。

漁民が住んだ三軒屋（三軒長屋）。大正時代に建てられた

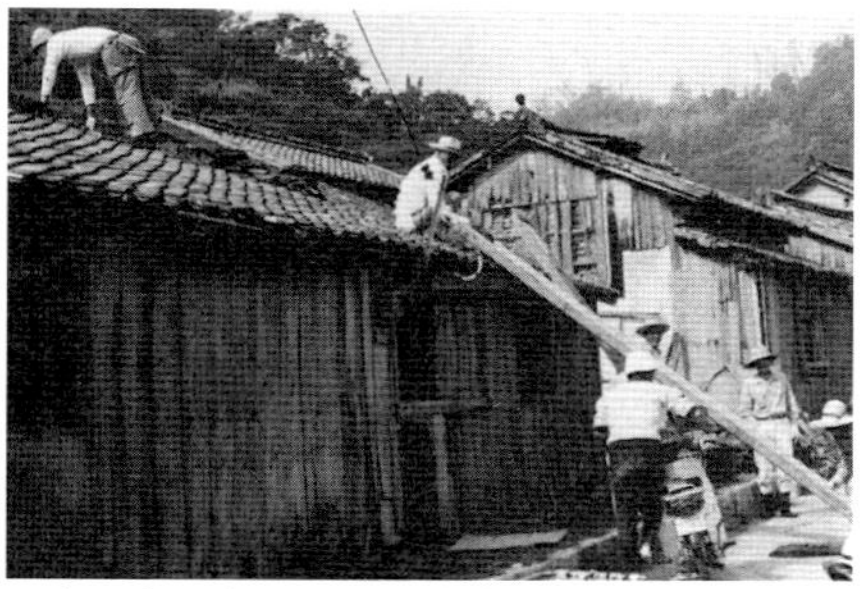
昭和54年に行なわれた保存のための三軒屋の解体作業

●三軒屋・図(一)
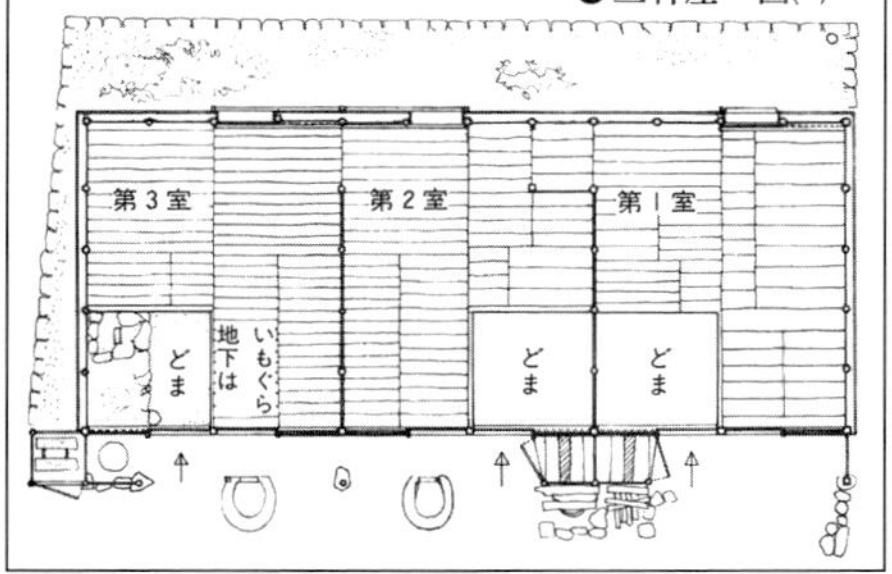

床下にはイモグラのほかに炉の跡がある。炉の位置は三軒とも異なっており一番左の家（第三室）はイモグラのすぐ脇にある。またまん中の家（第二室）は部屋のほぼ中央に、そして右の家（第一室）は奥のほうに設けられている。

畳を敷いてあったと思われる所はイモグラのある部分を除いた六畳分、もしくは四畳分で、そこが家族の居間や寝間にあてられていたようだ。部屋の内部には押入れがないところをみると、隅のほうに箪笥を置き、その脇にふとんを積み上げていたのであろう。こうした家に一家族平均四、五人ないしは五、六人が暮していたのである。

●再び沖家室へ

ところで、この三軒屋の解体、保存作業は東和町の文化運動の一環として行われたものであった。

当時、東和町では宮本先生の指導のもとに若い人々が中心になって、自らの足元をしっかりと見つめよう、という動きが起こっていた。島の地形模型をつくり、島の様子を具体的に知ろうという試み、また民具を集めて、島の生活史をさぐっていこうという試みなどが、その行動の現れであった。先生ご自身も、『東和町誌』(一九八二年八月刊行)の執筆に全精力をつぎ込んでおられた。

そして昭和五五年二月からは、郷土大学が開講し、先生自ら学長に就任された。主に東和町の歴史を中心に、月二、三回の割合で講義をもたれ、そのほか農業、漁業、植物、海洋、地質、気象、芸能などの専門家も東和町を訪れ、講義をしていくようになった。

私たちの仲間も、このような熱気に吸い込まれるようにして、何度も東和町を訪れるようになった。印南敏秀君が石造物を探し求めて東和町全域をくまなく歩き、森本孝君が漁業を中心にした島の生活誌を、次いで香月洋一郎君が島の開拓定住様式の調査に入った。私も三軒屋の解体後、改めて住まいを見るために東和町内を歩いた。まずは町内にどのくらい古い民家が残っているかを知りたかったからだ。

しかし、町内を歩きまわってみると、古民家の残存例が非常に少ないことを知った。明治に入ってから、同じ東和町の地家室《じかむろ》、佐連《され》地区で瓦の製造が盛んに行われたために、このあたりでは草屋根から瓦屋根への移行が意外に早かったのである。ただし、屋根から下の間取りは、古い様式をもった家は少なくなかった。中でも沖家室にはそうした比較的古い形の民家が残されているようだった。

しかも、他の地域では三軒屋のような長屋形式の家はほとんどないのに、沖家室には長屋と小さな間取りの漁家が非常に多いことにも興味をひかれた。なぜこの様な差が現れたのだろうか。そんなことを考えているうちに、沖家室の住まいを詳しく知りたい、と強く思うようになった

屋根の上の煙出し

沖家室の民家を知るためには、まず村の中を歩いて全体をつかまなければならない。海岸から山に向かって階段状にひろがっている家々の間を縫うようにして通っている露地を歩いてみると、そこには生活感あふれる光景が重なり合っていた。

軒下には切干大根が干され、その下には薪がびっしりと積まれている。縁側や狭い庭に敷かれた莚には豆が干されている。堀越(山口県防府市)で焼かれたという水ガメやタコツボを利用した植木鉢が家々を飾っている。洗濯物も干してあるが、老人世帯が多いためか華々しさはない。家の中をそっとのぞいて見ると、おばあさんが仏壇の前で一心に手を合わせている。ひしめき合った家

洲崎の甍の波。洲崎と対岸の大島本島の佐連とを結ぶ連絡船の瀬戸丸が港を出て行く

右　洲崎の山腹に続く２本の道にはさまれて建つ小さな民家
左　家と家を隔てるのは隣の声も聞こえる細い路地

並みをぬけると広場がありそこには共同井戸がある。そこでヒジキを洗っているおばさんの姿もある。そのおばさんが、島に水道が引かれる以前は、井戸は水汲みに来る人や洗濯をする人で賑わったものだと話してくれる。

島の中を歩いてみると、一見雑然としているように思える家並みも、どことなく一定のルールがあるように感じられた。また、山手に登るにしたがって比較的小さな家が多くなるのだが、これも単に広い屋敷地がとりにくいという土地条件以外に、もっと大きな要因があるようにも感じられた。

時には家並みの背後の小高い山に登って集落を眺めてみた。高いところから集落を眺めることはもう習慣になっているが、それは宮本先生の教えでもあった。足で歩き、様々なものを身近に見ることはもちろん大事だが、高いところから広い視野でとらえることによって、また違った見方ができ新たな発見につながることもしばしばあるものだ。

山の上から見る沖家室の集落は、狭い範囲にびっしりと大小の甍《いらか》が重なりあってそれが海まで続いている。そして、その先には波おだやかな瀬戸内海がひろがっている。よく見ると、海辺を浜に沿って大きな甍が並んでいる。その多くは商家かもしくはかつて商家であった家々で、狭いながらも一つの町並みをつくっ

●図(二)・林モミヨ宅

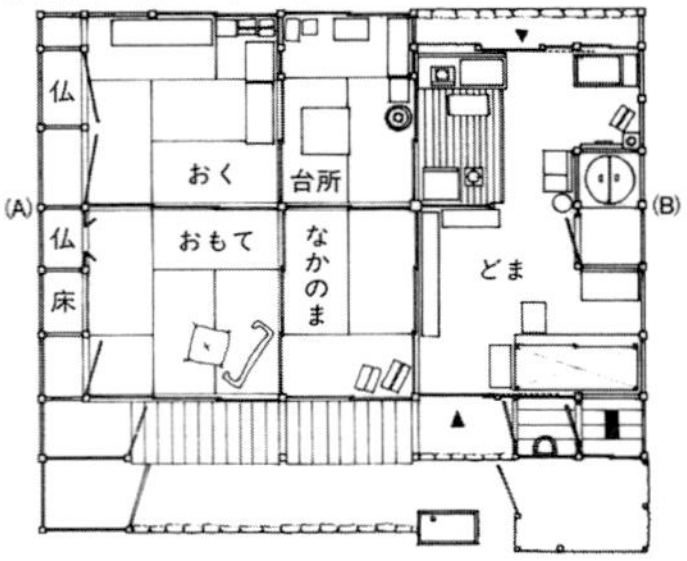

ている。そのはずれには小さな家々がまさに軒を重ね合っている。それは山手の方も同じで、その多くが漁家なのである。つまり、沖家室は漁村であると同時に、一方では商業を営む町としての顔も持っている島であったことが集落を上から見ることで読みとれるのである。

さて、山の上からそうした景観を眺めていて、あるとき屋根の上にちょこんと乗っている煙出しが妙に気になった。煙出しが一つの屋根に二つ乗っていれば二軒屋であり、三つ乗っていれば一応三軒屋とみていいのではないかと思ったのである。長屋式の住まいは沖家室の民家の大きな特徴であり、それがけっこう多い。そこで、まず現状ではどのくらいの長屋形式の住まいが残っているかを見ることにした。沖家室の人口が急速に増加し、釣漁の島として大きく発展するのが江戸時代以降のことであるが、それと借屋住まい、なかでも長屋の存在とが大きく結びついていると思われたからでもある。長家があれば島内での分家・独立も比較的容易に行われたであろうし、他島からの移住者も容易に受け入れることができたはずである。それは、都市にアパートやマンションが多い現在の住宅状況と大変よく似た現象でもあった。

その結果、残存するものだけでも長屋形式の家が四〇棟を下らないであろう、という感触を得た。

二軒屋の残存

そうして何度か沖家室に通い民家の調査を進め、昭和五七年八月二一日から三一日までの一一日間には、数人の友人とグループを組んで本格的な民家調査を行った。

家屋の選定は漁家、それも長屋形式の家に重点を置き、ほかに商家、旅館、銭湯、大船頭（船主）の家など、できるだけ幅広く沖家室の民家を見られるように心がけた。というのも、この民家調査には実はもう一つの大きな目的があったのである。それは民家を一つの手がかりにして、町の成りたちをさぐっていこうという試みであった。沖家室が単なる漁村ではなく、町としての顔も持っていたからである。

この町を構成している一軒一軒の民家を、集合体として幅広くみていくことで、町の姿を具体的にとらえてみたいと思ったのである。

実測調査は二〇軒に及びその収穫は多かったが、なかでも隠れた長屋がいくつも顔を出して私たちを驚ろかせた。つまり当初長屋として建てた住まいを改造して、一軒の家として使っている例、あるいは全然別の形に改造してしまった例が意外なほど多かったのである。そのほとんどは二軒屋であった。

ここでいくつかその例をあげてみよう。図(二)を見ると、江戸時代に毛利藩が定めたいわゆる本百姓クラスの家の間取りがきれいにあてはまる。毛利藩が定めた本百姓クラスの家とは、四畳半ふた間と三畳ふた間の田の字型、もしくはくい違い型の間取りで、これに出入口、流し、炊事場を兼ねた土間がつき、穀物を収納するための戸棚がつく。これをニワトダナといっている。ニワとは土間のことである。現在の農家に比べると、いかにも小さいように思われるかも知れないが、これが当時としてはごく標準的な家だったのである。そして、図(二)の二軒屋は

●図㈢・中山虎一宅とその屋根

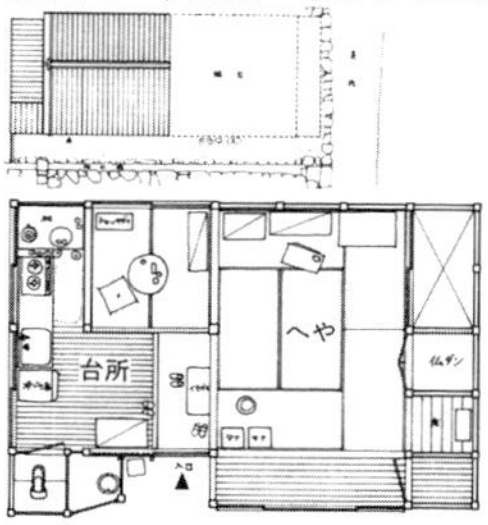

●戎崎孫一郎宅・図㈣

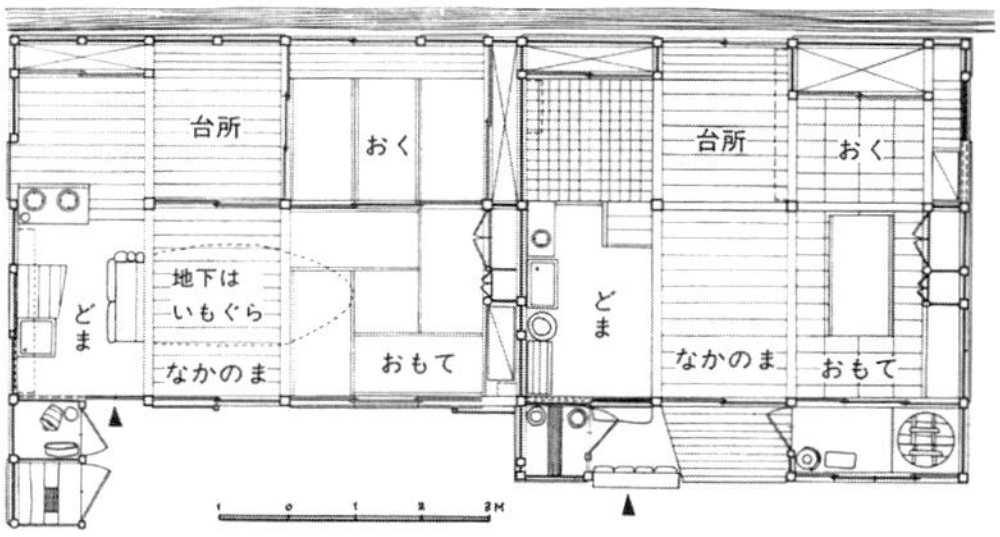

まさにそれと同じ間取りでつくられていた。

ところが、家の中を実測していると、おかしなことがいくつも出てきた。間仕切りがふすまになっているのにもかかわらず、柱に貫の跡が残っていたり、オモテとオクノマに同じ型の仏壇があったりしたのである。なくていいところに貫が出てくるのは、昔は古材をよく使ったのでよほど注意をしなければならないが、この家の場合はどうも以前の間仕切りは土壁だったのではないかと思われた。

実測が終ってから家の人にたずねると、思ったとおり、もとは二軒長屋であったものを狭かったので改造した、とのことであった。そういうことであれば、柱に貫の跡があっても、同じ型の仏壇が二カ所ついていても、別に不思議なことはない。この家は建設当初は(A)—(B)が壁で仕切られていて、三畳と四畳半、そして土間が一セットになった二軒屋だったのである。

図㈢は別の二軒屋で、間口三間半、奥行二間、それに縁側と便所、物入れがついた漁家である。六畳の部屋と二畳の食事室、それに板敷の台所がある。出入口の土間は畳一畳分で、イモグラは土間に取り出し口があるが、穴は六畳の部屋の床下に掘られている。これと同じタイプの家がちょうど背中あわせのような形で建っていたが、現在片方の家は改築してまったく別の間取りをもった家になっている。

図㈡と図㈢を比べて見ると、間取りがそれぞれに違っている。そしてこの二つのタイプとまた違った作りの二軒屋もある。図㈣がそれである。このほかにもまた違ったタイプの二軒屋がいくつかある。つまり同じ二軒屋であっても多様な長屋形式の住まいがあったのである。

住人たち

ところで、そうした長屋形式の家は、土地の資産家が建て、漁民に貸し与えていた例が多かった。明治二〇年ごろの沖家室の戸数は七〇〇戸ほどあったといわれているが、当時の土地台帳をみる限りでは、宅地をもっている家は二九四戸を数えるのみであった。このうち二〇カ所あまりの宅地を持った家が数軒あり、一〇カ所以上の宅地を持った家はもっと多かった。そして宅地をもたない四〇〇軒あまりの人々は、借地かもしくは借屋住まいだったのであろう。

私が解体に立ち合った三軒屋の場合は、沖家室の漁師の家族と、同じ山口県平郡《へいぐん》の漁師が住んでいたが、このほか広島県因島、蒲刈島、さらに紀州や伊予からも漁師たちが来住していたという。これらの人々の多くもおそらくは長屋住まいだったのであろう。

また、第二次大戦後には島外からの引き揚げ者が、借屋を借りて入るというケースが多くみられた。明治・大正・昭和にかけて沖家室から日本国内はもちろん、朝鮮や台湾あるいはハワイへと、海外に出掛けていく人々が後を絶たなかった。それらの人々の多くが終戦と同時に着のみ、着のままで引き揚げて来たのである。

そうした長屋住まいの一つの特徴は、人の出入りが激しいことだった。例えば先にあげた図(三)の二軒屋は、比較的新しく終戦後に島で金茂とよばれる金井家が建てて漁師に貸したものであるが、その後イワクマという漁師の兄弟がこの家を買って入り、さらに一軒分を木村秀太郎という人が買い、次いで二〇年ほど前に中山虎一さんが購入して現在に至っている。わずか三〇年余の間に持ち主が四人も替っているのである。

このように長屋形式の漁民住宅は、農家や商家のように何世代も住み続けるということがなく、大変短いサイクルで居住者が入れ替っている。それればかりでなく、家自体の建て替えのサイクルもまた短かった。

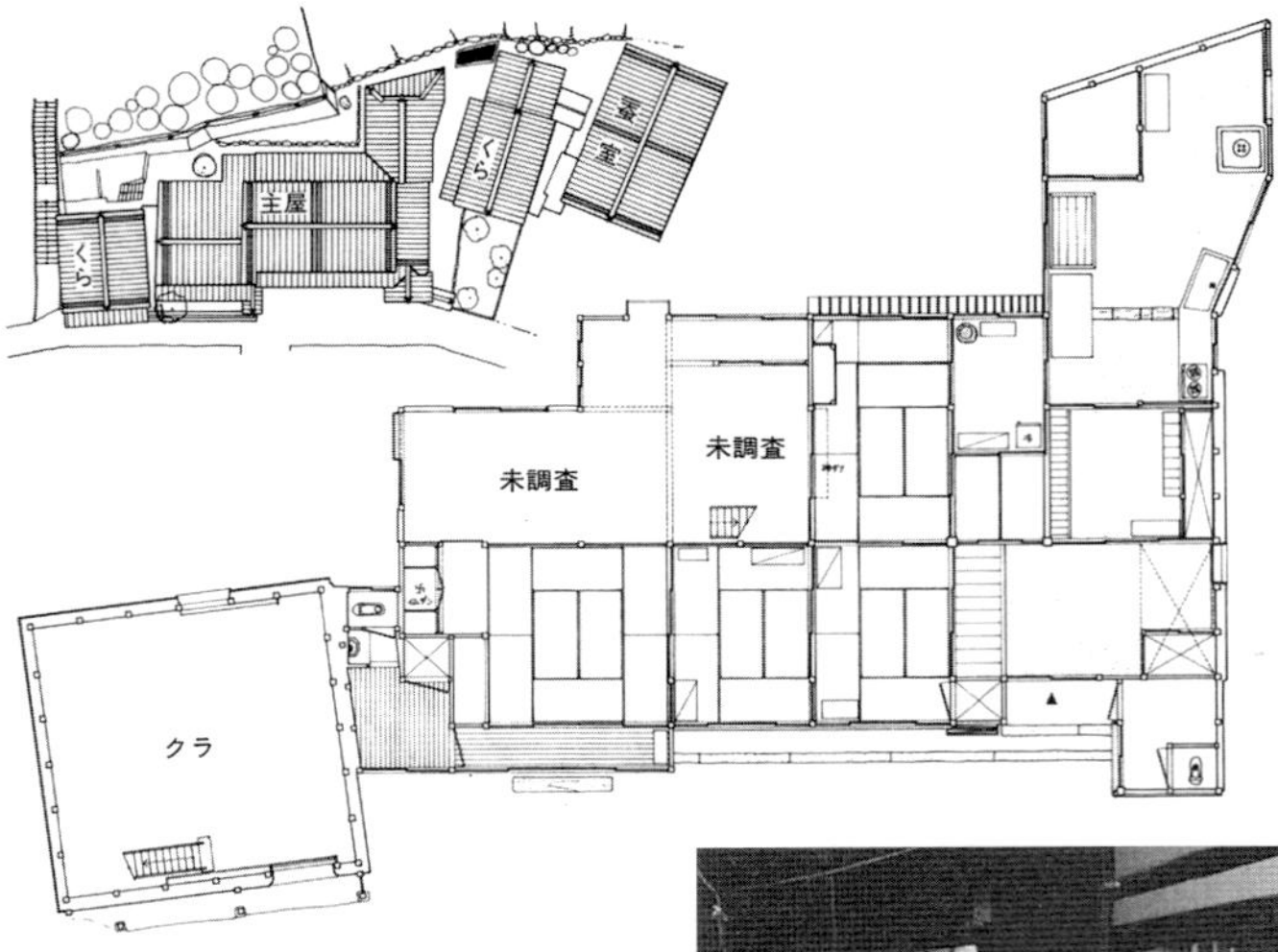

●金井孝雄宅と全体配置・図(五)

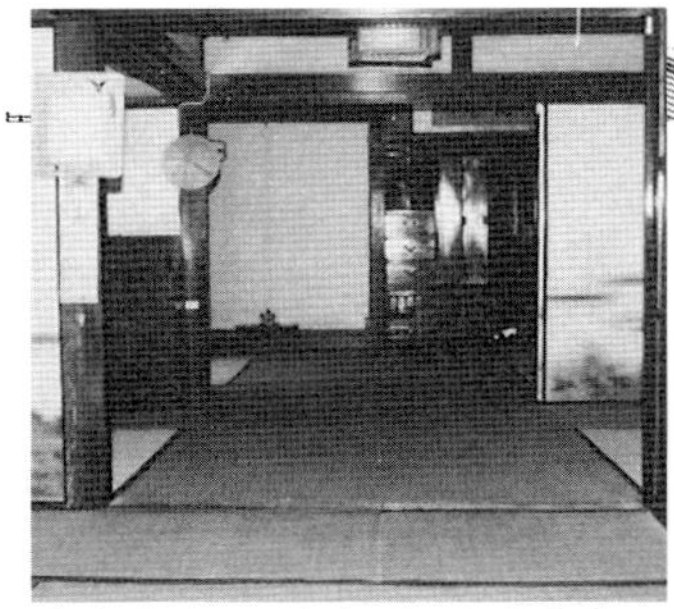

大島郡随一の富豪だった金井家の広い部屋

上図の金井宅の台所

商人の住まい

さて、図(五)で示したのは、先の図(三)の二軒家を最初に建てた洲崎刈山の金井家の図面である。金井家は金融業を営んでいたが、現在では当主が東京に住んでいる。

沖家室でも最大規模といわれるこの家は、敷地が約一五〇坪あり、その中に主屋と土蔵が二棟、蚕室が一棟建っている。主屋の建坪は約五〇坪で、玄関を入ると八畳あまりの土間があり、突き当りの格子戸をあけるとさらに八畳ほどの土間が続く。ここは日が入らないので、天井にトップライトがついている。さらに進んでガラス戸をあけると台所になる。台所も土間であるが、一部大きな敷石が敷きつめられ、いかにも重厚で清潔な感じである。台所の先には内井戸があり、裏の勝手口へぬける。井戸の脇には女中部屋と思われる二畳ほどの部屋がある。この土間部分だけで、三二畳ほどの広さがある。

座敷は上中下と三室続いており、上から八畳、六畳、六畳があり、一番奥の上座敷には立派な仏壇がすえられている。その脇には幅三尺の縁がつき、ここから奥の土蔵に通じている。

このほかに道路をはさんで反対側のやはり広い敷地の中に離れがあり、さらに立派な隠居屋も備え、このほかに多くの貸屋も建てていたといわれている。また山や畑もたくさん持ち、金融業のほかに養蚕も大きくやっていたようだ。一階だけで三〇坪もある蚕室をもっていることが、それを物語っている。

図(六)と図(七)は中規模の商家である。前者は本浦南

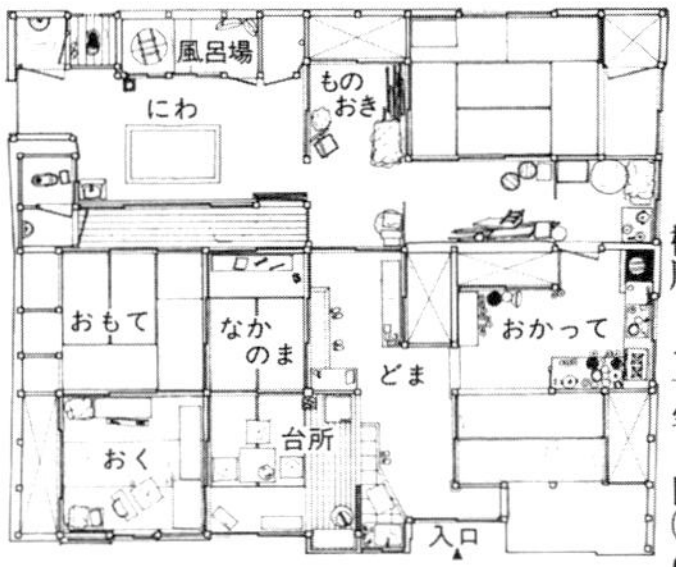

柳原ミネ子宅・図㈥

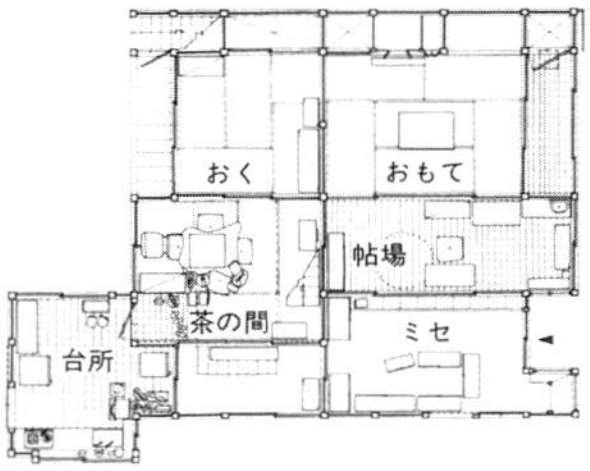

木村新之助宅・図㈦

丁の柳原ミネ子宅で、おじいさんの代は船大工であったが、転業して雑穀商となり、雑穀のほかに薪や雑貨も扱っていたという。この地方でみられる典型的な本百姓の間取りをもった家で、もともとは商家でなかったことをうかがわせる。商売は土間部分で行っていたようだ。

　また後者は洲崎刈山の木村新之助宅である。木村家の歴史については後で述べるので省略するが、現在は薬局と煙草屋を営んでいる。一階の土間と座敷の一部を使って商いをしており、土間は裏まで続き、突き当りが台所、右手に居室がある。店は四坪ほどでさほど広くはないが、ウインドーやショーケースが大変古典的で、しっとりとした落ちつきがある。この家は大正六年ごろの建築であるが、当時はモダンな店構えであったと思われ、その伝統を今日まで伝えている。二階は廊下をはさんで六畳が四室とってある。ここを使って一時旅館を営業していたこともあった。主屋と並んで米倉、塩倉、衣装倉と倉が三棟並んでいる。米倉と塩倉は先代が塩問屋や廻船業を営んでいたその名残で、また衣装倉には冠婚葬祭用の漆器や陶磁器がびっしりと保管されている。

道具の比較

　民家調査を通して、漁家と商家の規模のちがいが、いかに大きかったかがわかった。そしてそれぞれの暮しぶりのちがいも多少は知ることができたのだが、暮しぶりを知るもう一つの方法として、所帯道具の調査も時間のゆるす限り行ってみた。

　まず漁家の場合、部屋の内外に置かれている所帯道具を数えてみると、およそ三〇〇点になった。その点数は目に映る範囲のものであるから炊事道具、食器など日常頻繁に使っているものの点数であるが、日常あまり使わない調度品や天井裏に収納しているものなどを含めて推定しても、一軒の漁家が所有している所帯道具は二千点余りだと思われた。この数字がそれほどずれていないとしたら、決して多い点数ではない。

　それらの道具をみて興味深いことは、漁家でありながら漁具の点数が大変少ないことであった。ある漁家ではタイ釣り用と思われる釣糸と釣針が一一組、それに作りかけの釣糸と釣針が一組あった。そのほか天井裏に船用のロープが七本、餌のエビを引く網が一枚、餌箱一個、これがすべてであった。

　このほかに船の中に道具はひととおり置いてあるのだが、森本孝君に話を聞いてみると、一本釣りの場合はさほど大がかりな道具を必要としないし、古くなったり使えなくなったものは捨ててしまうから、道具の蓄積は

共同井戸。古い井戸は御影石の井戸枠を組んだものが多い

ほとんどない、という。一本釣りは道具をたくさん必要とする漁ではなく、道具の質と釣り手の腕が最も大切なのである。だから大資本を投下しなくても腕さえみがけば漁業にたずさわることができた。

つまり、一本釣り漁民は家が小さくてもひととおりの生活ができたのである。農家のように作業場としての広いニワや屋敷は必要なく、網漁をする漁家のように広い網干し場や修理する場所も必要としなかった。そして釣り道具や所帯道具を収納するための家屋もいらなかった。少なくとも家族が居住するスペースがあれば、何とか事たりたのである。

一方商家の場合は、その所帯道具も一本釣り漁家とは比較にならぬほどの点数が数えられた。例えば洲崎で薬局を営む木村新之助さん宅では、総点数約八千点にのぼる所帯道具が数えられた。この数字は木村新之助・頼子夫妻の御好意により、押入れの中から箪笥の中まで一つ残らず見せてもらった結果の数字である。日常頻繁に使われるもののほか、花器、掛軸、置物、書籍、古文書、漆器、陶磁器類など何代かにわたって蓄積されてきたものも多く含まれている。ただし、まだ倉二棟が未調査なので、それを含めるとさらに点数が増えるわけで、長屋住まいの漁家と比べるとかなりの差が見られるのである。

その内容をもう少し具体的にいうと、調理用具や食器、日常着など普段使用しているものは漁家とそう大差はない。特に興味をひいたのはまとまって収蔵している衣類や寝具、それに漆器や陶磁器類で、それらは四千点を数えた。そしてその衣類や寝具のほとんどが贈答品であり、日常用の衣類はほとんど買ったことがないという。このほかに食料品、酒、手ぬぐいなどの贈答品も数多く、商家の付き合いがいかに広いかを示している。

また漆器などの調度品は一応木村家で使うために揃えたものではあるが、他の家で必要なときには気持よく貸し出していたようだ。その証拠に漆器類のいたみがひどく、セットとして揃わないものも多い。木村家で購入した漆器で一番古いものが明治二年で、その後昭和初期までに揃えたものがほとんどであったが、一軒の家で使うのであれば、これほど多くの漆器類は必要としないし、ひどくいたむことはない。漁家や一般の家では、一応二〇人前くらいのセットは揃えておく家もあったが、もっと大勢の人よせがあったときには、本家筋の家や日常取り引きしている商家から借りていたのである。

トマリヤ

漁家と商家では住まいの面、道具の面のいずれをとっても大きな違いがあるが、両者は相互に深いかかわりあいを持ちながら共存してきたことはいうまでもない。特にトマリヤの慣習は両者の関係を緊密にさせたと思われる。

トマリヤというのは、一種の若者宿のようなもので、比較的広い家に住む世話好きな家が、漁家の子息に宿を提供するという慣習である。トマリヤを提供するのは商家や大船頭（船主）が多かった。

家が狭く、しかも子供が多い家では、子供が学校に上るような年ごろになると、トマリヤに預けることがよく行われた。子供は学校から帰り、自分の家で夕食をすま

急な傾斜の道の両側に建つ洲崎の民家

山稜付近に拓いた自給用の野菜畑

貴重品だった薪

せるとトマリヤに行く。そして翌朝また自分の家に帰り朝食をすませて学校へ通うのである。

　トマリヤのほうでは他人の大事な子息を預かるのであるから、それなりに気をつかったようで、女の子は二階に泊め、はしごをとって男の子が上がれないようにしていた家もあった。また、面倒見のいいトマリヤでは、夜は学習塾のように勉強を教えていたという。そして成績のいい子供の中には上の学校に進み、島外に出て成功する者もあった。勉強を一生懸命して偉い人になるぞ、という風潮は沖家室では強くみられたことだった。

　子供たちにしてみれば、他人の家に預けられるのであるからそれなりに気がねをしたろうし、他の子供たちもいるのだから、わがままの通らないこともあったであろうと思われるが、そのような環境の中で、自然に社会生活のルールを学んでいったのであろう。

　そして子供が一人前の漁師に成長すると、船を仕立ててやり、独立させるトマリヤも多かったという。ただし船の代金は漁師が獲った魚で徐々に返却した。

　このトマリヤは現在わかっている範囲では、本浦と洲崎を合わせて一〇軒ほどあったが、まだまだ多かったと思われる。家の大きさによっても異なるが一軒の家で二、三人から五、六人程度の子供を預かっていた。ト

萩往還とよばれた細い道が湾に沿って伸びる本浦の集落を貫いている

マリヤに子供を預けるときは特別なお礼はしなかったようであるが、日常の生活用品を買ったり、出漁するときに必要な米や薪などは、自分の子供が世話になっている商家から仕入れた。また大船頭の場合は学校を卒業した子供を自分の船に乗せる。このようにして商家や大船頭を中心にしていくつものグループができ上っていた。そしてその中心になる家では漆器や陶磁器などの道具はいつでも貸し出せるように揃えておいたのである。しかしながらこの約束ごとは話に聞く範囲では比較的ゆるやかであったようで、子供たちは自由にトマリヤを選ぶことができたし、親たちも、同じ商家や大船頭にしばられることが少なかったという。

町化していく沖家室

住まいと道具が沖家室の生活のしくみや歴史をたどっていく大きな手がかりになったのであるが、これらが沖家室の町化現象とどのようにかかわっているか、ということも少しずつわかりはじめてきた。

釣漁村の漁家は家並みが密集してきても、その機能が消失してしまうものではなく、むしろそのなかでたくましく生き続けてきたことを知った。そして活気ある沖家室の景観をつくり上げてきた。生活は決して豊かではなかったが、漁民にはそれを何ほどにも思わないたくましさがあった。

それと商人の持つエネルギーとが相まって、沖家室は単なる漁村ではなく、瀬戸内でも屈指の漁村であると同時に商業の面においても瀬戸内の中心的な役割を持った町として発展したのである。

沖家室の人口増加は前にも述べているが江戸時代の中期ごろから始まったようで、『東和町誌』をみると、一七五〇年には戸数七一戸、人口二五九人であったものが、江戸後期の一八四二年になると、戸数四八八戸、人口二三九〇人に増加している。九二年間に戸数にして六・三倍、人口は九・二倍の増加である。さらに幕末の一八六一年には戸数五四〇戸、人口二九〇六人になり、このころからまた島への来住者が相次ぎ、明治時代前期には戸数七〇〇戸を数えたという。

活気に満ちあふれていた沖家室を称して、人々が家室千軒というようになったのは、このころからであったようだ。

この戸数増加の過程で気になるのが商人の動向である。一七四二年の統計表では、戸数四八八戸のうち漁業が一番多くて二七三戸で全体の六割を占め、次いで農業が一三一戸、商業が三〇戸、そのほか廻船業、紺屋、大工、鍛冶屋、船大工、木挽きなどの名がみえている。

一般に二〇軒あれば一軒の商家が成り立つといわれてきたところであるが、この統計をみていくと、一六軒に対して商家が一軒の割合になっている。さらに明治初期の段階では商家が八〇軒も軒を連ねていたというから、約九軒に一軒の割合になっていることになる。単に商家といっても、大小様々であったから一概にはいえないが、明らかに全体の戸数に対して商家が多すぎる。この現象は沖家室の商家が沖家室の漁民のみを相手にしていたのではなく、広く周辺の在郷にもその商圏を広げていったことを物語っている。大商人の何軒かは大阪、広島、伊予地方などを商圏にしていたし、すでにふれたショウヌシのなかでも、大島郡橘町の安下庄《あげのしょう》の漁民や、広島県豊《とよ》島の漁民と取引を行っていた。

さらに、商人の増加は、明治の初めごろからさかんになっていく沖家室島民の出稼ぎ漁とも深いかかわりをもっていたようだ。出稼ぎ漁については後に詳しく述べるが、この商人の多くは他所からやって来た者ではなく、ほとんどが島民で占められていた。その点は他所からの移住も多くみられた漁民と大きく違う。しかも商家の家筋はほぼ決っていて、近世初期から中期にかけて沖家室島に来住し、島の基盤をつくっていった家々が主になっていた。島の開拓者たちは当初は農業にたずさわりつつ、次々に分家を出し、その家数を増していくとともに、商業活動にも手を染めていったのである。

その一例が柳原家である。幸い柳原家については、柳原隆一さんという九六歳になるおじいさんが、家系図をつくっておられた。

それは隆一さんが若いころからコツコツと書きたしてきたいわばライフワークで、およそ畳一畳分の大きさの紙に、びっしりと柳原家の系図が書き込まれていた。それが六枚つづりになっている。壮大な柳原家の歴史辞典であった。

柳原家はその源流をたどっていくと、総本家は伊予風早郡より慶長年間に周防大島に渡り、その一族のうち一一人が沖家室に移住、帰農して自力で山野を開墾していった、と伝えられている。この頃の来住者には石崎、林、金井、安本という家々があり、いずれも関ヶ原の戦いで敗れた伊予河野氏の家臣であったと伝えられている。これらの家々が幕末までに多数の分家を出し、一七八軒を

本浦の醤油屋兼酒屋が所有する荷船。主に松山から物資を運んでいた

数えている。その後も来住者が相次ぎ、江戸時代中期までに青木、木村、古谷、白銀、岩本、西村、大谷、八木、山本などの家々がみえ、いずれも多くの分家を出し、商家筋の家として成長していくのである。

柳原家の総本家の屋号を大母屋《おもや》といい、大母屋から布屋、角屋、大黒屋、柳屋などの系統に分れ、さらにそれぞれの系統から総数八〇軒余の分家を出している。このように柳原家は幕末から明治以降ものすごい勢いで分家を出していった。ものすごい勢いというのは、家系図の中に幼くして亡くなった人がざっとみて半数近くにのぼるのにもかかわらず、それを乗り越えて家数を増していったことに対する驚きである。宮本先生は「驚くべき繁殖力」といわれたが、この最も大きな要因は、この島にサツマイモの栽培が導入され、食料不足が解消されたこと、そして周囲に好漁場をもった釣漁村として、各地から多くの漁師を集めたことによると思われる。

柳原家の初期の分家は家屋敷と畑をもらい、多くは漁師を相手に商売を営み、畑を耕すことで生計をたてていったようだ。たとえば布屋は洲崎中《なか》に居を構え布の製造販売を始めたことでその屋号がついたと伝えられている。また角屋は本浦垰《たお》丁の角地に居を構えたことから角屋というようになった。そして江戸時代の終りごろには船をもって大阪や伊予に通い、綿や米の取引をしていた。このころ沖家室では木綿つむぎや木綿機織りが盛んになり、大阪方面から綿を買ってきて、それを漁家の女たちに糸に紡がせて、それをまた大阪方面に持っていって売ることが行われていた。沖家室には、この仕事をさせていた木綿問屋が四、五軒あり、角屋もその一軒であったが、島の中にあっては雑貨、米、食料品、薪などを売る店を開いていたという。

また柳原の系統で鍛冶屋から醤油製造業をおこした家があり、一方では船大工から雑穀商をおこし、やがて九州や朝鮮、台湾にまで出稼ぎ漁に出る船に米や薪を供給してきた家もあった。

このように柳原一統は漁師になる者はほとんどなく、島の要所要所に居を構え、主に商業にたずさわりつつ、島の親方筋の家としての地位を築いていったのである。この家系図と明治二〇年の土地台帳を元にして、屋敷の位置を落してみると、柳原一統はとくに本浦において、主要な地域に屋敷を構えていたことがわかる。

次に主に洲崎に勢力を伸ばしていった木村家についてみてみよう。木村家は柳原家のようにおびただしい数の分家を出した家ではないが、洲崎の中心的な家の一つとして、着実にその基盤をかためていった。

木村家の初代は市右衛門といい、萩の毛利家の家臣であったが、元禄の頃浪人をして沖家室本浦に移り住んだと伝えられている。本浦の木村総本家は現在なお健在で世代も十代目を重ね、総本家らしい立派な家の構えをみせている。

　木村家は三代目に二軒の分家を出す。いずれもその居住地は本浦であるが、このうち一軒がさらに二軒の分家を出し、一軒は本浦に、そしてもう一軒が洲崎の苅山に家を構えた。年代ははっきりしないが、江戸時代後期のことであった。この家を苅山の木村屋といい、洲崎での総本家になる。今回民家と道具の調査をさせていただいた木村家である。

　苅山の木村屋は初代の太郎助から初まって、現在の当主まで六代になる。当初どのような職業についていたかは明らかではないが、以後分家を出すたびに耕地を分けてやっていたようであるから、かなり広い土地を持って農業を営んでいたのであろう。そしていずれかの代にか商売を始め、木村屋という屋号を使うようになったと考えられる。はっきりしているのは、五代目升蔵の代に、塩、酒、炭、素焼の焼物、それに廻船業と、幅広く商売を営んでいた。塩は大島郡で三軒しかない元売り店の一つ、酒は大島町川岡酒場（醸造所）の酒を専門に卸していた。また炭は大分県や愛媛県中島町から炭船が沖家室につき、その炭を一手に引き受け販売していたという。その商圏は沖家室はもちろんのこと、大島側の地家室、佐連、大積《おおつみ》、小積《おつみ》など近郷近在に及んでいた。

　苅山の木村屋はずい分勢力をもっていた家のようで、次第に本浦の本家をしのいでいくようになるが、それは商業に手を出していったことが大きな要因であったと思われる。さらに本浦から分家して間もなく太郎兵衛、武八、七之助、太三郎と四軒の分家を出し、これらの家々がまた大きくなってさらに分家を重ね、本浦と洲崎を合わせると今日までに三〇軒ほどの分家を出している。

　島では柳原家や木村家以外にも商売を中心に行ってきた家は数多く、それぞれ醤油の卸商、雑貨商、木材の卸商、木綿の仲買、呉服商、金融業、米穀商、漁具屋、荒物屋、豆腐屋、旅館を営み、ほかに鍛冶屋、船大工、桶屋、畳屋、紺屋、床屋などの職人や、産婆、あんま、医者、薬局などもあった。

　もちろんこの島の基幹産業は漁業であり、広く国外の海にまで乗り出して行く漁民の底知れぬエネルギーがこの町を支えていたことはいうまでもないが、漁業が盛んになるにしたがって商工業者もまた軒を連ねていった。そして、その商圏は沖家室ばかりでなく、近郊近在からも客を集め、瀬戸内でも有数の商業の町としてのにぎわいをみせていたのである。

　そして、商家の中でも特に有力な家々は、島のメインストリートに居住して商売をするばかりでなく、自分の所有地に貸屋を建てた。その多くが二軒屋、三軒屋といった長屋形式の建物であった。それを漁民が借りて住んだのである。またそうした住まいがあったことが、他所からの漁民の移住も容易にし、それがまた沖家室の商業を栄えさせることになったのである。

　そして、沖家室の人口が増え戸数が増加していくにつれて、家は上へ上へと屋敷地をひろげていった。上の方には古くから農業を営む家や、分家の時期が遅れた商家もあったが、現在見られる山手の家の多くは、戸数の増加とともに住みついた家で、個人所有の漁家が最も多かった。そのようにして町的要素を持った階段状の集落ができ上っていったのである。

おわりに

昭和五七年九月に『東和町誌』が刊行された。これと並行して昭和五九年度までの計画で、町誌の資料編作成のための調査が続けられている。そのうち比較的調査が進んでいるのが沖家室島で、今回は須藤と森本がそれぞれの視点から、島への接近を試みた。

調査はちょうど半ばをむかえたところであるが、こうしてまとめてみるとまだまだわからないことが多く、これから調べてみたいということも多い。

沖家室の大きな特徴は単なる漁村ではなく、町的要素を強くもった島ということであった。町というのは、単に多くの人々が集り住んでいるということだけではなく、井戸、下水道、道などの整備が不可欠であり、ゴミや糞尿の処理、燃料の確保も多くは他人の手をわずらわせなければ成り立たない。住まいとともにこれらの点を追っていくことも、沖家室に接近するための一つの手がかりになると思われた。

たとえば井戸は島全体で五〇ヵ所ほどが確認されているが、このうち半数は明治以前に掘られたと思われる。一番古いものが寛政二（一七九〇）年であった。これらの井戸は寺や旧家が、最初に住みついた所に掘られた形跡があり、一方では初めから共同井戸を目的として掘ったらしい井戸もある。

また下水道は一定の間隔を保って、側溝が切られているが、早くから島の旧家が住みついたと思われる所が整然としている。逆に漁浦として著しく発展していったと思われる所はこのルールが崩れている。さらに興味深いことに、下水道のルールが崩れている所に共同井戸と思われる井戸が使用されていた形跡があり、またいわゆる漁民住宅の割合も多い。これらの点は沖家室の成り立ちと密接にかかわり合っていると思われ、今後つきつめていきたい問題の一つである。

一方漁業については明治以前のこととなると、古文書類に頼らないと全体像が浮んでこないが、その古文書がいまだ見いだせない。出稼ぎ漁については大わくはおさえることができたが、ハワイに行った人々についてはまったく手がつけられていない。ハワイに行ったまま定着してしまった人が多いからである。また、逆に沖家室にやってきて、漁にたずさわってきた人々の追跡調査も大事なことである。これも沖家室のなかだけでは限界があり、時間をかけて瀬戸内の島々を訪ねてみたいと思う。

今回は主に明治以降の沖家室の姿を浮きぼりにしてみたい、という試みであった。せいぜいさかのぼっても江戸時代後期までで、開拓当初や帆船時代の沖家室の姿は明確にとらえられていない。まだ調査の途上でもあり、それらに関しても今後はメインテーマの一つとして取り組んでいきたいと思う。

なお、住まい、道具、町並についての調査は鈴木清、大川徹、柴田一樹、松丘一徳、川添歩、流王天君との共同作業で行っている。

最後に、東和町教育委員会及び沖家室の皆さん方には、物心ともに多大な協力をしていただいた。改めてお礼を申し上げて結びとしたい。

（須藤　護）

牛窓の写真館

文　谷沢 明
写真　備前牛窓港正本写真館

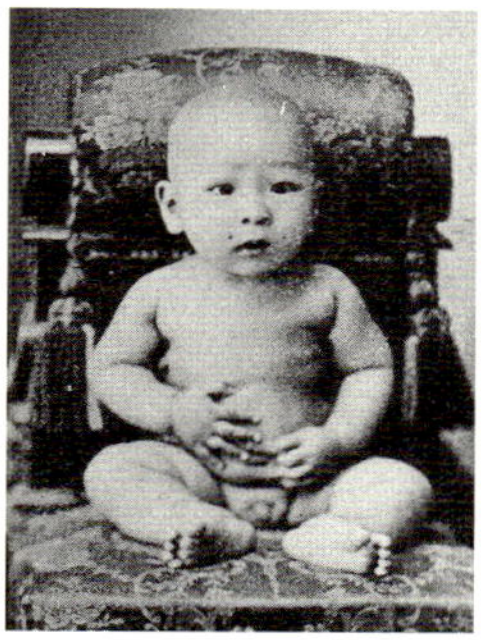

岡山県牛窓港の正本写真館は明治20年創業。明治、大正、昭和の牛窓界隈の写真が保存されている

港町の写真館

岡山から東へバスで一時間余り、牛窓《うしまど》という瀬戸内の古い港町がある。南には唐琴《からこと》の瀬戸をへだて、前島、黒島といった小島が点在する。小島のうしろには小豆島《しょうどしま》、四国の山なみが青くかすんで見える。

海辺に銀鼠の瓦屋根が一筋につづいている。帯のように細長くのびた街である。家並みの裏には山がせまり、平地はほとんどない。海につきだしたいくつかの山の鼻に神社が祀られている。西から天満宮、金刀比羅宮、五香宮《ごこうぐう》（昔は住吉神社といった）など。

港町といっても今は小島通いの船が発着しているだけで、船だまりには小ぶりな漁船がほんのわずかに碇泊しているにすぎない。船着き場の近くには小さな広場があり、三方を連子格子《れんじごうし》の二階屋がとり囲んでいる。料亭、風呂屋、一膳飯屋といった、どこか港町の残照を感じさせる家並みである。

このように静まりかえったところではあるが、江戸時

国産のオートバイ（トーハツ）にまたがる写真館２代目の正本亀《ひさし》。昭和30年代中頃

代の賑わいはひとしおであった。帆船が瀬戸内を航行した時代、牛窓は潮待ち・風待ち港として栄えた。そしてまちには、どこか人の心をくすぐる女たちの妖艶な声が漂っていた。この広場をとり囲む家々が、かつて、船乗り相手の女たちの棲み家であったことは、たたずまいから充分伺える。

　そんな色町の一角、一軒の古い写真館があった。聞くところによると創業は、明治二十年。写真を撮りはじめたのは、さらに古いという。その名は正本《まさもと》写真館。そこには明治初期のガラス板写真をはじめ、大正・昭和初年にかけて撮影された古い写真が、山ほど保存されている。この写真館の歴史や古い写真をとおして牛窓が語れはしないか――その思いが、私とこの土地との関わりのきっかけである。

　ご主人の正本安彦《やすひこ》さん（大正六年生れ）を訪ねること三たび。おだやかな話し口調から、「牛窓の写真館三代記」が語られていく。

「牛窓で最初に写真をはじめたじいさんは、私をぼっけえかわいがってくれたんじゃ。わしゃ男の初孫だったんじゃ。仕事がすんで風呂からあがって夕食がすむと、じいさんはきまって私を膝に乗せ、昔の話をしてくれたもんじゃ」

　と、安彦さんはゆったりと語りだした。

姫路からきた写真師

　カラカラカラ、船が帆綱をあげる音がまちに響きわたり、港の朝があけていく。

　明治初年、まだ帆かけ船が牛窓の港にはいっていた時代のはなしである。港の近くに、蔦屋《つたや》という宿屋があった。間口二間半ほどの格子造の家で、むかって右手入口を入ると、通り庭にそって鰻《うなぎ》の寝床のように部屋が奥深くつづいている。狭いながらもこぎれいな裏庭をもった家構えである。

　牛窓で、最初に写真館をひらいた正本平吉（安彦さんの祖父）は、ここ蔦屋に生まれた。ペリーが黒船に乗って浦賀沖にやって来た四年後の安政四年（一八五七）のことである。父の名は常蔵《つねぞう》、母は葉那《はな》といった。常蔵は材木商を営み、そのかたわら葉那が宿屋をやる、それが蔦屋の稼業である。

　牛窓は港町であるとともに、船大工のまちでもあった。その船材となる弁甲《べんこう》を日向（宮崎県）から仕入れて売り捌《さば》くのが、常蔵の日々の仕事であった。

　港町にはどこか人を引きつける魅力があり、ひと旗あげようとやってくる人があとをたたなかった。正本家もそんな新参者のひとり。常蔵の祖父嘉平治《かへいじ》は、岡山藩に仕えた八十石取りの武士。が、嘉平治の息子平治の代で侍を捨てて商人になり、牛窓で材木を扱うようになったのである。どんないきさつがあったかは知らない。常蔵で材木商は二代目。けっして古い暖簾《のれん》を誇る商家とはいえない。母の葉那は牛窓の人。蔦屋と目と鼻の先にある福元屋という遊女屋の娘として生まれた。この二人が恋心をいだいて結ばれ、平吉が生まれたのである。葉那が女手で宿屋をやったのは、常蔵の商売があまり大きくなかったせいだろうか。それとも、実家の稼業の影響をうけ、生まれつき客商売にむいていて、軽い気持ではじめたものであろうか。

上　唐琴の瀬戸で漁をする漁船。昭和初年
左　備前牛窓町造船所。東町には造船所が並んでいた。大正10年頃

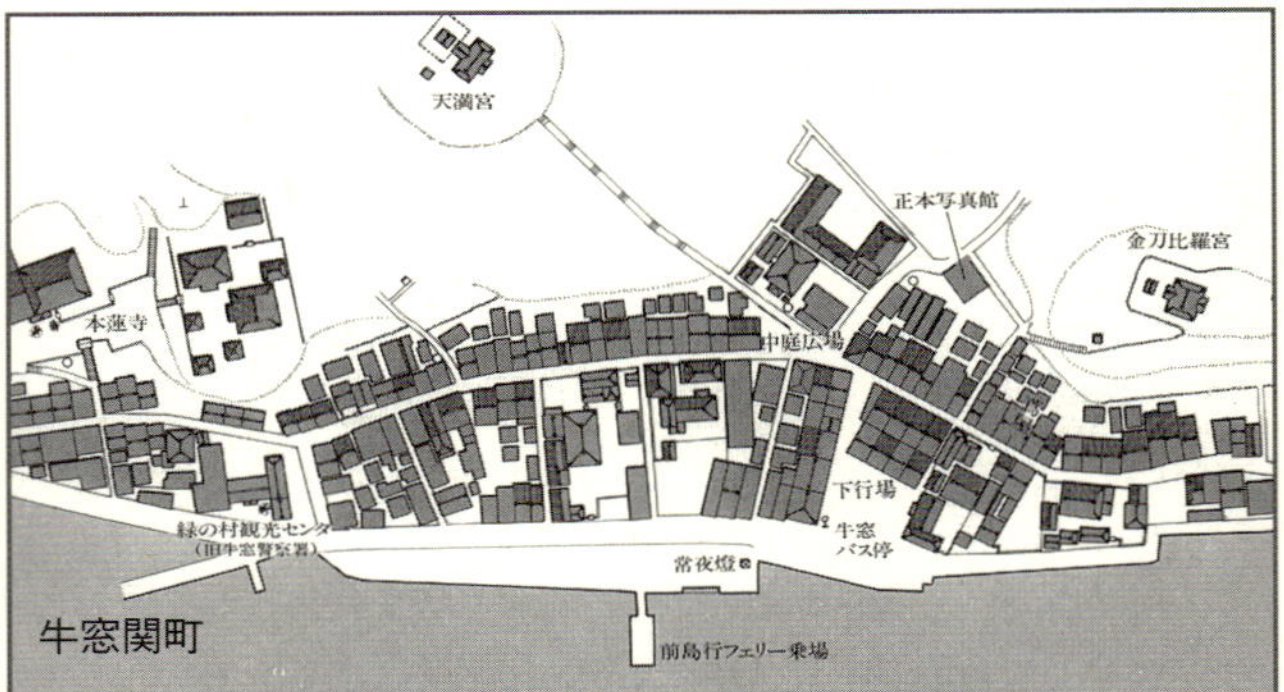

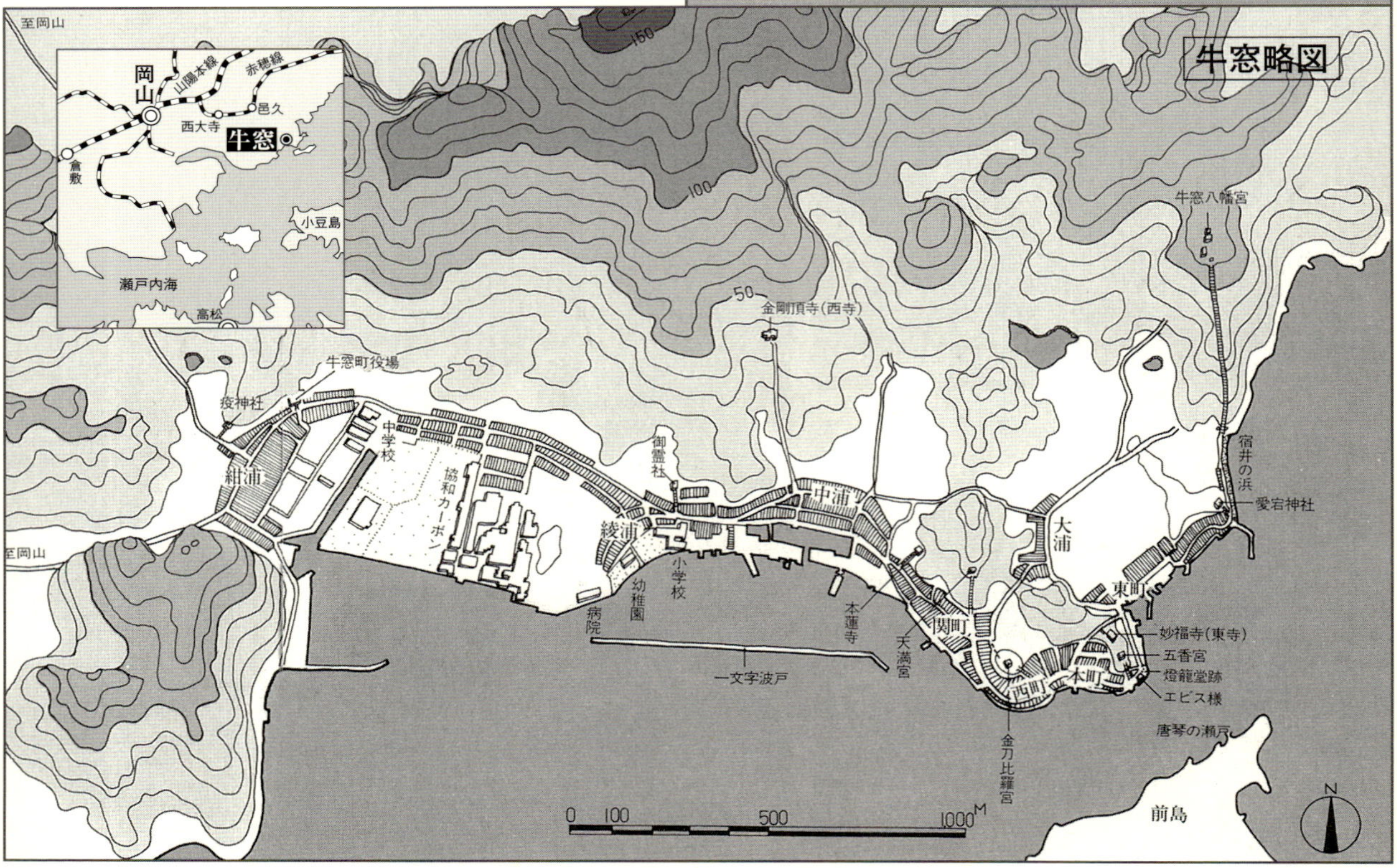

機帆船が停泊している昭和40年代初期の牛窓港

＊

ある日、どこからか得体の知れぬ男が牛窓にやってきて、蔦屋に止宿した。何を生業《なりわい》としているのか、まったくわからない。夜があけるとひととき空を眺め、晴れると荷物を肩に担いで、裏山に出かけていった。なにか良からぬことをたくらんでいるのではないか――台所の片隅で葉那が心配する様子を見た平吉は、次の朝、そっと男のあとをつけた。蔦屋から西へ向かった男は、朝日をうけて白く光った御影石の石段を天満宮へ登っていった。そして、境内の前の畑へ、見たこともない三本足の異様な道具を沖に向かってつきたてた。上は黒い布で覆われている。

平吉は、天満宮の木影にかくれ、その男のしぐさを、息をこらして見守っている。すると男は、とつぜん頭を黒い布の中につっこんだ。驚いた平吉が、男に近づき声をかけた。

「お客さん、これはどういうことなら」

「宿の方ですか。どうぞいっぺんごらんなさって」

男はふりかえり、平吉にいった。平吉が恐る恐る、黒い布の中に頭を入れる。

「黒島、前島がさかだちしておった」

平吉は驚きのあまりすっとんきょうな声をあげた。それまで見なれていた牛窓の風景の海と空が、ガラス板にさかさまに映ったのである。

「こりゃあ、いったい何ちゅうもんなら」

平吉は夢中で男にたずねた。

「近ごろ異国から入った写真機いうもんじゃ」

「写真機いうたら何をするもんなら」

帆をかけて前島へ向かう渡し船。
昭和初年

「ごらんのとおりガラスに映っとる風景を絵にするもんじゃ」

やりとりがつづく。が、どんなに説明を聞いても、写真機なるものがいかなるものか、平吉にはまったく理解できなかった。はじめて見るものだから無理もない。

「とにかく宿に帰り、黒島と前島の絵をお目にかけよう」

男は三脚をたたみ、石段をおりた。陽が暮れると、男は、暗がりの中で薬を調合し、一晩かかって現像をした。翌朝、一枚のガラス板が平吉の目の前にあらわれた。

「寸分ちがわぬ」

きのう見た黒島、前島の風景が、ガラス板に克明に写っているではないか。平吉は、身動き一つせず、男のさし出したガラス板に見入った。

「ところで、人も写しよることができるんか」

平吉がたずねると、男は、

「目に見えるもんだったら何でも写せる」

と、こたえた。

平吉は、すっかり写真のとりこになってしまった。男は姫路からやってきた写真師で、牛窓の風景を写しに来た、ということを明かしてくれた。それからというもの、平吉は、その写真師を案内して、付近を歩きまわるという毎日であった。

「はっきりしたことはようわからんけども、どうも、おじいさんの十代のことじゃろうなあ」

安彦さんは、平吉じいさんがはじめて写真機に出会った時期をあれこれと推察した。

正本家には、平吉の妻小春が長男常次郎を産む直前の写真が保存されている。桐箱にはいったその写真には、手拭いであねさんかぶりをして、大きな腹をかかえた小春が緊張した面持ちで写っている。ちなみに、平吉と小春は、かぞえで十七歳と十六歳で結婚。平吉が満二十歳の明治十年、常次郎が生まれた。

また、牛窓の旧家には、平吉が写した写真が何枚か残されているという。岡造船所には、「備前牛窓港正本」の印が押してある写真があって、それには、明治十一年と撮影年度が墨書きされているという。これらを考えあわせると、牛窓に写真術がはじめてもたらされたのは、明治十年前後のことと推定される。長崎の上野彦馬《ひこま》、横浜の下岡蓮杖《れんじょう》が日本で最初の写真館をひらいたのが文久二年（一八六二）。それから数えて約十五年後のことである。

散乱したゴミの跡片付けに追われる台風一過後の牛窓。戦後（撮影年不明）

大正末期頃の牛窓港。停泊する船もまだ帆前船

平吉、写具館をひらく

姫路の写真師が牛窓を去る日がきた。もう、平吉はじっとしていられない。何が何でも写真技術を身につけ、写真機を手にいれること、それだけが平吉の願いであった。親に頼みこみ、姫路に行くことを許してもらった。平吉は一人息子であり、ゆくゆくは材木商を継ぐ身である。若いうちは息子を遊ばせておこう——親も多少はそんな港町の人らしい大らかな気持があったのかもしれない。

平吉は路銀を懐に、その写真師のお供をして、徒歩で姫路に向かった。修業期間およそ一カ月。そこで写真技術の基礎を習う。きれいに磨いたガラス板の上に感光剤を塗る「チョウゴウ」を修得。その「ヌレイタ」が乾かぬうち「トリワク」にいれて写す撮影技術や現像も身につけた。いわゆる日本で最初に普及した湿板写真の技術を習ったのである。ちなみに、今日の乾板写真にかわるのは、明治十五年前後のことである。やがて平吉は、写真機、レンズ、三脚、そして写真機材一式を購入し、それを背負って牛窓に帰った。

「蔦屋の若主人がおかしなことをはじめよる」

町中の評判になった。

「平吉さんが、その前へ立てれえいうても、絶対に立っちゃならんぞ」

「あれは命をグウーと引取るんじゃけん、あの前に立ったら若死にするぞ」

まちでは、そんなささやき声を耳にした。

写真機を持ち帰ったものの、他人はなかなかその前に座ってくれない。しかたなく、家族を写真機の前におく。

「みんながあないなことというが、平吉さん、せわないか」

やはり家族にしても、同様な心配を懐いていた。とくに、三人で写真に写るときは、真中の人が若死にする、とのちのちまでいわれた。そのため、撮影小道具にぬいぐるみの人形や犬の置物を加え、三という数を避けた。古い写真を見ると、そんな小道具が写っていることが多い。これは牛窓に限ったことではなく、各地に広くみられた撮影習俗である。

父の商売を手伝いながら、平吉の写真道楽がつづく。明治十七年、平吉は、山陰の城崎《きのさき》温泉に清遊した。そのときである、「チチキトクスグカエレ」の電報がはいった。

二人力《ににんりき》の人力車を走らせ、平吉は蔦屋にとび帰った。が、父常蔵はすでに死んでおり、葬式をだそうとしていたところであった。

父のなきあとの数年は、平吉が材木商を継ぐ。しかし、生まれつき商売に不向きな人間であったのか、あまり熱がはいらず、写真を撮っては遊んでいた。妻の小春は、姑の葉那の宿屋を手伝うかたわら、浜のベッピンさん（遊女）に三味線や踊りを教えながら、家計を助けた。

そんなある日、小春がふと、もらした。

「近ごろベッピンさんが相乗りの人力車でよう岡山へ行きよるがどこへ行くんかいなあ」

話を聞いてみると、岡山蓮昌寺《れんしょうじ》の近くに、最近、写真館なるものができ、どうもベッピンさんは客を誘って、そこへ行くらしい。

「おとうさん、どんなもんかいっぺん行って買《こ》うてみたいが」

と、小春がいった。

「そんなら買うてきてみい」

平吉がこたえる。

岡山から持ち帰った写真を前にした平吉は、

「このくらいのことなら、ワシでもできる」

と、軽く一言。そこで小春がすかさずいった。

「あんた、技術もってるんだから、遊ぶ道具じゃなく、お金をもろうてやるように考えんじゃろうか」

平吉がうなずいた。

いよいよ「正本写真館」の看板があがったのである。それは、明治二十年のことであった。まちは、江戸時代の面影を、少しずつかえようとする時期であった。港の繁栄を基礎に、莫大な財を蓄えた豪商・奈良屋が店をたたんだのもちょうどそのころのことである。また、その年、肥後（熊本県）の殿様が参勤交代の途中休息した御茶屋がとり壊された。そして跡地に、目にもまぶしい白い漆喰塗りの牛窓警察署の洋館が建てられ、庭先にあの奈良屋の蘇鉄が移植された。

ところで、当時の写真撮影は、二、三秒の露光時間をかける。そのため、陽ざしが強いと、人間はまばたきをしてしまう。少し曇りがちな明るい日を選んでの野外撮影が一般的で、正本写真館の仕事も天気しだいであった。ほどなく、北向きの山の根をかりて、露天の写場《しゃじょう》をしつらえた。船具屋へ行って大きな帆布を買い求め、上下に竹をとおして、山の斜面に置いただけの写場であった。できあがった写真は、桐箱に入れて客に手わたす。

当時、大小二種類の写真があった。大は手札ほどで六銭、小は名刺ほどで三銭と、かなり高価である。

この写真が花街の女たちにうけた。

小春が踊りや三味線を教えていたという関係も手伝って、つぎつぎに客がやってきた。金がたまると、蔦屋の裏に別棟の二階屋を新築し、二階を大広間の写場とした。書割《かきわり》や椅子などの小道具を買いこみ、いよいよ本格的な営業がはじまったのである。

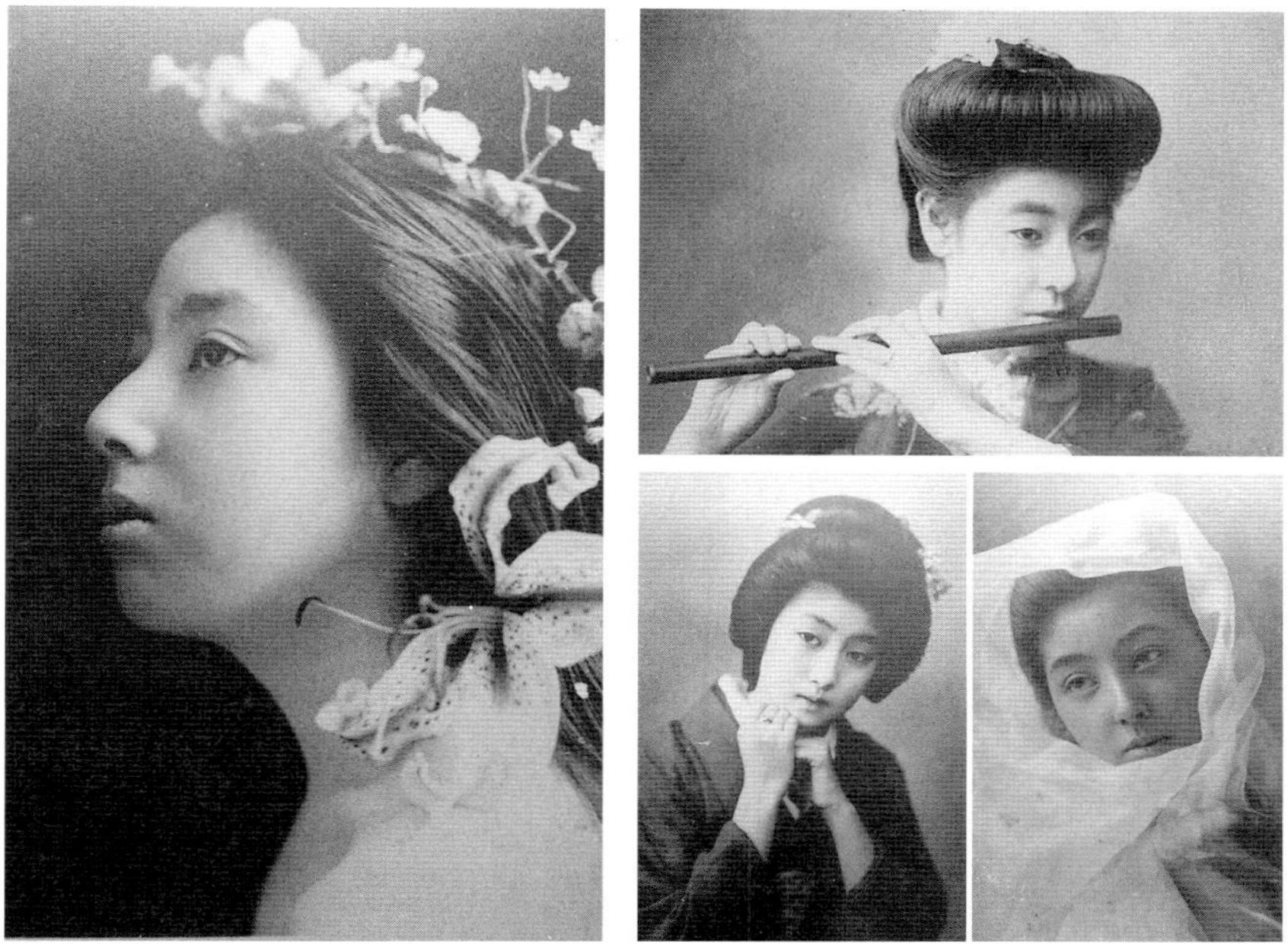
写真館2代目正本亀は大正末から昭和初期にかけて麗人の絵葉書を作って売った

二代目はシンモノクイ

平吉には常次郎を頭に五人の息子があった。以下、柾次郎《まさじろう》、秀男、亀、陽一《ひさし》とつづく。

最初、平吉について写真術を習ったのが常次郎。大柄な男であり、元来、手先があまり器用ではなかった。そのため、三脚でつまずいたり、写真の修正のときいねむりをして、作品をキズつける失敗がたび重なった。平吉も、一人前の写真師に仕立てようと、口やかましく小言をいう。それに堪えかねたのであろう。

「わしゃあ、写真はもうごめんじゃ。どうも性分にあわん」

と、いって写真屋を継ぐのを断念。蔦屋の店先を改造して骨董屋をひらいた。常次郎は釣りが好きな男で、暇さえあれば小船で沖に出ているといったのんきな性分であった。次男柾次郎は、東京に出て高等師範にすすみ、教員になった。絵が好きな男で、よく油絵を描いていた。三男秀男は六歳で、ジフテリアにかかって幼い命を絶つ。

そこで跡継ぎにしむけられたのが、四男の亀（明治二十七年生れ）。亀は兄柾次郎の影響をうけ、絵が得意で、将来は、絵かきになりたいという夢をいだいていた。

「世の中には絵かきはごまんとおる。亀、おやじの跡を継いでみる気はないか」

兄柾次郎は、亀が絵かきになるのを断念するように言いきかせる。

が、亀は首をタテにふらない。

「お前の絵は確かにいい、その絵の素養が写真で充分生かせるはずじゃが」

正本写真館に残る歴代の家族写真。上段右から初代写真師正本平吉（明治45年頃）。２代目亀。3代目安彦（小学校入学記念）。下段右から初代平吉の妻小春（明治10年頃）。小春と孫の定子（大正初年）。亀とその妻政尾の婚礼記念写真（大正5年）。写真左上から端午の節句の記念写真。左から安彦、欽也、政尾（大正初年）。常次郎が開いた骨董屋（大正初年）

牛窓にまだ2台しかなかった自転車に乗り生家蔦屋界隈を走る写真館2代目正本亀。明治末

柾次郎がいくらおだててもダメであった。

すると、父平吉が、

「亀や、わしの仕事を継いでくれるなら、自転車を買うてやろう」

と、もちかけた。その一言で、めでたく跡継ぎが決まった。

当時、牛窓には、自転車はたった一台しかなかった。それも、医者が往診につかっているもの。亀は、その自転車がほしくてたまらなかったのである。

亀は、平吉に劣らぬ「シンモノクイ」であった。シンモノクイとは、新しいものずきのこと。平吉にしてみれば、どの切り札を出したらいいか、充分にわかっていたのである。そんないきさつで、二台目の自転車が、牛窓では写真館にはいった。この自転車にまたがり、颯爽と古い家並みの中を走りぬける一枚の写真が、正本家に残されている。道端で亀を見守っているのが平吉。撮影者は、骨董屋に転業する前の常次郎。正本家にとっては、やれやれの一瞬であろう。

港には、それまでの帆船にかわって、焼玉《やきだま》エンジンをつけた機帆船《きはんせん》があらわれはじめた。パッパッパッ……始動しはじめたエンジンからは、白い煙が朝の海辺にたちのぼる。そして、ポンポンポン……とエンジンは音をかえ、船が港を出ていく。

*

亀が二十歳になり、正本写真館二代目としての活動が始まるのは、大正初年のことであった。まちでは、牛窓電気株式会社が送電をはじめ、家々に電燈が灯った。また、牛窓と西大寺《さいだいじ》の間に乗合馬車が走るといった新しい時代の波がおしよせていた。

　この時期、庶民が写真を撮る風習がしだいに根づいていく。それまで、浜のベッピンさんを主な得意先としていた正本写真館も、さまざまな写真をさかんに撮るようになった。

　古いアルバムをひらくと、学校の卒業式、家々の婚礼、むらやまちの春秋の祭りと、記念写真の機会が格段に増えたことがわかる。それに加え、牛窓高等女学校の生徒が交換写真につかったものとか、牛窓八幡宮下の宿井《しゃくい》の浜に海水浴にやって来た避暑客の写真と、じつに内容が豊富になってくる。そして、撮影した写真を絵葉書に印刷することも行なわれ、人びとは、それを争って買い求めたのである。正本写真館には、邑久《おく》郡一円の農村から、つぎつぎにお呼びの声がかかってくる。正吉は牛窓のまちで仕事。亀がご自慢の自転車に乗り、出張撮影に出向いていては、得意先をひろげていく。

　オートバイが出まわると、亀はさっそく入手し、当時、邑久郡では三台しかなかったオートバイにまたがった。

何度か乗り替え、長らく愛用したのがトライアンフ。六五〇CCの英国製であった。ちなみに、オートバイで世界の五大陸を股にかけた畏友・賀曽利隆氏の言葉をかりると、トライアンフは、B・S・A、ノートンと並び称される名車のひとつ。当時、オートバイといったらイギリスかドイツかといわれた時代で、舶来品の中でも超一級品といえる。亀は、このクルマにクラクションやライトを二つも三つもつけて、車体を華々しく飾りつけた。

　シンモノクイの亀は、当然、舶来品好み。日本製ははなから見向きもしない。無論カメラも舶来品。レンズは、ドイツ製テッサーを愛用。オートバイの荷台に写真機を積み、身体には撮り枠の入った鞄をタスキがけ。それが出張撮影のいでたちであった。

　ダッダッダッ……、オートバイは砂埃をあげて、田舎道を疾走。

「牛窓の写真屋がやって来た――」

　野良で働く人びとは、鍬を投げすて道端に駆け寄り、オートバイが見えなくなるまで後姿を見送った。

　ある日、むらの旧家の婚礼写真撮影の依頼があった。が、主人はなぜかゴキゲンななめである。

海水浴客。大正末期

「正本さん、せっかく高い金を払うてあんたを頼んだんじゃが、うちに来るんじゃったらオートバイで来てくれにゃあいけん」

　と、主人が不機嫌にいう。

あいにくその日はオートバイの調子が悪くて、自転車で出かけたのがまずかった。

「まあー見よってみい、牛窓の写真屋はオートバイに乗ってダーと来るんじゃ」

　と、その主人は親戚中にふれまわり、嫁入りの日を心待ちにしていたのだ。

「わしゃ、今日は泣いたんじゃあ」

「そんなら、もういっぺんやりなおしましょうか」

「嫁が里帰りから戻ったら、もういっぺん来てくれるかのお」

　こんな按配で、その場がまるくおさまる。

　当時、これといった交通ルールもない時代である。ある日、亀が擦り傷を負って帰宅した。家族が心配してたずねたところ、軽い事故をおこしたという。野良道の真中をじいさんが、天秤棒（オオコ）でわらの籠（フゴ）をかついで悠長に歩いていた。

――年寄りじゃけえ、クラクションをあまり遠くで鳴らしても聞こえんじゃろう。

　そう思って、近くでクラクションを鳴らしたところ、間にあわず接触事故。じいさんは天秤棒をかついだまま、田んぼの中にころげおちた。

「キサマァ」

　泥だらけのじいさんはいきりたち、天秤棒を高々とふりあげた。そして、すさまじい勢いで亀の頭上をめがけた。

　そこで視線があった。

「あんた、牛窓の写真屋様じゃないんかのお」

　亀が、いかにもとこたえると、

「それはすまんことを言うた。まあ、こらえてつかあさい」

　と、天秤棒を引っこめた。亀が詫びると、

「はねられたわしがわるいんじゃ」

　と、逆に謝ってくる。

　当時は、写真撮影で多少の失敗があっても、撮られた人間の方にどこか落ち度があったのではないか、と逆に写真屋を気遣うといった風であった。いかにも写真屋様々の、のどかな雰囲気に包まれた時代であった。正本写真館につぎつぎにお呼びがかかるのは、そんなむらむらの晴れがましい席に、亀はまことにうってつけの人物として、人びとの目に映ったからであろう。

トライアンフと亀

二代目亀の舶来品好みは、単なるカッコ良さを求めたのではなく、職人気質に根ざすものであった。

「舶来のレンズは、髪の毛一本まではっきり映る。小さな写真じゃ、和製のレンズを使っても見分けがつかんが、ごまかしちゃいけん」

　一つの仕事に対する取組みを、亀はそんな言葉で息子にはなした。そして、生涯が技能の修業だ、と信じてやまなかった。優れた技術に対する畏敬の念を人一倍強くもっていたのである。愛車トライアンフへの惚れこみも、そんな気持から起こったものであろう。

出張撮影から戻った亀は、家が見えはじめる天満宮の下にさしかかると、きまってクラクションを鳴らした。ピッピィーと、かん高い音が響く。すると、息子の安彦がハタキを持って、玄関で待ち構える。砂埃でまっ白になった衣服のホコリをはたき、次にオートバイの掃除をする。それが息子の日課であった。

＊

昭和十年代にはいると、時代はしだいに戦時色を強めていった。

昭和十二年、息子の安彦が二十歳になり、徴兵検査を受ける。ちょうど支那事変の年と重なっていた。戦争がはじまると、出征する兵隊が、写真機の前に何人も座った。あるいは、再び故国の土を踏むことのできない人となるかもしれない。お国のために励まされた、息子と同じ歳格好の若者を前に、どんな気持でシャッターを押したことであろうか。

小学校の卒業記念写真。正本写真館は邑久郡一円の学校を得意先とした。大正時代

戦争が激しくなると、オートバイ供出のうわさがまちに流れた。すると亀は、出征家族の慰問写真を撮らにゃいけんとか、警察の犯罪証拠写真の撮影に協力するとかいって、ありとあらゆる口実をつくって、供出をしぶった。が、時代の流れには勝てなかった。軍部から供出の命令書をつきつけられたときは、まるで息子に召集令状が来たかのようにふさぎこんだという。

「わしゃ、足も腰もぬけてしもうた」

そういいながら、オートバイに乗って宮詣りに出かけた。きっと愛車と最後の別れをするつもりであったのだろう。

終戦を迎えたある日、

「県庁でトライアンフに乗りよるぞな」

そんなうわさを息子の安彦が聞きつけた。そんなはずはない、軍に供出したはずである。が、もしやと思って県庁に出かけた。まぎれもなくそれは亀の愛車であった。毎日、掃除をおおせつかった安彦にしてみれば、どこにどんなキズがあるか知りつくしていたのである。

調べてもらうと、現に書類も残っていた。おそらく、戦地にはもっていかず、国内の連絡用にでもと残しておいたのであろう。

戻してもらおうと交渉する。

「九十九円で買いあげたという領収書もある。それを戻せとは何ごとか」

と、役人がいった。

「金くれなんぞと請求せんのに、あんたの方から勝手に九十九円持って来たんじゃろうが」

と、やりあう。供出でクルマがなくなるから、その代償として受けとれ、と金をもらったのは事実である。

「戦争に勝つために出せ、いうて持ってったんじゃろう。ところで、戦争に勝ったんかいなあ」

海に面した下行場で毎年行なわれた盆踊り。広場を囲む家々は遊女屋。昭和25年頃

と、安彦はしぶとく、くいさがった。役人もとうとう折れ、再び九十九円で買戻すことに決まった。が、書類が整うまで一カ月かかるという。その間、若い役人たちがずいぶん乱暴に乗りまわしたらしい。修理工場に受取りに来るように、との引渡しの通知が正本家に来た。修理工場にいったものの、多大な修理代が滞っていた。

「金を払うてくれにゃあ、クルマをわたすわけにゃあいけん」

と、工場主。

「これはうちで乗ったわけじゃないけん、払わん」

と、安彦も譲らない。はたまた交渉が長びく。

ところが、いつの間にかトライアンフは正本家に戻っていた。

「おとうさん、どうしたんじゃ」

「もういわんでええ。いうな」

愛車を前にした父と子の短いやりとりであった。父の亀が、くやしさをこらえ、ないしょで金を払って、オートバイを受取ってきたのである。かりに、トライアンフにふさわしい人が乗っていたとしたら、亀はおそらく、そこまではしなかったであろう。

終戦直後のモノのない時代、亀は、はるばる東京から部品を一つ一つ取寄せて、自らの手でそのクルマを整備した。ネジ一つとってみてもおろそかにせず、最後のひと締まりがきく、自分好みの舶来品をつかわねば、気のすまぬ質《タチ》であった。そして、供出のとき、押入れの奥にそっと隠しておいた付属品をとりだし、再びオートバイに取付けた。

トライアンフはみごとに蘇ったのである。

亀にしてみれば、これでようやく戦争も終わったんだ、という実感をもちえたにちがいない。おそらく、舶来の写真機に対する思いいれも、オートバイと共通するものがあったであろう。

晩年の亀は、さすがに六五〇ＣＣのトライアンフを操る体力はもちあわせていなかった。事故を心配した息子が、小さなオートバイを父に贈ると、

「こないなクルマへ、わしを乗す気か」

と、一喝したという。しかし、こんなクルマかっこ悪うて乗っていけん、といいながらも、目を細めて息子の買ってくれたオートバイにまたがった。

亀が亡くなったのは、昭和三七年。死の三日前までオートバイを乗りまわしていた。

天満宮下の広場で「おいらん道中」を演じる伊勢神楽。昭和25年頃

本蓮寺《ほんれんじ》の墓

いま私は、亀が蔦屋の新家《しんや》としてたてた家の中にいる。蔦屋からやや奥まった山の根にその家はある。家構えは、堂々たる二階屋で、すでに半世紀の時の流れが刻まれている。

そこで、正本写真館三代目安彦さんと対座している。安彦さんは、朝が遅い。寝起きをおそって話を聞くことが、何度つづいただろうか。

「うちは花街といっしょで、とにかく人が遊ぶときが忙しかったもんじゃ」

安彦さんは、そんな風に写真屋稼業を語った。とくに、正月や春秋の祭りには、目のまわるほどの忙しさであった。今もって生活が不規則なのは、あるいはそのせいであろうか。

「親父が元気で頑張っていたころは、ほとんど世間づきあいができりゃあせなんだ」

と、安彦さんはさみしさをこらえていった。

「父は職人ひとすじの人じゃった。人のお世話は二の次の人じゃった……」

亀はまちの人気者であったが、世間づきあいを自分からすすんでする、といった人ではなかった。それは仕事柄、いたしかたないことである。

が、安彦さんは父とちがっていた。

青年団長、消防団分団長、区長と、つぎつぎ公職を引受けた。人に頼まれると、イヤといえない性格も多少手伝ったかもしれない。が、それは写真屋稼業が軌道にのった三代目の旦那としての役目でもあった。

ここで、安彦さんのことにふれなければいけない。くりかえすが、大正六年の生まれ。丸顔のおだやかな風貌である。写真屋の息子として、亀が買ってくれたカメラで、十七、八歳のころから写真を撮りはじめる。

初代、二代といった、写真師としての草分け・激動の時代はすでに終わっていた。

亀が撮影、現像した写真の水洗・乾燥の手伝い、あるいは台紙貼りをしながら、しぜんに写真技術を修得した。その時期、これといったエピソードがないのが、安彦さんの人柄かもしれない。またその後、二十代から三十代前半にかけてのこれからという時期、戦争で写真屋とし

木下サーカスの興行テント。昭和30年代

映画館の美奈登劇場。ここで追善興行が行なわれることもあった。昭和30年代

ての活躍の機会を阻まれてしまう。

戦争がはじまると、安彦さんは監視隊にはいった。牛窓の上空を飛んで来る飛行機の音を聞き分け、どんな敵機がやってきたかを通報するのが役目であった。来る日も来る日も、丘の上で空を眺めてむなしくすごしていたにちがいない。

戦争が終わり、父の亀がオートバイの部品探しに熱をいれていたとき、安彦さんは印画紙や現像液の写真材料の入手に奔走した。リュックサックを背負い、スシ詰めの列車にしがみついて、父のつかう材料を揃えに東京までいくたびとなく出かけていった。

父亀の仕事を、そんな形で助けていたのである。

戦後の復興も終わり、世の中はしだいにおちつきをとりもどしていった。夕方になると赤や紫の灯が色ガラスからこもれ、三味や締太鼓の音がにぎやかに響いていた港の花街は、すっかりなりをひそめた。

風待ちや潮待ちをしながら航行する船そのものがなくなったからである。また、海上輸送にかわり、物資の大半が陸路を運ばれる時代に移りかわっていた。船乗りを相手にした港の遊女屋も、明治・大正・昭和初期と、形を変えながらも生きのびてきたが、それも、昭和三十三年売春防止法により、すっかりさびれはててしまった。

ちょうどそのころ、まちの写真屋も、一つの時代の転機を迎えた。

カメラの大衆化がすすんだのである。

昭和三十三年、初の一眼レフ・ペンタックス発売。三十四年、ハーフサイズ・オリンパスペン、そして自動露出のキャノネット発売と、つぎつぎに手軽なカメラがまちに出まわっていった。

「これからは、アマチュアの人のカメラいうものが相当売れるな」

「安彦、写真ちゅうものは、そんな安物じゃない」

と、毎晩、きまって親子喧嘩がはじまる。

「素人の写真を現像するような営業なら、昼寝でもしとれえ」

亀は、写真は高級なもので、おいそれと素人が手を出すものではない、と固く信じている人であった。親の目を盗んで安彦さんは、若い写真屋仲間とつくった研究会に出かける。また、求めに応じ素人に写真の手ほどきをする。そのたびに亀は不気嫌な顔をした。

「写真は職人芸じゃ。その貴重な技を、素人にまで伝授するのはもってのほかじゃ」

亀は怒った。

しかし、そうでもしないとこれから営業をつづけていけないことは目に見えていた。三代目として、家業の存続を考えると、眠れぬ日がつづいた。祖父の苦労話を幼な心に刻みこまれ、父の生きざまをつぶさに見てきた安彦さんにとっても、気持の上ではおそらく父の言葉に従いたかったにちがいない。

先にもふれたが、カメラが大衆化した数年後、亀が亡くなる。

「オートバイで三途の川を飛びこしていきよりました」

安彦さんの言葉をかりると、そんな生涯であった。安彦さん四十五歳のときである。ちょうど長男の仁《ひとし》さん(昭和十六年生れ)が、写真の技術を習得した時期と重なっていた。

四代目を仁に引渡そう、安彦さんはひそかに心に決めた。

天満宮の下に、小さな家を持っており、貸家にしていた。そこを改装して息子の店とすることにしたのである。棚に写真材料を入れ、ショーウィンドに、出まわりはじめた大衆カメラを並べた。そして、息子の仁を前に、

「お前、明日からこの店をやれ」

と、いってポンと新しい預金通帳をわたしたのである。

写真屋として新しい時代をのりきるためには、D・P・Eの仕事をやらなければ、と主張したものの、安彦さんは何を思ったのか、自らは、その新しい店の主人にはならなかった。

「仁はD・P・Eをやれ。わしは、おやじの残した家で、撮影専門としてこれからやっていく」

安彦さんはそう宣言した。どんな気持であったのだろうか。そして、店を盛んにするも、くいつぶすも本人しだい、あとは好きなようにせい、それがはなむけの言葉であった。

＊

春を迎えた瀬戸内の海は、うららかな陽ざしをうけ、白く光っていた。

まちの様子はめまぐるしく移りかわっていったが、前島、黒島と、唐琴の瀬戸に浮かぶ島々の風情は、初代写真師平吉が百年前に見た姿とどれほどかわっていようか。

眼下に瀬戸内を望む丘の上には、本蓮寺という寺がある。室町時代に建てられた日蓮宗の名刹で、江戸時代には、瀬戸内を往来する朝鮮通信使の宿泊所としてつかわれたという由緒をもつ寺である。この寺の裏山に、平吉、亀が眠る正本家の墓がある。墓所からは、三重塔ごしにのどかな瀬戸内の海が見える。

墓は、昭和五十九年、写真館創業百周年を迎えるに先だち、安彦さんが建てたものである。人の背丈ほどもあろうか。三脚を形どった石柱の上に黒ミカゲの写真機が乗り、花立てはフィルムを入れるパトローネ、香炉は現像パットという形で、異彩を放っている。温厚な安彦さんにしたら、ずい分思いきったことをしでかしたものである。まさかあの世に行ってまで……と、牛窓の写真師たちは、墓の下でおそらく苦笑いしていることであろう。

港牛窓姫咄

工藤員功

牛窓港を出向していく帆船。昭和10年頃。写真・正本写真館

備前牛窓は、今（昭和六一年）、町をあげての観光開発が進み、リゾート地として歩みはじめている。

瀬戸内の港町として生き続けてきたこの町に、春になり、夏が来ると休日を利用して家族連れや、若者たちがどっとおしよせて来る。その多くが京阪神地方からの人たちで、ことに若い女性の連れ立っての姿が多い。

ペンション村があり、しゃれたリゾートホテルがある。テニスコートがあり、瀬戸内の静かな海にヨットがマストを並べている。

しかし、観光シーズンのはずれた時期、海沿いに続く町並みは、どこか寂しさをただよわせている。

「牛窓は、昔と比べるとずい分変わりましたよ。私らが子供の頃と比べてもそうですが、親父や爺さんの頃には、今の牛窓からは考えられんほど賑やかだったそうです」

と、話していた中年にさしかかったバスの運転手の言葉を思い出す。

町の背後に続く小さな山のひとつに、天神さんが祀られている。そこに登り、港を見下ろすと、牛窓の港町の西半分が一望でき、天神さんのすぐ右手下には、美しい三重塔のある本蓮寺が、墓地を背に建つのも眺められる。

のどかな瀬戸の海と港。その港の沖あいすぐのところには、町と平行する形で横一文字の防波堤がのびている。一文字波戸《はと》と呼ばれるこの突堤は、元禄八年（一六九五）牛窓港に出入りする船の安全をきすために築かれたものだという。ということは、すでに当時から多くの船がこの港に出入りしていたことを示している。そしてこの波戸の築工により、さらに多くの船がこの港に錨《いかり》を下ろした。

眼下に続く甍《いらか》の波と、一文字波戸の横たわる港を見つめていると、帆船《はんせん》がひしめき合うようにして碇泊していたであろう往時の姿が、ごく自然に思い浮かんでくる。

牛窓は瀬戸内海を航行する船の寄港地として栄えた港町だった。

当時は、大阪を出帆すると、兵庫・室津《むろつ》・牛窓・下津井《しもつい》・鞆《とも》と、順に寄港し、下関まで航行したのである。

そうした帆船時代の航行は、今の船とは比較にならないほど自然に強く左右されてのものだった。潮の干満、潮の流れに気をくばった。そして風がなければ船足は滞り、また逆に風雨が強過ぎると航行は困難を極めた。船はもとより、船乗りたちの命も、絶えず自然の猛威にさらされての航行だった。それだけに、船乗りたちが港で一時の安らぎを求める気持は強かった。

そこで港町に必然的に発達したのが女郎屋であった。いつ何時、命をおとすかも知れない船乗りたちにとって、一時の安らぎを与えてくれるのは、何よりも女の存在が大きかった。

海上での死と背中合わせでの作業も、故郷《くに》の両親や家族を想って必死に耐え、もうじき入る港町での一時の安らぎを想い浮かべて力の限りに船を操る船乗りだけに、それはなおさらのことだった。物資の上げ下げ、それにともなう人々の動きが、港町の活力であると同時に、港町は男と女の一時のドラマの舞台ともなったのである。

　ここ牛窓も例外ではなかった。牛窓に女郎屋がいつの頃からできていたのかは定かでないが、港町としての繁栄を極めた江戸時代から明治にかけての頃には、夜ともなると三味・締太鼓の音が、それに男女の矯声が港に満ち、それは賑やかなものだったという。

　繁栄を極めていた牛窓の、明治はじめの女郎屋の数は二十四軒、女郎は百八十八人もいたという。それらはみな、今、天神さんの山から見下ろす町並みの左手、関町とよばれる一角に集中していた。

　その女郎屋から、夕方になると女たちがチョロ船に乗りこみ、碇泊する船の間をぬうようにして目的の船まででかけたのである。女たちは、港に入ってくる船の形や帆印で馴染の船を見わけたという。チョロ船は、普通五尋《ひろ》半から六尋半くらいの、船敷《かわら》が広く、上棚の深い丸形の船で、チョロ師という元気な若者が漕いだ。

　目的の船にチョロ船を横づけし、女の顔見世をしながら売り込んでいく。話しがまとまると、女たちは船に上り込む。そうして相手に決った男の衣類の洗濯からつくろい、食事の世話など一切をする。つまり、一夜妻のようなものであった。港の中には、碇泊する船の間を、食料品から雑貨類を積んで販売する船があり、必要なものはその船を呼んで買った。女がそうして酒や夕食の仕度をしている間に、男たちは陸《おか》に上り銭湯に入りに行く。

　女たちは、すでに風呂は済ませてある。たいてい銭湯の一番風呂に入るのが常だった。身体を洗ったあと、最後にうなじに白粉をつけてもう一度湯につかり、白粉を肌になじませて帰り、化粧をして出かけたのである。格子越しに女たちの化粧する姿を子供がのぞいたりする光景も、港町独特の風情であった。

　そうして、女たちが碇泊する船に行ったあと、今度は、真っ黒に潮焼けしたまるでオットセイのような船乗りたちが銭湯にやってくる。そうこうするうちに、三味線や太鼓の音、そして男女の矯声が港の船上から、あるいは、女郎屋から聞こえてくるのである。陸に上がり女郎屋で遊ぶ船乗りもいたし、船の客として瀬戸内海を行き来する商人などの旅人や、牛窓に住むもの、奥地の村方から来る客もいたのである。

　強い西風が吹くときには、船はみな東港の方に碇泊した。そうしたときには、関町の女郎たちは三味線や太鼓を持ったチョロ師に引き連れられて東港へと出かけた。はじめのうちは海沿いの町すじの道を通っていたようだが、いつの頃からか、それは禁じられた。町すじの風紀上このましくない、また途中の西町にある岡山藩主の別荘、御茶屋の前を通るのはよろしくないという理由からであった。そこで山道を通って行った。それも夕暮れ時か夜明け時が多かった。その途中で、土地の若者たちが待ち伏せていて、チョロ師にわずかの銭をにぎらせ、馴染の女郎を納屋や家の中に連れて行くこともあった。それを横番切《よこばんぎり》といい、それをするのが若者の自慢でもあった。

　往時のそうした牛窓の姿は、時代とともに変遷をみせる。江戸時代に女郎屋を経営していたのは、名主奈良屋の一門のものか、財力があり一定の格式をもったものに限られていた。また、そうした条件にあえば、他国の者でも営業が許されたが、それは娼妓を集めるための方策であったという。地元の女性が娼妓になることはない。みなよそからの女性である。そのためにも他国の人間を仲間にする必要があったのである。ちなみに牛窓にやってくる娼妓の多くは、伊予や讃岐、それに小豆島や九州の女性であった。

　そして、明治十年、県の新政策により、接客営業は、みな県の営業免許が必要となる。それ自体はさほどの影響があったわけではないが、明治二十二年、帝国憲法が発布された頃のできごとは少なからず影響した。

　当時の牛窓村長横山義隣が、ある時、

関町を散歩した。それはたまたま二、三日大東風《おおごち》が吹き荒れた直後のことであった。港内には避難船がぎっしりと碇泊しており、三味線や太鼓の音、男女の橋声がいりまじり、大変な賑わいをみせていた。それを見た横山は、あまりのことに、これは何とかせねばと考え、女郎屋に通達して風紀上行き過ぎた営業をいましめ、転業を奨励し、チョロ船の碇泊船への乗り込みを禁止し、同時に客を取るのは日没以後としたのである。

　そして明治三十三年には内務省令娼妓取締規則が公布されて、娼妓の外出や営業に関するいくつかの制約が通達された。さらに明治四十三年に、娼妓の健康診断が義務づけられると、これを嫌って娼妓となる女性が少なくなったこともあって、明治の末には女郎屋の数は十軒を割り、女郎は二十三人になった。

　明治ははじめの数字と較べると約十分の一である。実はそれは規則や制度の変更だけが原因ではなかった。いってしまえば女郎を買う人が減ったに過ぎない。つまり、寄港する船が減ったのである。明治末になると帆船にヤキ玉エンジンをつけた機帆船が出現し、それによって航行がずっと容易になり、風待ちや潮待ちで寄港する船が除々に減少したのである。

　やがて大正を経て昭和になる頃には、牛窓の女郎屋は五軒になっていた。そうした急速な変貌の中での女郎屋の営業は、決して順調ではなかったようで、経営者もめまぐるしく変わった。

　そして昭和三十三年、売春防止法が公布される。それによって東京はもとより日本各地の赤線の灯は消え、長い歴史を重ねてきた各地の遊廓もその幕をとじた。岡山県では四月一日の実施日を前に、三月十五日午後十一時を期して、県下一せいに施行された。その時、牛窓では最後まで残っていた二軒の女郎屋に娼妓の姿はもうなかったという。

＊

　そんな牛窓の歴史の一面を知る資料らしきものは今ほとんど残っていない。女郎屋をやっていた家はどの家も牛窓から姿を消し、建物のみが残ってその面影をとどめ、牛窓の人々の心の中で甘ずっぱく薫っているにすぎない。そして、牛窓が最も栄華を極めた当時を知る人たちも、もうすでに過去の人となっている。ただ、華やかだった当時の牛窓の名残をかすかに知り、その変遷を見つめてきた人は少なくない。牛窓の写真館の御主人正本安彦さんもそうした一人である。

　正本安彦さんの咄《はなし》である。

「私は大正六年生れですが、もの心ついた頃にはもうオチョロ船というのはまったくなかったですな。ただ、遊廓（女郎屋）がまだ五軒ほどありましたし、風の強い日なんかは港に五十艘もの帆船が入ってきてましたから、今おもえば賑やかなものでした。港にアメ湯とか氷店なんかの小商いの屋台が並んだりしてましたな。

　私の家は写真館でしたから姫《ひめ》さんや遊郭ともつきあいがありました。姫というのはお女郎さんのことで、そういうふうにいうこともあったんです。子供のじぶんから遊廓に出入りしてました。どういうんですかな、三畳くらいのものでしょうか、小さな部屋がいくつも並んでまして、みな少しずつ戸があけてあるんです。で、中を見ると男と女が裸でとっ組み合いをやってるんですな。何やらようわからずに見とったものです」

　正本さんの咄は続く。

「また、お宮の境内というのはどこでもそうだと思いますが、子供の遊び場になりますわな。私らもよく天神さんや荒神さんの山でチャンバラごっこをして遊んだもんですが、時々困ったことが起こるんですな。

　姫さんたちは夕方から商売を始めるわけですが、昼食後からそれまでの時間を利用してちょっとアルバイトをやるんですな。遊廓での商売は、当然、店の主人にピンハネされるわけですが、昼間にはこれがない。だから半値ぐらいで遊ぶことができるんです。それで土地の若い者なんかは、そうした時をねらってお女郎さんと示し合わせて遊ぶんです。といっても遊廓に上がるわけにもいきませんですな。そこでお宮の境内がその場所によく使われたんです。

　それで困るわけです。捕りものごっこをして木の上に登ってかくれていますと、

3階建の遊女屋。昭和30年代初頭。写真・正本写真館

やってきましてな。木の根っこのところではじめるわけです。人間っていうのは平行には注意を払うんですが、上はあまり気にしないもんのようで、気がつかんのです。時にはかくれているうちに小便がしたくなっても、下りるに下りれんのです。あれには困りました。

そうして遊ぶ若い人はけっこういましてな。その時に木の上から見た顔の人が、あとで議員さんになったり、大店の主人になったり。まあ、そうして子供の頃から今でいう性教育に親しんでいたわけで、大らかなものでしたな」

六十年前のことを、まるで昨日のことのように語る正本さんであった。回想は続く。

「姫さんもいろいろで、別嬪さんもいれば、顔だちはあまりよくなくても気だてのいい娘がいたり、若い娘もいれば、けっこうな年の人もいたように思います。

中には性質《たち》の悪いのがいましてな、まだ遊び慣れない若いもんをつかまえては、五分もったら無料、もたなかったら倍の給金をもらうといって話しをもちかける。それが大変にまあ、テクニックがうまいんですなあ。男の方はそれを知らずに、「五分なら」と思ってやるのですが、みんやられてしまう。後で泣くんですな…。

それとか、童貞キラーの姫もおりましたな。牛窓には造船場がいくつかありまして、そこに高等小学校を出たての子供たちが弟子に入ってくるんです、そうしたまだ女を知らない男の子を揚げて、童貞の男の子を連れてくれば割り引くからといっては、次々に童貞を相手にするんですな。

そういう姫がなんでそういうことをするのかはわかりませんが、それなりの理由があったんでしょうな。

地元の男たちもけっこう遊んでいたのは、それがとくに悪いことだとは思ってなかったからでしょう。遊廓に遊びに行くとやっと一人前の大人というふうに見る風潮もありましたな。まあ、そんなわけで、同窓会なんかやりまして昔話に花が咲きますと、いわゆるツボ兄弟というのがぞろぞろでてくるですな。

姫さんの中には身受けされて結婚し、牛窓でごくあたりまえの生活をするという人もけっこういました。多くは漁師さんの奥さんになってましたな。漁師は金のないときはない、あるときはあるってなもので、遊びに行く人がわりと多かったです。それで馴染になり、お互いに情がかよって単なる客と姫の関係だけではなくなる。それで借金を払って身受けし一緒になるんですが、遊廓で働くお女郎さんというのは、小学校を終えた頃の年に、家の都合で売られて来て、苦労を重ねてるわけですから、しんぼうが身についてるんですな。ですから、結婚して奥さんになったような人は、みなよくできた人ばかりのように思います。身もちがかたい、義理を大切にするという点では、むしろあたりまえに奥さんになった人以上の人ばかりでしたな」

おそらく、正本さんの脳裡には、さまざまな女の姿が走馬灯のように駆け巡っているのであろう。ふと、遠くを見つめるような日差しが見えた。

「まあ、考えてみますといろんな女の人がいましたな。この写真館も一時期は、そうした姫さんがいたからこそ成り立っていたんです。よく写真を撮りに来たんです。私の代になっても多少はありましたが、親父の代には多かったですよ。客が姫さんと一緒の写真を撮るんです。今は下に店を出してますが、最初にこの奥まったところに写真館を建てたのも、実はそのためなんです。表通りだと、どこの姫がどんな客と写真を撮りに行ったというのがすぐわかってしまう。それじゃうまくない。そこで奥まったここに建て、しかも姫さんと客は別々に入るようにして、中で落ち合う。そうすると目立ちませんわな。

そうしてまずお客と一緒の写真を撮る。それからあと、田舎の親に送るから一人の写真を撮ってもいいかと、姫さんがお客にいうんです。客はもちろんいいといいますな。それで姫さんは自分だけの写真を撮るんです。当時は同じ写真三枚が一組でしてな、同じのが三枚でき上がるわけですが、あとで取りに来たとき、二人で撮った三枚のうち一枚を客用にとっておいて、あとの二枚は捨てておいてくれというのが多かったですな。姫さんにしてみれば、客と写真を撮るのも商売の一つなんです。中には手渡した目の前で、二枚の写真を破る姫さんもいたりして、びっくりしたもんです」

　正本さんが跡を継いで本格的に写真館の仕事をするようになったのは、戦争から後のことで、そのころにはもう遊廓もずっとさびれていたという。

「それでもおもしろいこともありました。あれは、戦後も少し落着いた頃でしたが、岡山に進駐軍が来てまして、インド兵の軍隊がいたんです。それがこのあたりの視察か何かに来たんでしょう。そのついでに私のところを見つけて写真を撮ってくれといって来たんです。驚きましたが断るわけにもいかず引き受けたんですが、なにせ顔が真黒ですからどう撮ればいいかむずかしい。それで単語を並べて「ホワイト?」「ブラック?」というと、「ホワイト」という。そこで親父が特殊な薬品を乾板の顔の部分だけにのせて白っぽく焼いてやったところが、これが大変よろこばれましてな、後から後からインド兵がやって来ました。チョコレートとかのみやげを持ちましてな。

　ところがあるとき、とびきり真黒なこわい顔つきのインド兵が、姫さんと遊びたいから何とか口をきいてくれというんですな。これには困りました。困りましたがお客でもありますし、あまりに頼むので一ぺん聞いてやるといって姫さんにそれとなく打診してみると、みなことわられましてな。そりゃあそうでしょう。今まで見たこともない外国人、それも真黒などっちが前でどっちが後かわからんような男ですから、お金をよけいにくれるからといってもいやがるのが当然です。

　それでも、しつこく頼まれましてな。そのうち、わりと別嬪なおとなしい娘がやってみようかというので、紹介してやりました。ところが、どんなにか恐ろしいと思っていたのが、日本人の男と変わらん。変わらんどころか日本人の男よりもやさしいし、おまけにお金もよけいにくれるし、チョコレートなんかも持ってきてくれるというのでそれが評判になりましてな、ほかの姫さんもそんなら私もということで、一時、遊廓がインド兵で賑わったこともありました。

　そうですなあ、確かにそうした遊廓の資料が残っていませんなあ……。そういえば、荒神さんに姫さんたちが寄贈した幕が残っとりましたな。ノートに記録してますからお見せしましょう」

　そういって見せてくれたノートには、「玉錦蝶、〈松お亀など二十三人の名とともに、「明治二十九年十月吉日　世話人那須かん」の名が記してあった。同じノートの別のところに、天神さんの本殿にめぐらされた玉垣の銘がもらさずに記録されていた。その、かつて牛窓で栄えた人たちであろう、いくつかの名前の中に、「〈十梅じ」の名があった。

「これなんかも、姫さんのだと思うんですが……、さっき話しましたように、姫さんたちは多かれ少なかれ天神さんや荒神さんには世話になってるわけですから、まあ、そんなわけで幕を寄進したり、玉垣を奉納したのかも知れませんな」

　正本さんが冗談まじりにいう。

　そのわずかに残る資料から、この牛窓で女郎として過ごさざるを得なかった女たちの暮らしぶりの一面が、かすかに伝わってくる。

＊

　正本さんの話を聞き終え、バスの発着所へ向かった。発着所は港近くの海に面した広場にある。かつては、この広場を囲むように遊廓が軒を並べていたのである。今は宿屋、漁具店などに変わってはいるが、建物の多くは当時のままの姿をとどめている。それだけに、今、聞いてきた正本さんの話が、時を超えて近くに感じられる。

　夕暮れの瀬戸内海を、一艘の船が白い波を残しながら、一文字波戸に向かってくる。その水面に、見も知らぬいく人もの女たちの顔がゆれていた。

塩《し》飽《わく》の島じま

――技もつ海人の辿った道

文・写真 谷沢 明

塩飽諸島の島のひとつ櫃石島の集落。沖には松島が浮かぶ

塩飽本島の泊集落と工事中の本四架橋

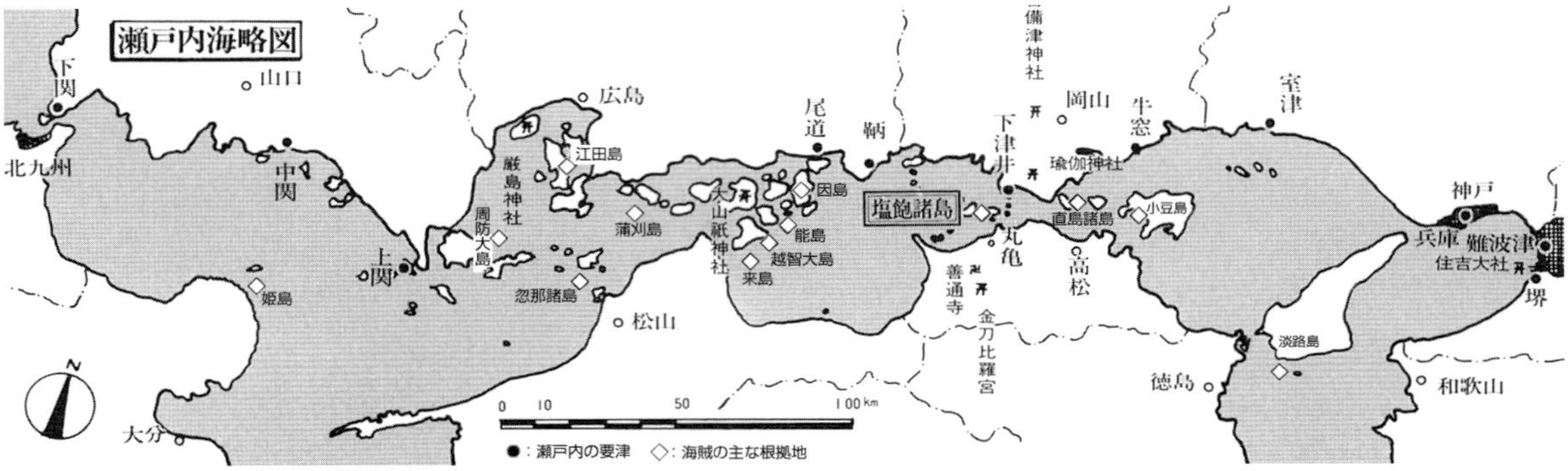

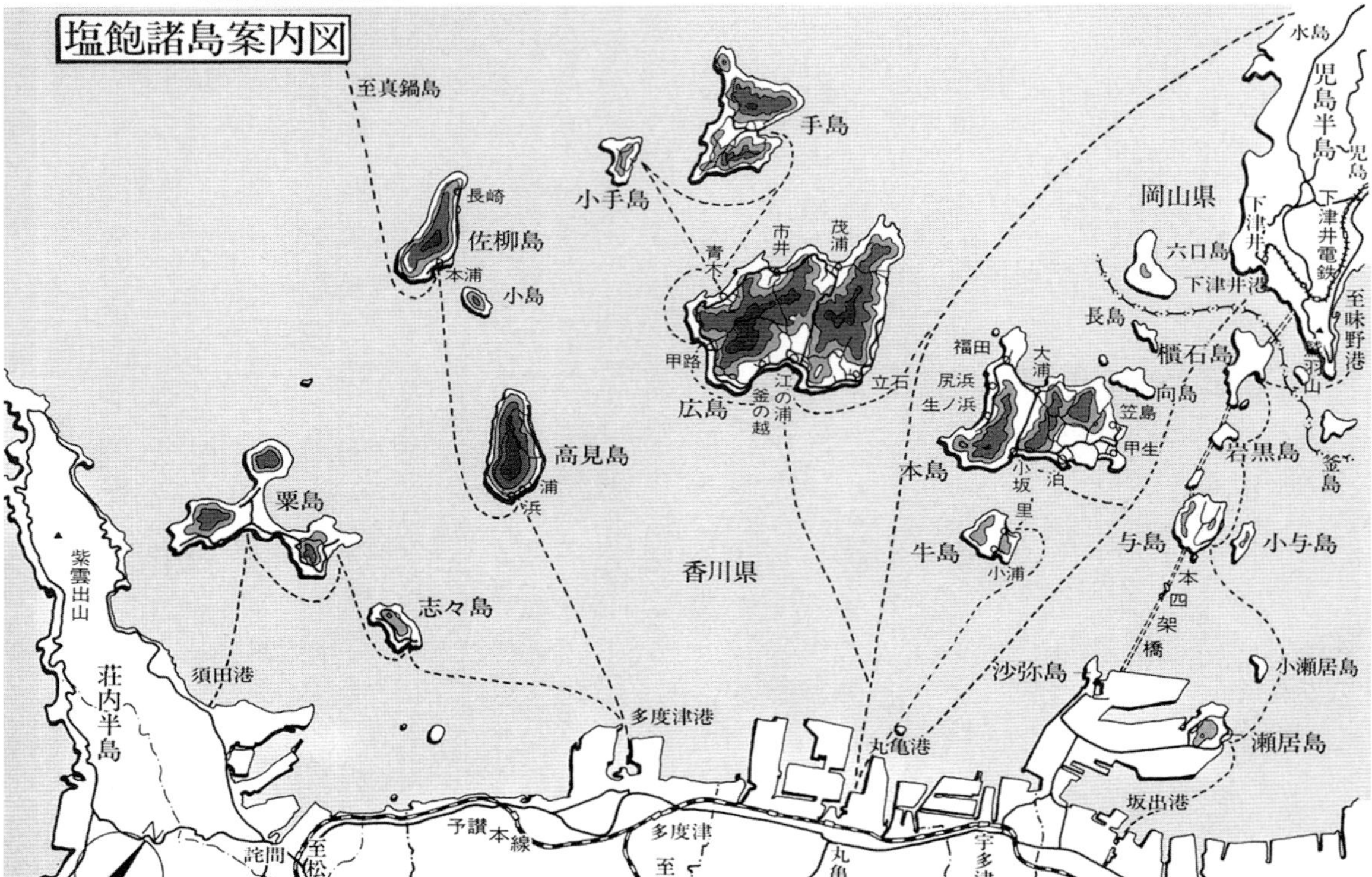

塩飽《しわく》諸島、人名のもちたる島

瀬戸内海備讃《びさん》瀬戸は、四国が本州に迫った内海の喉頸《のどくび》を思わせる地にある。

児島半島西南端の鷲羽《わしゅう》山から望むと、背後に四国の山なみがうっすら横たわり、油をひいたかのような静かな海に、緑の島じまが明るい陽ざしをうけている。

正面のやや大きな島が本島《ほんじま》、その南は牛島《うしじま》。本島の西に手島《てしま》（以上香川県丸亀市）、高見《たかみ》島（多度津町）、東には櫃石島《ひついしじま》、与島《よしま》（坂出市）などがおだやかな海原に島かげをおとしている。

これらの島じまは、古来、「塩飽七島」と呼びならわされてきた。

そこは、古くは藤原純友《すみとも》に従い、天慶《てんぎょう》の乱（九三九年）に隠然と勢力をなした塩飽海賊衆の根拠地であった。以来、中世に力を保って、そして、織田・豊臣・徳川と天下に覇を唱えた人びとがつねにその力を頼り、眼中におきつづけてきた塩飽船方衆《ふなかたしゅう》の拠った島じまでもあった。

海に雄々しく生きた男たちの暮らしの舞台は、どのようなところであったのだろうか。また、その血はいま、どのように流れ、受け継がれているのであろうか。備讃瀬戸に一幅の絵のように静まりかえった島じまを遠望していると、しぜん旅心が誘われる。

塩飽諸島を巡ろう、そう心に温めて一年が過ぎようとしている。それは、同じ備讃瀬戸に臨む港町牛窓を訪ねて以来、私がもちつづけている想いである。かつて、旅の途中立寄った鷲羽山の眺めもさることながら、塩飽は牛窓とともに瀬戸内海きっての造船地であり、船大工の輩出した土地であった、と聞いていた。くわえて、昨秋山陽路を旅し、車窓から見た岡山平野の民家の均整のとれた姿に目をみはったものである。そして、この平野の民家を手がけたのは塩飽の家大工《やだいく》が少なくなかった、ということを耳にしていたからでもあった。

海に生きる人びとと、ある技能集団。これはいったいどこでどのような形で結びつくのであろうか。それらの関わりを解きほぐす糸口を探ることができはしないか、そんな想いをつねづね心にいだいていた。

＊

塩飽への旅が始まる。季節は、海の輝きがまぶしさを覚える五月の下旬。同行は、研究所仲間の榊原貴士氏である。岡山県下津井港を発った丸亀行きフェリーは、釣人を稀に見るくらいで船室は閑散としていた。備讃瀬戸にはいま、本四架橋がのびている。内海にはどちらかというと、その工事見物目あての遊覧船が賑わいをみせているようでもあった。

船が右に大きく旋回してすべり込んだのは、塩飽本島の南にある泊港。塩飽諸島で中心をなす島の港である。

島におりたち船が埠頭を出ていくと一瞬、島に置きざりにされたかのような不安な気持に襲われた。桟橋のたもとに小さな待合室がぽつんと建つばかりで、人のざわめきは聞こえない。ひと休みしようと思っても、一軒の喫茶店すらみあたらない。道端を猫がのんびり歩いている。そこは、およそ港の賑わいとは縁遠いところに思えた。

これが瀬戸内海にその名をとどろかせた、あの塩飽衆の港であるとは、にわかには信じられない。想いをはせた島にようやくたどりついたときの第一印象は、ややひょうしぬけするものであった。

港の背後になだらかな山が海に迫り、ひとすじの道が浦うらを結んでいる。小雨のけむる中、道を北にたどると、巨大な長屋門が目にはいった。その建物は、銀鼠の本瓦が姿のよい入母屋《いりもや》で葺かれ、白壁の腰に渋い下見板が端正に打ちつけてあった。

長屋門をくぐると、格式ばった玄関をつけた武家屋敷風の建物が、思いのほか大きな構えをみせていた。江戸時代につくられた塩飽勤番所《きんばんしょ》である。

畳敷きの座敷に、ガラスケースが無造作に置かれている。驚くべきことに、その中に目をみはる数々の資料が並べられていた。私どもは、塩飽と天下人の結びつきを物語る七通の朱印状の前に、しばし釘づけにされた。

以下、そのうちのいくつかを読みくだす。天正一四年（一五八六）、豊臣秀吉が塩飽年寄中に差し出したものである。

　今度千石権兵衛尉儀豊後へ遣わされ候、されば当島船の事、用捨を加え候といえども、五十人宛乗り候船十艘分相越すべく候、則ち扶持方下され候間、一艘に付水主五人宛まかり出すべき者也。

これは、九州島津征伐に際し、ここ塩飽から船と水主を出すように命じたものである。

また、文禄元年（一五九二）には、秀次から塩飽所々物主代官中に、文禄の役の朱印状が下っている。

　大船作事の為仰せ付けらるべきその国舟大工、船頭御用に就き、御改めの為奉行両人指し遣わされ候間その意をなし、蔵入並に誰々知行所たりといえども右職人の事有次第申し付け上ぐべき候者也。

すなわち、朝鮮出兵にあたり、やはりこの島から船艦建造の船大工と船頭を差し出すように命じたものである。

さらに、翌二年には、同じく秀次からしわく奉行中にあて、たび重ねての申し付けがある。

　名護屋《なごや》へ医師三十五人並に下々その他奉行の者遣わされ候、八端帆継船二艘申し付け油断無く送り届くべき者也。

朝鮮出兵の前線基地肥前名護屋（唐津市鎮西町）へ

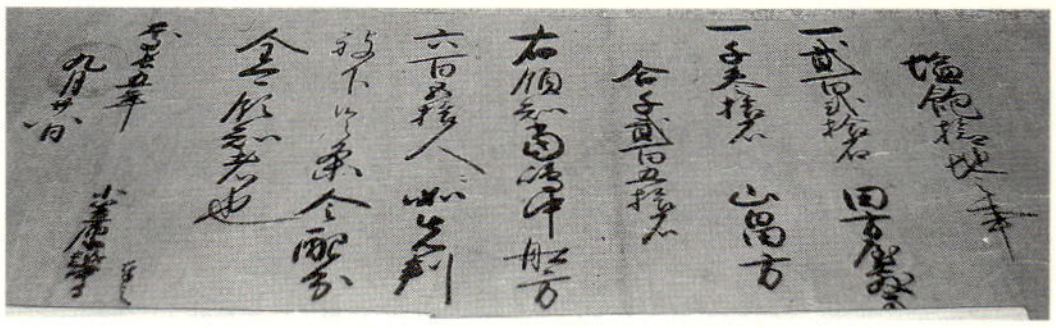

上　塩飽勤番所。寛政9年（1797）に本島の宮ノ浜に建てられた。朱印状はこの勤番所で保管されていた。昭和40年まで丸亀市役所として使われていたが、現在は国の重要文化財に指定されている。
中　徳川家康が関ヶ原の戦いで豊臣方を破った2週間後の慶長5年（1600）9月28日に、家康が塩飽島中に下した朱印状
下　笠島の年寄、吉田彦右衛門の墓。寛永4年（1627）専称寺に建立された。高さ3.3mもある巨大な墓で、塩飽年寄の往時の勢力がしのばれる

本島の泊集落の家並。屋根は本瓦葺きで、家々のたたずまいには、人名の島であった風格がどことなく漂っている

医師等の輸送を命じたものである。

いずれも歴史の表舞台で活躍した塩飽の船方の動向が目のあたりにうかぶ内容である。一状の短い文章の中にも、水主として海に暮らしの場を見いだした民の姿が、巨大な重みをもって伝わってくる。

さらに、江戸時代にはいった慶長五年（一六〇〇）、徳川家康が塩飽島中に下した朱印状も保存されていた。

塩飽検地之事

一、弐百弐拾石　田方屋敷方

一、千参拾石　山畠方

合千弐百五拾石

右領知当村中船方六百五拾人に先判の如く下され候之条令配分せしめ全く領知すべき者也。

それは、塩飽船方六五〇人に一二五〇石の領地を安堵するという内容である。先判の如くとは、天正一八年（一五九〇）、豊臣秀吉が同様の朱印状（現在、島に残っていない）を下しており、徳川幕府がそれを引き継いだものである。

すなわち、塩飽諸島はどの大名（藩）にも属さず、また幕府の直轄地（天領）でもなく、島は島民により領有すべし、といった内容である。

それは、塩飽が独立した自治領であることを認めたもので、江戸時代において他に類をみない制度として異彩を放っている。

ちなみに、この六五〇人の船方をニンミョウといった。それは、六五〇人の領知する土地との意味あいも含まれた言葉で、「人名」という字句があてられている。

はじめ塩飽七島にいた人名は、のちに、沙弥《しゃみ》島・瀬居《せい》

自給用の畑。畑で見かけた人影はほとんど女性だった

釣瓶で井戸水を汲む。今日では水道が完備されたが、塩飽諸島は水に不自由し、井戸や天水に頼った日々が長かった

島・佐柳《さなぎ》島・岩黒島を拓く。この一一島の政治は、一八浦に散居している人名から選ばれた年番《ねんばん》・庄屋《しょうや》（人名が多く住んだ泊・笠島《かさしま》両浦の長を年番、他の一六浦の長を庄屋といった）と、六五〇人の人名から選ばれた四人の年寄の合議によりとり行なわれた。このいわば政所が、じつは、いまこれらの書状を目のあたりにしている勤番所である。

ところで、人名の権利は、「株」として江戸時代を通じてもち伝えられていく。その所有形態は、一人一株もあれば、一株を分割して数名でもつこともあった。また、浦によれば人名株を共有して浦持とするところもみられた。

塩飽の島じまは、このように島民による自治が許されるのであるが、それは、藩をとびこえて幕府にじかに結びつくことを意味した。幕府と塩飽のつながりは、最初は大坂川口奉行を通じて、のち、大坂町奉行となるが、以来、島は、独立独歩のあゆみをみせるのである。

操船の技に生きた塩飽衆

榊原氏とつれだって島巡りに出かけた。特段の名所旧跡もない島での、あてのない旅である。とにかく人が住んでいるところはくまなく歩いてみよう、そう申し合わせて足を踏みだした。

本島は、面積約六・七平方キロ、海岸に沿って集落が点在している。いずれも人家百戸にも満たない小さな人里である。本島の戸数は四八六、人口は一一一四、（昭和六二年二月現在）にしかすぎない。おしなべて家族数も少なく、六五歳以上の高齢者が三割余りを占める、いわば老人の島である。ほかの塩飽七島もこれとほぼ相似た状況である。

道を歩いて目にするのは、人気のない家屋と草に埋もれた耕地。立派な本瓦葺きの人家が、いまにも崩れおちようとしている姿に出あうことも少なくない。少し山道にわけ入ると、雑草がアスファルトを割って芽吹いている。その光景は可笑しさをとおりこし、異様にさえ思えてくる。

瀬戸内海の島というと、「耕して天に至る」のたとえのごとく、人の手が細やかにくわえられているのをつねと思っていた。ところが、ここ塩飽ではなぜか、そのような風景を目にすることはなかった。

それは、老人の島になってしまってからの景観の変容なのであろうか。だとすれば、ほかの瀬戸内の島じまも相似た様相を呈するはずであるが……。

あるいは、塩飽の人びとは元来、土地への執着がさほど強くはなかったのではないか。ふと、そんな思いがわきおこってくる。

泊集落では、入江幸一氏（大正九年生れ）を訪ねた。勤番所で目にした朱印状から、塩飽の船方の歴史や人名の制度が気になっていたからである。入江家は一時期年寄を務めた島の旧家で、聞くところによると、当主幸一氏が島の様子に精通している、という。

「塩飽衆といいますと一般に海賊を思いうかべるようですが、それは単なる盗賊という意味でなく、海に暮らしの場をもった人びとの群れ、ひとつの集団、族《やから》と考えるのが自然な見方だと我われは思っています」

入江さんの話は、郷土の歴史を誇張し、ゆがめることなく淡々とつづく。

ここで、瀬戸内について、大づかみではあるが、いまいちどふりかえってみなければならない。古代から中世にかけての瀬戸内は、朝廷へ貢物を、都の社寺や貴族のもとへ荘園の年貢をはこぶ船が数多く往来した「海の廻廊」であった。その海には、日々船を操り漁にしたがい、あるときは物資の海上輸送にたずさわって暮らしをたてる海の民がすんでいた。そして、かれらが暮らしに窮乏をきたしたとき、通りかかった船の食糧や積荷を奪うことが、ときにみられた。それがいわゆる「海賊」である、という。

また、中世にはいると、海で勢力をのばしたかれらは、交通の要所に海関《かいせき》を設け、通過する船から関銭をとることもした。もし、これをこばむ船があれば武力で脅かすのであるが、関銭を納めた船に対しては、その勢力のおよぶ海域を安全に航行せしめ、水先案内をするのがつねであった。海賊は、いわゆる警固衆としての役割をはたしたのである。

のち、室町幕府や、畿内の有力社寺・貴族・商人などが万里の波濤をこえて、南方に貿易船を遣わす時代をむかえる。すると、かれらはその船を護り、あるいは自らが船頭・水主としてのりくみ、その活力をしだいに海上輸送へと転じていく。

そして、戦国の世にはいり、かれらは武家勢力とのつながりを深め、自ら武装することはしだいにやめ、もっぱら兵や兵糧などの輸送に力を注ぐみちをみいだしていった。

「塩飽の船方は、江戸時代にはいって世の中が平和になりますと、今度は多くが生活物資の輸送に就いたようです。海にたちむかう勇敢な男たちということには違いありませんが、私はその経済活動が何よりも重要だったと思います」

と、入江さんは、冷静に分析された。お会いする前、塩飽のトシヨリはいったいどんな表情をしているのだろうか、と想像をめぐらした。また、それに接するのが、ひそかな楽しみであった。ところが意外にも、入江さんはラフなジーンズといういでたちで私どもの前に現われた。目鼻立ちのととのった気品ある面立ちの中にも、肩をはらない、どこか気さくな面をもちあわせているようにおみうけした。そんなものごとにとらわれぬ気質が、透きとおった思考を持続させているのであろうか。

塩飽衆の物質の流通を主にした経済活動は、江戸初期からさかんに行なわれた。よく知られているように、寛文一二年（一六七二）、幕府の命で河村瑞賢《ずいけん》により西廻り航路が開かれる。すると、出羽・北陸方面の米や諸産物は、日本海・瀬戸内海を経て大坂に運ばれるようになった。

最初この航路を利用して船を操ったのは、幕府直属の御用船方であった。のち、この西廻り航路に民間の船がさかんに往き来し、活発な経済活動がくりひろげられるが、航路開設当初の主目的は年貢米の輸送にあった。その御用船方として、人名の島として位置づけられた塩飽の人びとが廻漕《かいそう》に活躍をみせたのである。

海に活躍するといっても、それは、国内での活躍で、いわゆる「米遣《こめづか》いの経済」の担い手としての働きであった。四方を海で囲まれた日本は、皮肉にも江戸時代にはいると、海外との交易をとざしてしまう。塩飽衆の廻漕への従事は、見方によれば、徳川氏が海に生きる人びとの活力を狭い範囲にふうじこめて、微妙に転化した結果、ともうけとることができよう。

また、塩飽衆には、物資廻漕のほかに船をもって幕府に奉仕するいくつかの役目が課せられていた。そのひとつは、長崎奉行の送り迎えである。奉行の交替のたびに大坂川口から九州長崎を、新任、退任の奉行を船に乗せて瀬戸内海を往来するのである。また、国替えになった大名の移動の際、海路を往く場合、これを援けていた。さらに、朝鮮通信使の送迎もだいじな役目のひとつで、かれらに課せられた義務は、けっして軽いものではなかった。

これらの役目の見返りとして与えられたのが、島を島民で領有する権利であり、そこからうまれたのが、ほかならぬ人名の制度といえよう。

すなわち、田畑、山林を六五〇人の人名が共に所有し、塩飽の海を占有するという特権が与えられたのである。

江戸時代の本百姓の一般、すなわち、屋敷をもち、田畑を耕し、耕作に必要な水を得、肥草や薪をとる山を使う権利をもった人びとは、藩あるいは幕府に対して例外なく年貢を納めていた。ところが、塩飽の人名は、この水主役としての御用を務めるほかは、藩にも幕府にも、年貢を納める義務が一切なかったのである。

人名は、浦うらで船乗り稼業を営み、あるいは、土地を耕して暮らしをたてていた。しかし、実際に農耕を営むといっても、幕府が規定するところのいわゆる「百姓」ともやや音色を異にする。

人名六五〇名は、その自治組織「島中《とうちゅう》」に、本途物成《ほんとものなり》（租税）を納め、それをもって共に組織の運営をはかっていたのである。

この「島中」の運営資金には、人名それぞれが差し出す本途物成のほか、山手銀《やまてぎん》、塩浜年貢銀、網運上銀があった。山手銀とは、山林からの山年貢のことである。塩浜年貢銀とは、文字どおり塩田からあがる年貢をさすが、のちには塩浜であったところを畑に転用した土地からあがる年貢をよんだ。また、網運上銀とは、塩飽の海

本島北岸の大浦集落。かつて揚げ浜塩田があった

で漁業を営む者からとる年貢のことである。

　この網運上銀が、「島中」にとって意外に大きな重みをもっていた。塩飽の海は、タイやサワラが多く棲むよい漁場で、そこには釣漁・網漁・延縄漁を営む漁船が多数くりだした。ここに稼ぎにくる船は地元讃岐《さぬき》をはじめ、備前、阿波、伊予、はては防州にまでおよんだ。

　なかでも、鷲羽山ちかくの備前下津井四カ浦（下津井・吹上・田之浦・大畠《おばたけ》）漁民の塩飽の海での活躍はめざましいものがあった。また、塩飽本島では、安芸《あき》から漁民がやってきてこの島に定住したとされる小坂浦（現、小阪）の人びとが専ら魚を追って暮らしをたてていた。

　そして、かれら漁民は、塩飽の海の権利をもつ人名に運上を支払い、塩飽の海で漁をつづけてきたのである。

「土地を持っているけれど自らは鍬《くわ》を担がず、それと同じことを塩飽の人名は海でやっていたわけですな……」

　入江さんは、人名の制度の一端をそのようにたとえた。

　すばらしい漁場をひかえながらも、人名はなぜか自ら漁で暮らしをたてることをしなかったのである。

　ここ塩飽では、人びとが耕地を所有して農耕を営みはするものの、土にまみれて島を拓きつくしていった形跡は風景から読みとれはしない。といって漁に生きたわけでもなし……。思えば、何とも不思議な島人なのである。

本島南岸の小坂浦。96世帯の多くが底引き網、建網漁、潜水漁、蛸壺漁などの漁業で暮らしをたてていた

塩飽廻船の光と影

　塩飽の船方が西廻り航路にいかに進出していたかをうかがい知る資料として、日本海但馬《たじま》（兵庫県）今子《いまこ》浦の船番所記録や、羽後（山形県）飛島の客船帳などが知ら

上　牛島から本島へ向かう連絡船に乗りこむ牛島の中学生
下　連絡船から朝刊を受け取り配達に向かう牛島のお年寄り

れている。たとえば今子浦の船番所記録は、享保四年（一七一九）から同一一年にかけての八年間にわたる入船記録で、柚木学氏が「享保期における日本海海運の一断面」（『日本海海運史の研究』に収録）に紹介、分析を試みている。

この記録にもとづくと、当時、今子浦に合計四八七艘の入港があった。国別にみると摂津《せっつ》の一〇六、越前の七四につぎ、讃岐からは六八艘の船が入港している。讃岐の船のうち四五艘が塩飽諸島の船であった。これを細かな地域ごとにみると、塩飽は全国第一の頻度を示していることになる。

また、船の規模は一〇〜一七人乗りまでで、一四〜一六人乗りの比較的大規模な船が、塩飽では約七割の多くを占めている。全体の中に城米積廻船が一八艘みられるが、うち一二艘が塩飽の船であることも注目される。そこに、航路開設以来塩飽の船が果たした主だった役割を読みとることができはしないだろうか。

塩飽の船四五艘のうち一七艘は牛島の廻船であり、飛島の客船帳にも牛島の船が多く記されていることを知ったときの驚きは大きかった。

牛島は、本島の南に浮かぶ面積約〇・八平方キロの小島である。遠望すると島かげが牛の姿に似ている。集落は北岸に里、南岸に小浦《こうら》の二つがある。現在、人家二〇戸、わずかに四一人が住む島にすぎない（昭和六二年二月現在）。

泊港を出た渡船は、私どもをのせて牛島里の港にはいっていく。待合室もなにもない桟橋に、一人の老人が立っていた。その老人は船を降りた客から切符を集め、船が陸を離れるのを見とどけると再び家路をたどっていった。いっしょに降りた土地の人に聞くと、一日二便の船の発着のときにのみ、その仕事にやってくる、という。

港のまわりには、海辺に沿って人家がひとすじに軒を並べるささやかな集落があるにすぎない。集落のやや奥まった場所に、異様に大きな石鳥居を構えた神社の杜があった。

聖《ひじり》神社である。拝殿の前に、古びた二つの常夜燈がたっていた。ひとつは元禄九年（一六九六）、長喜屋《ながきや》長右衛門が、もうひとつは元禄一五年、丸尾五左衛門が奉納したものであることが刻まれている。先の今子浦の記録よりやや早い時期のもので、その名は船持として記されている。

そこにたたずむと、塩飽廻船が津々浦々に活躍した一時代が、かすかにうかびあがる思いがした。

この長喜屋と丸尾家の屋敷を訪ねようとした。ところが、いずれも子孫はおらず、長喜屋は人手にわたり、丸尾家の屋敷跡はわずかに礎石をのこして草に埋もれていた。

寺を訪ねれば何かわかるのだろうと思い、集落裏手の極楽寺に向かったが、無住であった。境内の鐘楼に吊るされた古さびた梵鐘が、緑青に染まっている。延宝五年（一六七七）、泉州堺で鋳造したものであることが読みとれる。織田信長の時代、塩飽の船はよく堺の港に入っていたというが、江戸時代になっても何かそのつながりがあったのであろうか。そして、この梵鐘は長喜屋宗心が父母の冥福と二世安楽を願って奉納したものである、という。また境内には、寛延三年（一七五〇）の石造宝篋印塔《ほうきょういんとう》が一基たっており、施主に丸尾重榮の名が刻まれていた。

参拝をすませ、ゆるやかな坂を寺の裏山にのぼった。ふみわけ道には、草が背丈ほどにおい繁り、夏の到来を思わせる。草むらの中に足を踏みいれると、船持たちの二メートル前後もある巨大な五輪塔が長喜屋、丸尾家とも十数基ずつひっそり並んでいた。その姿に、廻船華やかしころの残照をみる思いがした。

*

船持・船乗りとして活躍をみせた人名のその後が、気にかかっている。

この島じまの南の讃岐（香川県）には、海に生きる人びとの信仰の拠点となった金毘羅《こんぴら》さんがあり、北の備前（岡山県）には瑜伽《ゆが》大権現が祀られている。いずれも海上をゆく船の目印になる山に祀られた神社であり、奉納物が多いことで知られる海の聖地である。

塩飽と金毘羅さんとの関わりは深いとされ、金毘羅信仰が日本各地に広まりをみせたのは、塩飽の船乗りの進出と密接なつながりをもっていた、ともいわれている。

塩飽の島じまでは金毘羅信仰がいまなお篤く、浦うらの神社の境内には金毘羅さんの祠が末社として祀られていることが多い。そして人びとは講をくみ、金毘羅参りを欠かさずつづけている。

この信仰をもった人びとがかつて他国に進出したとき、寄港地の一端に自らが信ずる神を祀り、かつ、その霊験をまわりの人びとに伝え広めたことは、充分考えうることである。

讃岐金毘羅さんの境内には四四〇基をこえる燈籠をはじめとする、おびただしい奉納物があげられている。この奉納物調査に熱情を傾けた畏友・印南敏秀氏らが著わした『金毘羅庶民信仰資料集』によると、旧金堂の旭社前廻廊の青銅製釣燈籠が、塩飽からの奉納物であることが確かめられる。高さ二尺ほどの六角形の釣燈籠は、正徳五年（一七一五）の奉納で、燈籠のなかでは四番目に古いもので、大坂心斎橋錺屋《かざりや》小林治兵衛の作である。施主はあわせて三〇名で、うち牛島が一八名を占め、あの丸尾姓が多く刻まれている。

丸尾家は、このほか享保九年（一七二四）に「戎と鯛」の絵馬を奉納し、同一四年に茶堂の前身である接待所を寄進している。

ところが、意外なことに、これらの品を除いて、塩飽からの奉納物はほとんどみあたらない。金毘羅さんで最も古い燈籠は、寛文八年（一六六八）に高松藩主松平氏が奉納したものであるが、庶民が最初に奉納したのは、元禄九年（一六九六）の伊予宇摩郡の大庄屋坂上半兵衛親子の青銅製のもの、石燈籠は、享保一四年（一七二九）の高松講中のものと、時代がくだる。そして、金毘羅さんの参道に燈籠がたち並んでいくのは、一八世紀も半ばをすぎてからのことであった。

これは、瑜伽大権現においても同様で、境内を一巡した限りでは、どこにも塩飽からの奉納物を目にすることができなかった。

あれほど篤《あつ》い信仰をもち、海に生きる人びととして名を覇せた者は、いったいどうしたのであろうか。

さまざま想いをめぐらしていると、金比羅さんより古い海上信仰の聖地が、摂津の住吉大社である、ということを耳にした。塩飽の船は住吉大社とゆかりの深い堺の港にはいっていたという縁もあり、あるいは、と思った。

その後、住吉大社に参る機会にめぐまれた。すると、境内ところ狭しと燈籠が並んでいた。社務所を訪ねると、その数は六二六基を数えるという。

牛島にある廻船問屋長喜屋の墓地の29基の墓石のうち12基が五輪塔だった。最も古い五輪塔には天和元年(1681)と刻まれていた

宝暦3年（1750）に塩飽廻船中が大阪住吉大社に奉納した石燈籠

この燈篭を悉く調査された禰宜《ねぎ》の神武磐彦氏によると、最も古いものが寛永二一年（一六四四）であるという。そして、示された記録をめくっていくと、金毘羅さんに庶民が最初に石燈籠を奉納する享保期までに、住吉大社にはすでに一六〇〇基をこえる燈籠があることが確認できる。

うち、三対の塩飽からの奉納物がみつかったときは、思わず小踊りした。古いものは、摂社大海神社前の享保六年（一七二一）の燈籠で、長喜屋権兵衛と刻まれている。牛島の極楽寺に梵鐘を寄進した宗心の子にあたる。また、南脇参道には高さ四メートルをこえる宝暦六年（一七五六）の大燈籠があり、奉納者として「塩飽廻船中」と端整な字で刻まれている。そして、残り一つは幕末の小さなものである。

牛島極楽寺にたつ宝篋印塔。施主は廻船問屋丸尾重榮

塩飽からの見るべき奉納物は一八世紀半ばまでにほぼ出そろい、以後なりをひそめてしまうのである。それは、塩飽島内の社寺についても同様なことがいえる。本島泊の木烏《こがらす》神社に寛永四年（一六二七）、宮ノ浜の八幡宮に寛永五年と、ともに薩摩の石工の手になる大鳥居が「島中」などにより奉納されるが、以後、島内においても目だった奉納物は、さほどつくられていない。

あるいは、この一八世紀半ばを境にして、船持・船乗りの島である塩飽は、その性格を変えはじめていたのではなかったのか、そんな思いが頭をよぎった。

御用船方 幕末の閃光

ある時代を境に、海運に活躍する塩飽衆の名は、なりをひそめる。しかしながら、海が重要な生活の舞台のひとつであったであろうことは、その後もつづいていたもの、と思われる。

幕末、鎖国が解かれて日米修好通商条約が結ばれると、幕府は万延元年（一八六〇）、使節の随行に御用船咸臨丸《かんりんまる》を米国に遣わす。このオランダに建造させた軍艦には、五〇人の水主が乗り込んで太平洋の荒波にたちむかい、サンフランシスコをめざした。五〇人のうち、三五人が塩飽の水主であった。

塩飽の水主が、咸臨丸にのりこむいきさつを多少ふれなければならない。幕末、ペリーが黒船にのって、浦賀（神奈川県）沖にあらわれると、人びとはその姿に肝をつぶし、にわかに軍艦製造の声が朝野に満ちた。そして、洋式海軍の創設にせまられた幕府は長崎に海軍伝習所をひらき、士官・水主の養成をはじめ、浦賀で洋式軍艦鳳凰丸《ほうおうまる》の建造をすすめた。

この、わが国最初の洋式軍艦を操つる水主の徴用を行なったのが、塩飽とゆかりの深い大坂町奉行所であった。そして奉行所を通じて幕府の船方としての塩飽の人びとにこの御用が仰せつけられたのである。以来、塩飽の水主は洋式艦船運用の技術をおぼえ、その流れが咸臨丸へと受継がれていくのである。

このことは、船乗りの島の伝統がみごとに受け継がれ、鮮やかによみがえったとみてよいのだろうか。その時期、海に生きる島の内なる力の高揚がそうさせたのであろうか。

あるいは、江戸時代を通じてくすぶりつづけてきた慣わしが、そのまま引き継がれ、一瞬の閃光を放っただけの出来事であったのかもしれない。これを、幕府御用船方としての務めを単に果たしたにすぎない、ととらえるのは少し冷やかすぎるであろうか。

牛島の小浦集落。海岸に沿って大きな長屋門を構えた数十軒の家々が並ぶが、多くは空家になっていた

咸臨丸水主の遺品が、わずかに島に残されている。ガラスのコップ、インクスタンド、水壜、むこうで撮影した写真、渡米前年に発行された外国の古新聞などである。当時の日本人にしてみれば、よほど珍しいものであったにちがいない。が、はるばる海を越えて招来されたものにしては、いささか細ごましすぎている。

それらの品々が島に到来したことにより、はたして島はどれほどの刺激をうけたのだろうか。土産物としての価値は充分に発揮したと思うが、島の文化に与えた影響の形跡はどこにもみあたりはしないのである。

そのことは、当時の島の状況を想いうかべる上で、何がしかの暗示を与えてくれるようにも思える。

塩飽諸島の動静

註1	総計	瀬居島	沙弥島	与島	岩黒島	櫃石島	佐柳島	高見島	手島	広島					牛島	本島								島名	
										市井	青木	茂浦	江ノ浦	立石		生ノ浜	尻浜	福田	大浦	甲生	笠島	小坂	泊	集落名	
註2	六五〇	(二〇)	(九)	四〇	(二)	一〇	(七)	七七	六六	一二	一四	一四	二〇	一六	三七	三三	四〇	二六	二三	一六	七八		九〇	人名《にんみょう》数	
註3	二三九、六五一			二八、八五四		八、六二三			三〇、四四五	〇、三五〇		一二、二〇二	一二、三六八	一三、六一六	六、八一五	三、五四七			四九、五三八	一二、〇二三	二〇、一九二		四一、〇七九	田方(石、合)	慶長11年(一六〇六)検地石高
	一一三一、〇〇三	一三、〇〇〇	一〇、〇〇〇	八八、五五六		四〇、八一〇	二〇、〇〇〇	五〇、〇〇〇	一三六、八二四	二二、〇四四	一七、四九九	二三、一一〇	三六、六四〇	二七、六五九	八一、五三七	四八、五八〇	六三、三七〇	六九、〇六六	五四、九七六	三四、六一二	一七三、六〇三		一一九、一一五	畑方(石、合)	
	一三七〇、六五四	一三、〇〇〇	一〇、〇〇〇	一一七、四一〇		四九、四三三	二〇、〇〇〇	五〇、〇〇〇	一六七、二六九	二二、三九四	一七、四九九	三五、三一二	四九、〇〇八	四一、二七五	八八、三五二	五二、一二七	六三、三七〇	六九、〇六六	一〇四、五一四	四六、六三五	一九三、七九五		一六〇、一九四	合計(石、合)	
註4	二〇二六	二七	一五	九六		五七	一一四	二四九	一一〇	六七	七八	七八	九四	五一	一二一	六〇	六九	五二	七二	四〇	二〇五	?	三四一	家数(戸)	宝永元年(一七〇四)
註5	485	1	4	49	1	21	3	46	46	18	27	17	37	17	25	14	13	36	13	57		2	38	農業	明治初期職業別戸数
	725	117	9	0	9	31	267	32	1	3	0	0	1	1	12	0	0	1	2	8		230	1	漁業	
	707	0	1	6	0	15	3	93	68	39	39	40	35	23	33	43	28	41	72	74		4	50	大工	
	210	0	1	15	0	3	2	21	4	5	4	17	35	8	14	13	5	5	18	25		4	11	船乗	
	25	0	0	1	0	1	0	0	0	0	0	0	1	0	0	0	2	0	4	5		8	3	商業	
	112	0	0	5	12	12	0	1	4	5	3	1	10	1	7	1	0	3	1	27		4	15	その他	
	2264	118	15	76	22	83	275	193	123	70	73	75	119	50	91	71	48	86	110	196		252	118	合計	
註6	2205	281	38	370	37	151	165	117	125	31	甲路 50 青木 198	40	釜ノ越 43 江ノ浦 69	38	24	20	14	72	34	19	屋釜 3 山根 36 笠島 90	96	宮の浜 57 泊 77	世帯数(戸)	昭和62年
	5313	1145	134	577	104	351	278	216	293	63	171 285	112	113 127	93	46	31	27	171	59	41	5 88 217	263	147 156	人口(人)	
註7	15	—	—	3		1				5					1	5								耕地田(ha)	昭和60年
	205	—	—	20	7	26	45	56	小手島 4 手島 11	15					2	19								耕地畑(ha)	
	41	—	—			1	1	8	1 3	7					8	12								耕地樹園地(ha)	
	261	—	—	23	7	28	46	64	5 14	27					11	36								耕地面積総数(ha)	
	3078	—	—	小与島 18 与島 115	16	85	207	254	59 384	1184					81	675								島の総面積(ha)	
	8.5	—	—	20.0	43.8	32.9	22.2	25.2	8.5 3.6	2.3					13.6	5.3								耕地化率(%)	
	680	—	—	69	24	71	45	43	2050	127					24	207								農家戸数(戸)	
	2632	—	—	3	161	549	58	571	175 37	62					35	1026								水産業生産額(百万円)	

註1　沙弥島・瀬居島は埋立てにより今は坂出と陸続き。小手島・小与島は各々手島・与島に含め集計した。現在は粟島・志々島も塩飽諸島に含めるが、歴史的に見て本表では除外。

註2　沙弥島は正保元年（1644）与島の人が開作。万治2年（1659）瀬居島は本島泊の年寄宮本家が開作。佐柳島は慶長頃に開かれていたが、高見島の人が移住。そして、それぞれ人名株が移された。寛政9年（1797）岩黒島が本島泊と笠島の肝煎の人名株2を移して開作され、佐柳島の人の移住をみた。

註3　「慶長11年田畑打出所訳次第」『瀬戸内海に於ける塩飽海賊史』真木信夫著による。但し端数を切り捨てて表記。総計1370余石のうち1250石が天正18年（1590）にあらわれた朱印高である。石高の8割以上が畑方。本島の福田・尻浜、広島の青木、高見島、佐柳島、岩黒島、沙弥島、瀬居島の田方は無高である。

註4『瀬戸内海に於ける塩飽海賊史』による。江戸中期頃より塩飽諸島の家数が記録に出てくる。ちなみに享保年間（1716〜1736）はほぼこれと同数の2035戸。18世紀末期の寛政年間には1969戸にやや減少。

註5『地理学評論』（第28巻7号）による。戸数は藩政期より少し増加。大工の数が多い。漁業が盛んな集落は、大工が少ない。

註6　昭和62年2月1日現在の市役所・町役場資料による。ただし、本島のうちわけは昭和61年4月1日現在。全般的傾向として明治初期に比較し家数が減少。中でも牛島の減少が著しく74%の家数が減少。また本島の生ノ浜、尻浜、大浦も3割前後までに減少。しかし花崗岩を産出する広島の青木や与島、坂出と陸続きになった沙弥島、瀬居島では家数が増加。

註7「離島統計年報」（日本離島センター）による。耕地化率は面積の7.9%。水田があるのは本島、牛島、広島、櫃石島、与島、粟島の6島。残り半数以上が畑作のみの島である。農家戸数中の専業農家は4割強である。統計資料には漁家数を欠くが、水産業生産額から本島（小坂が多い推測）、高見島、櫃石島、粟島が漁業を生業とする人が多いと推察できる。佐柳島は明治初期に漁家が多かったが、現在さほど生産高がない。百年余の間に生業が大きく変化したことをにおわせる。

幕末には、もうひとつの大きな出来事があった。慶応二年（一八六六）、瓦解を寸前にひかえた幕府は、長州征伐を行なう。このとき、幕府の御用船方である塩飽の人名に出役の命がくだるのである。

それを、塩飽の人名たちがどのように受けとめたのかは、詳らかでない。あるいは、水主役は務めるものの、戦役にまでかり出されてはたまらない、という気分があったのではないか、とも思われる。

江戸幕府が塩飽の人名に土地安堵の朱印状をくだすのは、初代家康と二代秀忠のみであった。たてまえとしては、将軍の代替わりのたびに、いちいち朱印状を賜らなければならない。ところが、江戸幕府の基礎が固まった三代家光の代以降は、その手続きもうやむやになりはじめていた。気をもんだ塩飽の年寄が伺いをたてても、要領をえぬまま、うかうかしているうちに将軍が代替りしていたということもしばしばあった。そして、御両代様（家康・秀忠）の朱印状でさしつかえない、といった程度の沙汰が思い出したかのように二度ほどくだり、これといった波風もたたず幕末へと時が流れていった。

ところが、幕末の火急な出来事を前に、幕府は、にわかに塩飽の存在を思いおこしたのであった。そして、虫のよい話ではあるが、長州征伐出役の命をくだしたのである。

ところが、塩飽の人名たちは、なぜか自らその闘いにいどまなかった。かわりにこの役を負ったのは、本島の漁浦小坂の人びとであった。しかも、かれらは幕府から何ら特権も与えられていない漁民である。おまけに、人名に与えられた漁業権を借用して漁をしていたかれらにしてみれば、傍迷惑もはなはだしい話であったにちがいない。

幕末の塩飽のなりわいを知る資料をあいにく手元にもちあわせていないが、ほぼ時期を同じくする明治初期の統計がそのあたりの事情を物語っているのではないか、と思われる。

当時の状況は、本島九七二戸のうち農業一九八、漁業二五四（小坂が二三〇を占める）、大工職三四五、船乗九五、商業二二、その他五八となっている。

小坂の漁業戸数を除けば、大工の数が圧倒的に多い。塩飽は、いわば職人の島に変容していたのである。

幕府が、やっきになって兵や船を出せといってきても、玄翁《げんのう》をもって馳せ参じることはできようが、どだい無理な話であった。そして、長州征伐には漁船を仕立てて出向き、その場をしのがざるをえなかったのであろう。

先にあげたのは明治初期の統計であり、幕末とは時代背景がちがい、厳密にはその比率をもって当時の状況を推しはかることはできないかもしれない。

しかし、いわゆる大工の島への変容は、おそらく、幕末・維新を境に急激に起こったものではなかった、と考えられる。塩飽の船持・船乗りが影をひそめる一八世紀半ばを境に、あるいは徐々にこの道をたどっていったのではないか、と思われるのである。

船大工、そして堂宮《どうみや》大工

塩飽の大工については、はじめに紹介した文禄元年（一五九二）の豊臣秀次の朱印状に、朝鮮出兵の際船大工を差し出すようにとあり、早い時期からその活躍があったもの、とみられる。

船方の島には、しぜん船大工の需要がおこってくる。木造船は、海に浮かべておくと船底に海藻や貝殻が生じ、船脚がおちる。それを取り除くために船タデの必要があり、また船の修繕も定期的に行なわなければならなかった。

牛島の丸尾家や長喜屋などの大きな船持になると、独自に船を修繕する造船所までもっていた、とも伝えられている。また、そこまでいかなくても、塩飽にはある時期まで大小の船持がおり、ひとつの船大工の技能が根づく素地を充分もっていた土地である、と考えることができる。

塩飽の造船所については、さいわい、ドイツ人の医師シーボルトが、『江戸参府紀行』（東洋文庫・斎藤信訳）にその様子を書きのこしている。文政九年（一八二六）六月二日の見聞である。

六フィートの厚さの花崗岩でできている石垣で海岸の広い場所を海から遮断しているので、潮が満ちている時には非常に大きい船でも特別な入口を通って入ってくるが、引き潮になるとすっかり水が引いて、船をくわしく検査することができる。人々はちょうどたくさんの船の艤装に従事していた。そのうちいく隻かの船の周りでは藁を燃やし、その火でフナクイムシの害から船を護ろうとしていた。

潮の干満の差を利用した造船所の構造と、船タデの様子が、その紀行には生き生き描かれている。そして、ここは下関と大坂のあいだでは船を修理するのに最も都合のよい場所だ、と感想が記されている。

ところが、本島の笠島集落にあったといわれるその造船所は、いま跡形もない。そればかりか、島には船大工すらいないのである。

塩飽の大工というと、後世の家大工が有名である。船大工と、この家大工のつながりについては、具体的にわかっていない。

おそらく、塩飽で船持がなりをひそめた時代、船大工から家大工への転換が行なわれたもの、と思われる。島で造船や船の修繕の需要が少なくなった時代、修得した技能を島で生かせなければ、よそに活路を見いだすか、あるいはほかに生かすみちを考えざるをえなくなる。

塩飽衆は古来、四方の海を渡りゆく民であった。あるときは天下人のために航海の技を売り、またあるときは自らの船を操り、万里の波濤をこえて四囲の海にのりだし、技をもって世を渡り、暮らしを築いてきた人びとであった。

その、技に生きる心意気が職人としてのみちをきりひらき、移りゆく時代に呼応して生業の姿をこきざみに変えていったもの、と思われる。

そしてまた、かれらはひとつの土地に埋もれることなく、より広い世界を求めて、そこをすみかとする方向をたどっていったのではなかったのか。

*

岡山県や香川県には、江戸時代に塩飽大工が手がけた社寺がいくつか残っており、塩飽の廻船が衰えた一八世紀半ばを境にその作品が数多く判明する。

たとえば、岡山県吉備津《きびつ》神社がそのひとつである。

備中《びっちゅう》一の宮であるこの神社は、鳥が翼をひろげたようなみごとな屋根をもつ比翼《ひよく》入母屋造り（吉備津造り）で名高い。この本殿の修理が、宝暦九年（一七五九）から明和六年（一七六九）にかけて行なわれた。そのときの棟札には、「塩飽大工棟梁大江紋兵衛常信」と工匠の名が墨書されている。また拝殿も再建され、やはり塩飽大工大江家がこれを手がけた。

　大江家は、本島泊の出身で、いまは姫路に本宅を移している。その分かれにあたる大江ユキエさん（明治三七年生れ）が笠島に住まわれていることを耳にしたので、訪ねた。

　大江家は、古い家並みの中にある格子造の家で、吉備津神社の写真が座敷の額に飾られていた。

「主人の本家が大江です。やはり主人も大工で兵庫県の芦屋で仕事をしておりましたが、戦後しばらくして亡くなりました。息子は大工をやらず、丸亀市の教育委員会の方へ勤めております。そこで、あの国宝の神社をうちの先祖が手がけたことがわかり、息子が休みをみて写真におさめてきたのです」

と、大江さんは写真を前に、まるで人ごとのように淡々と話された。たいそうに思っていないのが、どこか可笑しみをおぼえる。

本島の正覚院庫裏の玄関。塩飽の堂宮大工の円熟した手技が残されている。この寺は延暦4年（785）、桓武天皇の勅願により創建されたという

　香川県善通寺にも塩飽大工の作品が残されている。弘法大師の創建と伝えられ、四国八十八ケ所札所として多くの善男善女が訪れるこの寺には、端整な五重塔が天にそびえている。この塔を四度目に再建したのが、塩飽大工橘貫五郎である。

　橘家は、いまも本島生《いき》ノ浜に居を構え、番匠屋《ばんじょうや》の屋号でよばれている。

　訪ねると、子孫にあたる橘カメノさん（明治三八年生れ）が土間でタマネギを箱につめているところであった。まちで世帯をもった子どもたちに送るのだといって、ひとつずつ丁寧につぶをそろえている。

「貫五郎は、私から数えて三代前の人です。善通寺さんの五重塔を二段目までつくったところで亡くなったといいます。讃岐の旅先で死によりました。そして、残りを息子の二代目貫五郎が完成させたと聞いております」

　それ以上の話は、この家にもまったく伝わっていない。仏壇の位牌を拝見すると、初代は慶応三年（一八六七）、二代目は明治三〇年に亡くなっていることがわかった。そして三代目は、鉄道技師として朝鮮に渡り、大工を継ぐことはなかったのである。

　堂宮《どうみや》大工として他国に足跡をのこした塩飽大工はほかにもいく人かいるようであるが、島を歩いてみて、ほか

の子孫に出会っておらず、手がかりをえていない。

また、堂宮大工のほか、このころから家大工として旅稼ぎをした大工も相当数いた、と思われる。ところが、江戸時代の家大工については、伝承すら消えさり、多くの謎につつまれているのである。

塩飽大工、浪速の稼ぎ

塩飽大工を訪ねようと、すがるような心もちで島を巡っている。

古い話を聞こうとしてたずねてみても、思うように人にいきあわない。それどころか、島へ帰ってきて何年たったのかが、昔のことを知る人の基準になっているのには、いささか驚かされる。伝承の世界がうすれるのも無理はない、とそのときつくづく思った。

そして歩いてみても、生涯大工で過ごしたという人には、なぜかほとんど出会うことがなかった。島の老人には、まちで会社や役所勤めをして、定年退職後に島でのんびり年金暮らしをしようと帰ってくる人が少なくない、という。職人の場合、定年や以前は年金もなく、事情が多少異なるのかもしれない。また、次男、三男で職人として出ていった人は、そのまま、まちに住みつき、島に帰らないのが普通である。

塩飽大工ははじめ岡山あたりに出て、明治にはいると大阪や神戸に出るようになって、大いに腕をふるった、という話を浦うらで耳にした。大工は、およそ出身の集落ごとにある集団を組み、仕事にあたっていたようである。

大阪に出た塩飽大工には、大きく分けて三つの流れ（集団）があった。島《しま》ノ内《うち》ダイギク、船場ダイヤサ、そして難波のダイヒチである。

ダイギクは大工の菊松のこと。別名をマエザキノカスケサンともいった。これは、本島の西隣の島、広島江ノ浦を出身とする前崎嘉助・息子の菊松を親方とし、大阪の島之内研屋《とぎや》町を本拠とした大工集団である。

江ノ浦の墓地に前崎嘉助の墓が残っていると聞いて訪れると、大正一〇年に九〇歳で亡くなっていることがわかった。天保の頃の人であることから、大工として活動を始めたのは、幕末から明治初年にかけてであったのだろうか。

二代目の菊松には嫡子がなく、江ノ浦に生まれた寺脇瀧二が三代目を継いだ、という。瀧二の娘にあたる林良子さんが手島に住んでおられ、当時の写真を何枚か見せてもらうことができた。

ダイヤサは大工の弥三郎で、姓は山下。これは、本島生ノ浜を出身とし、大阪の船場唐物《からもの》町を本拠とした集団である。

生ノ浜の共同墓地にダイヤサの墓があり、傍らに墓碑が刻まれている。

山下彌三郎當村父丹羽亀蔵母せき二男文久三年亥
七月九日生大阪區唐物町三丁目ニ於テ建築請負業
ヲ爲シ老後帰村風月ヲ楽ム妻たみ大阪南區塩町一丁
目父渡辺伊兵衛母こま長女明治八年亥四月十六日
生老後帰村

なお、山下姓をなのったのは、生ノ浜の山下という人が四国遍路に出たまま行きだおれになったので、その名跡を継いだためだ、という。そして亡くなったのは、昭和六年のことであった。

生ノ浜には、ダイヤサの家がのこっている。周囲に高い板塀をたちめぐらし、長屋門を設けた豪壮な屋敷構えである。

訪ねていったところ、たまたま奈良県在住の子孫が墓参りに帰っていた。聞くと、母屋は大正時代の建物であるという。すると、請負業で名を成したのちの再建となる。この母屋の建築にあたって、木材を本拠とした大阪から船で送り、瓦も淡路からやはり船で運び、弥三郎はお気に入りの大工を遣り、心ゆくまで仕事をさせた、という。

ダイヒチは大工の七兵ヱからとった屋号であるというが、この七兵ヱなる人物については詳らかでない。かれ自身は、どうも塩飽出身ではなかったようである。が、跡を継いだ曽根音吉が、広島立石の出であった。音吉は

塩飽の広島江の浦を出身とする大工の棟梁前崎菊松を親方とし、大阪の研屋町を本拠とした大工集団「ダイギク」が昭和２年に建てた鉄筋コンクリート３階建の大阪水田商店

明治十年代半ばの生まれで、この集団は難波を本拠に活躍をみせた。

ダイギク、ダイヤサは島ノ内・船場の商家や問屋の建築に腕をふるい、ダイヒチは難波新地界隈のお茶屋の建築を得意とした。そして、多いときにはいずれも五〇〜一〇〇人の職人を抱え、明治から昭和初期にかけて、大阪の町家を多く手がけていた。関西のまちづくりの一端を、塩飽大工が担っていたのである。

＊

立石にこのダイヒチで修業した人がいると伝え聞き、塩飽広島に渡った。

本島から広島への直行便はなく、一旦丸亀へ出て再び船に乗り替え、また逆もどりしなければならない。同じ塩飽諸島、それも隣に見えている島でも東西の航路はついておらず、船の連絡に注意しないと思わぬ時間がかかる。

訪ねあてた人は、林正三氏（大正五年生れ）である。立石集落のいちばん奥まったところに居を構えている。声をかけると、昼寝のさいちゅうであった。

「この島におったら自活できません。手に職をつけろ、いうて当時塩飽のもんはほとんど大工に出よりました」

林さんは、それが島で生れた者のごくありふれた生き方であった、と語った。林さんが学校を終えたのは昭和六年のことで、立石と江ノ浦の同級生五人と大阪へ向かい、こぞって徒弟奉公にあがった。当時、ダイヒチには五〇人ほどの職人がおり、なかに一〇人ほどの兄弟子（ダイヒチで年季をあけて職人となった人）がいた。

ダイヒチの親方曽根音吉は、ちょうど林さんの叔父に

あたるという縁もあった。住み込んだところは難波新川一丁目。難波駅前高島屋の裏手付近である。ちょっと歩けば道頓堀・千日前・戎橋通・心斎橋といったミナミの繁華街のまっただなかの一角である。そんな土地柄ゆえ、ダイヒチは粋筋の仕事を数多く手がけた。

「お茶屋の仕事いうたら、ダイヒチは大阪でも一、二を争いよったですな。数寄屋《すきや》造りいうんでしょうか、玄関、床ノ間、天井と手のこんだ仕事をしよりました。曲がりくねった木をきれいにつこうて何ともいえん仕事をする。いうたら風流なんや。ミナミで名高いヤマトヤ、トンダヤ、イタコ……、四〇軒くらいのお茶屋の得意先がありましたわ」

　話がしだいにはずみをつけてくる。これらお茶屋の普請にはダイヒチでも、とくに腕のたつ五、六名の大工を選りすぐった集団があたり、世話焼きに宮田という人が就いていた。

塩飽広島の立石港。塩飽本島が対岸に見える

　世話焼きとは、その集団の長のこと。今風にいったら現場責任者とでもいおうか。この世話焼きに率いられた小集団がいくつか寄り集まり、ダイヒチというひとつの請負の組織を構成していたのである。ちなみに、盛時、ダイヒチには一〇人前後の世話焼きがいた、という。世話焼きに率いられた集団は、必ずしも一人の親方のもとにとどまるのではなく、仕事に応じて何人かの親方のもとを往き来するのがつねである。

「宮田はんでっか、やはり瀬戸内の島の出の方です。そりやもう大工の神様のような人で、いちど図面を見たら、あとは完成まで図面を見ずに仕事をしよりました。そしてできあがりは一分一厘かわっていまへん」

　林さんは大阪弁をまじえる。その世話焼きは京都の祇園《ぎおん》あたりからも呼び声がかかるほどの人であった、とつけくわえた。いくら金がよくても、ただ釘で打ちつけるだけの仕事はするな、手が荒れる、それが宮田という人の口ぐせであった、という。

　また、山口筆吉という世話焼きもいた。塩飽広島市井《いちい》の出であった。世話焼きの中の長老で、大世話焼きとよばれていた。が、これといった仕事を残すこともなかった。

　ところがこの筆吉翁、妙なところに熱をいれた。難波新地演舞場で毎年行なわれる春の蘆辺《あしべ》踊と秋の温習《おんしゅう》会をとり仕切ったのである。そして、筆吉さんがいないと幕があかない、とまでいわれた。

　難波に本拠を構え、お茶屋への出入りが多かった関係からであろうか。ダイヒチは、新地の芸妓が踊る演舞場の舞台装置、大道具、小道具の製作一切を引受けていたのである。

　四月の蘆辺踊が始まる二カ月前になると、筆吉さんの顔は、生き生き輝いてくる。大工仕事も冬枯れでわりあい暇な時期なので、筆吉さんの指揮のもと大工は総出で舞台の道具づくりにはげむ。

　また舞台が始まると、職人は道具係や幕引きにと夜なべ仕事にかり出されていく。秋の温習会も同様で、これら舞台のあるあいだは、本業のほか余業でも一人役の日当が稼げたのである。

広島の集落と青木石（花崗岩）を産する山。
集落の背後に石切場が見える

「温習会の出し物に播州皿屋敷がありました。為永太郎兵衛が傘をさして舞台に登場。そのときパラパラと雨を降らすのは大工が係です。柳の木がゆれヒトダマがとぶ。このヒトダマを釣り竿につけて走り回るのも大工や」

林さんは、茶目気たっぷりに話す。

頼まれれば何でもやる、そこに地元に根づき成熟した技術を墨守して生きる職人とのちがいをみる思いがする。旧来の職人のあいだをぬってまちに入りこみ、頭角をあらわす新興勢力の若々しさが感じられはしないだろうか。

「昔の職人いうたら腕もきれよったけれど、よう遊びよった。昼休みにお茶屋のおなごと話するやろ、今晩暇だったらウチと遊ばん、と誘われますわ。お互いに気心が知れとるけん、夜は太鼓たたいてドンチャン騒ぎよ。塩飽の職人はよう働き、よう遊んだもんですわ」

女房もちの職人も妻を島においているため、そのときは大いに羽をのばした、という。が、店の女とねんごろになるのにはけじめをつけていた、と林さんはつけくわえることを忘れなかった。

お茶屋以外の得意先も、大阪のまちには多くあった。ダイヒチでは島ノ内で呉服屋、荒物屋、瀬戸物屋などを営む近江出身の商人とのつきあいが少なくなかった。

「浪花《なにわ》商人は勘定高い。得意先がへたってきたらすぐ取り引きをやめてしまう。ところが近江《おうみ》商人はちがう。この人成功するなと見込んだら目先のことにとらわれず、とことん入れあげてしまうで。やがてその人が逆境からのし上ってくるやろ、そうすると自分ものびていくんや。おもしろいやろ」

仕事の先々で、そんな商人たちの気風のちがいをつぶさに見とどけているのである。この言葉は、よそから来た人間が新しい土地へ根づこうとするときの苦労を、ある共感をもって述べているもの、ともうけとれる。旅稼ぎをする塩飽大工にも、あるいはそれと共通する生き方があったのかもしれない。

「旦那はんもさまざまや。見こんでくれたら、帰りがけにないしょで祝儀くれる人もおったで。すると、あくる日は人より先に出かけて仕事するやろ。わてはこの旦那はんに気に入られとるんや、それにむくいにゃいかん思うて人一倍働くのや。しぜん祝儀以上の仕事をしよるわけですわ。いってみりゃ人をつかうのがうまいのですわ」

かわいがってくれる旦那にはとことんつくし、お互いに信頼しあうのを信条としたのである。

また、職人それぞれがそのような気持をもつだけでなく、それは職人社会の根底に流れる心意気であった。そして、職人と旦那の往来は、仕事をはなれたところにも及び、つきあいがひとつの慣習にさえなった。たとえば旦那の家の近くに火災がおきると、職人はいち早く駆けつけて万一に備える。また、冠婚葬祭や暮れの大掃除など人手のいるときには、出入りの旦那の家へすすんで下働きの手伝いに出向くのが職人のしきたりであった。

手びろく請負を営むダイヒチには、関東からやってきた職人もいた。その気質は、関西の職人とはまったくちがったものであった。

「関東の職人は、自分がやるまいと思うたらいうこときかんで。気がむかんと、わしゃできん、とあからさまにいってしまう」

あるとき、新築成った旦那の家に手洗鉢をすえ置くことになった。その場所が、旦那の好みとちがっていた。関東の職人は、自分の意見をとおし、気にいらん仕事は自分はできん、といって帰ってしまった。

居あわせた関西の職人が見たところ、やはり旦那のいう場所にすえるのはふさわしくない、と思えた。が、かれは何くわぬ顔でいわれたとおりの仕事を仕上げて家に帰っていった。そして数日後、いっぱい機嫌の旦那を見るや、自分の意のあるところをそれとなく述べ、旦那の面目をつぶすことなく自分の思いどおりの仕事をなしてきたのである。

「けんかして帰ったら一文にもなりゃせえへんで。こっちは祝儀の二重取りや」

と、林さんは上目づかいで笑った。関西は、江戸・東京のように頑固な意地を愛で、その気骨をおもしろがる土地柄ではない。島から出てきた職人は、そんな土地の気風を充分にみぬき、したたかに生きていった。

林さんが徒弟奉公にあがったころの仕事は、一年目は割木づくりに終始した。親方の家のカマドや風呂の薪を割る仕事にあけくれたのである。はじめは、大工仕事を習いにきていたのに、らちもない仕事にいらだち、はがゆくもあった。しかし、それをやったおかげで、木目や木の割れ方などさまざまな木の性を知りつくした、という。

二年目は板削り。あけてもくれてもカンナかけの毎日である。これによって道具の調子を身をもって覚えた、という。

三年目にはいるとようやく穴あけや木の組立ての手伝いとなり、半人前の仕事が与えられるようになる。そして、簡単な棚の取り付けとか、物干し台の修理に職人の代理として出むいた。

「親方や世話焼きはだまって見よるだけで、徒弟を仕込んでくれるのは兄弟子ですわ。昔の職人は手をとって教えてくれまへん。からだで覚えろ、いうて木の切れ端でよう頭をたたかれました。もたもたしてると何がとんでくるかわかりゃしまへん。仕事を覚えるあいだ生コブのたえまがなかったです。それは、親方の甥であろうがなんであろうが同じです」

修業して痛い目にあえばあうほど腕は確かになる、と林さんは徒弟奉公をふりかえった。

林さんが二〇歳になり、ダイヒチの年季をあけたのは、昭和一二年のこと。軍国主義が強化されていく時代である。徴兵検査がすむとそのまま兵隊にとられて、海軍で終戦を迎えた。

「兵隊からもどって木を削ってみるとデコボコや。年季があけたときは、木がピシャとひっついてむこうが見えませだった。ぜんぜんあかん。兵隊暮らし八年のあいだに、すっかり手が荒れてしもうた」

合わせ目から光がさしこむ削り板を前に、林さんは愕然とした。また親方の家も、多くの職人が兵隊にとられて、とても請負をつづけるどころの状態ではなかった。

これは、ダイヒチに限らずダイヤサ、ダイギクといった塩飽大工の親方のところでも同じであった。そして、これら三つの親方とも、戦争を前後していずれも店をたたんでいった。

若き有能な職人、あるいはこれから職人としての活躍を期待されていた多くの人びとが戦争で尊い命を失ったからである。そして、それまで培われた優れた手技の伝承も困難な時代にはいり、しぜん親方衆はやる気をなくしていった。

林さんは島に帰っていった。そして、道具箱を肩にかつぐことは、以後、二度となかったのである。

「じわっとかげにかくれ、百姓でもしていた方がええ、という気になったまでです」

そう、言葉少なげに語った。

わずか六年間ではあったが、徒弟奉公時代に培われた体験は、自分の腕に対して過剰なまでに厳しい目をもたせた。そして、職人として渡る世間に対し、確固たる意志で自らを律したのである。

「そないな苦労は、私だけがしたものではありません。塩飽の大工は、みな同じようにもまれ、たたきあげていったのです」

と、林さんはさりげない。

「一〇年前でしたら、浪花で仕事を終えた大工が島に五、六人おりましたが、いまはみんな死んでしもうた。大工といっても私は、ただ年季をあけただけのことで、職人としての仕事をしておりませんので、それからあとの苦労はわかりません」

と、話をしめくくった。二〇歳まえに、まちで身につけた世間を嗅ぎとる力の鋭さを、話のはしばしに改めて感じる思いであった。

その世間をみる目は、海に育まれ、手技をもって世を渡る民のなせるすべであろうか。

年季をあけて職人として日々生きた人びと、あるいは店を構えて親方となった塩飽大工はどのような人生をおくったのだろうか……。ある徒弟時代をおくった一人の塩飽大工の話から、さまざまな思いがわきおこつてくる。

戦後島に戻った林さんがきり拓いた屋敷裏の畑には、ナシ、モモ、ブドウなどの果樹が根づき、小鳥のさえずりが木立から聞こえていた。わかれを告げると、林さんは屋敷に立ち、このふいに訪れた風来坊たちを影が見えなくなるまで見送ってくれた。

港神戸に佐柳島《さなぎ》の水船

島巡りは、のこす日もわずかである。石垣積みの集落がみごとな高見島で一泊し、北に浮かぶ佐柳島をめざした。

佐柳島は面積約二平方キロ、戸数一六五、人口二七八（昭和六二年二月現在）、本浦と長崎の二つの集落からなる小島である。塩飽諸島の中では耕地がよく目につ

石垣を築いて拓いた高見島の畑。濃い緑のキンセンカが植えられていた。

右　山の斜面にたてられた高見島の浦集落。高見島は面積約2.5平方キロ。集落は浦の他に浜、板持がある

中　浦集落の人がすれ違うのがやっとの細い路地

左　浦漁港の浮桟橋から走って上陸する子供。手にしているのは多度津で買ってもらったラジコン

志々島の丘にはオレンジ色のキンセンカが春の陽ざしの中で咲きほこっていた。花は阪神方面に出荷する。花卉栽培は昭和25年頃からで、それ以前はいも畑だったという（現在、畑は山に帰し、この景観はみられない）

き、山をきり拓いた畑には、サツマイモやマメなどが植えられている。その畑は、人びとが力をあわせて拓き、ささやかながらも均等に分けていったことを思せる、整然とした地割りがみられる。

佐柳島は、人名の島としての歴史をもった塩飽七島のうちには数えられていない。塩飽諸島を厳密にいうと、大小二八の島じまから成る諸島で、うち一三が人の住む島である。

佐柳島に人びとが多く住みはじめたのは江戸時代にはいってからで、高見島から七つの株をもった人名が移住して開拓をすすめ、ほかの島じまからも漁民が移り住み、しだいに集落が形づくられていった。

七つの人名株が島にあるものの、塩飽全体の六五〇株からみるとその数は少ない。したがって、そのことが島の歴史に及ぼした影響はほかの島にくらべて、さほど大きなものであったとは思えない。

明治初期の統計によると、戸数二七五のうち、農業三、漁業二六七、大工三、船乗渡世二となっている。大工や船乗りになって稼ぐ人がほとんどいなかった点に、塩飽七島のあゆみと性格をちがえていることが読みとれる。そして、専ら漁で暮らしをたてる島であったことがわかる。

また、漁村ではあるが、集落の背後に耕地の開拓がすすみ、人びとの意志が大地に刻まれてきた点、塩飽七島との気質のちがいをどこか物語っているようにも思える。その耕地は、最初に島に移住した人名たちが拓いたものもあろうし、漁民が狭いながらも作物をつくって暮らしのたしにしようとしたところでもあろう。そして、明治以降、しだいに陸にあがった漁民もいたとみえ、今日、四五戸の農家を数える。

佐柳島本浦の北はずれにある八幡宮に参った。本殿は昭和二八年の改修、拝殿は同四八年の新築になる堂々たる建物である。境内の前には海がひらけ、波の打ち寄せる音がここちよい響きをかなでている。そのすがすがしい境内にたたずむと、島の暮らしの移りようが社殿の姿に象徴されているかに感じとれた。

拝殿にあがると、新築を記念して船を操縦する舵取機《かじとりき》が奉納されていた。見たところ漁船のものとは思われない。近づくと、神戸市在住佐柳島有志と奉納者の名が書かれている。

鴨居《かもい》の上には、本殿改修寄附者の名を連ねた額が高々と掲げられている。地元の人に混じり、よそからの寄附者の名をじつに多く目にする。

そこには、神戸市在住八九、大阪市在住三五名をはじめ、神戸市給水所四〇、住友神戸支店一六、神戸市大正運輸一四、神戸市田本組九、大阪市住友四三と、役所や企業ごとに人びとの名前が記されている。

神戸・大阪と佐柳島はいったいどのように結びつくのであろうか。この点に大いなる関心がわいた。

拝殿を新築したときの世話人がいると聞き、訪ねていった。新田清市氏（明治三五年生れ）である。新田さんは、神戸市水道局の前身、神戸市給水所に長らくつとめ、定年退職後にこの島にもどってきた、という。

「わしらの入った大正のじぶんは、船舶給水所というておりました。神戸港へは、日本の船はむろんのこと、アメリカ、イギリス、ドイツと外国の船がよけいきよりました。その船に給水するのが仕事です。ほとんどが佐柳島の人でした」

と、新田さんは姿勢を正し、物静かに話しはじめた。

神戸が港町として開かれたのは、一つには水が良かったためで、神戸の水は赤道を越えてもくさることがない、といわれた。

神戸港へ入港した船は、突堤に設けられた給水孔をつかっての自家給水と、沖に碇泊したまま水船をたのんで給水するものの二とおりがあった。神戸の良い水を水船でとどけるのが新田さんたちの仕事であった。

船が港に入り繋留すると、何番ブイの船、何トン給水をたのむ、と船舶会社から給水所に連絡がはいる。すると、水船が本船に出むくのである。新田さんが入った当時は、木造の水船を曳船がひいて本船に近づき、蒸気でポンプを動かす「ドンキ船」が付き添って給水を行なっていた。

水船の大きさは三〇、五〇、一〇〇トンの三段階で、慣れた者が大きな船に、初心者は小さな船に乗るといった具合であった。乗組員はいずれも一人で、真中に大きな水槽を備え、前後にオモテとトモの二つの部屋がつくられていた。

「給水所に勤めるといっても、戦後しばらくまでは私たちは船住いでした。水船には女をのせてはいけないというきまりがありましたから、女房や子どもたちは島において働いていました。船の中で男手で煮炊きをするという不自由な生活でした」

と、新田さんはしみじみ語る。

また、曳船には船長・機関長・機関部員・甲板員二名のあわせて五名が乗り組んでいた。かれらも給水所につとめる人で、船長と機関長が吏員《りいん》の職に就き、機関部員と甲板員は傭人《ようにん》としてやとわれていた。

　島を出て給水所につとめるときは、だれもが傭人として入った。水船に乗りたいという人がいると、島出身の先輩が所長にたのみこむという形が当時はほとんどであった。

　傭人として二年つとめると試験をうけて雇員にすすみ、さらに二年後の試験で正式な吏員になる道がひらかれていた。吏員になるとそれまでの日給が月給にかわり、盆・暮れの帰省も心おきなくできて、暮らしむきも安定する。

「給水所につとめる我われ佐柳島の人は、厳格・正直一点ばりで、これといった変った話もありません。ただ、仲間同士で張りあうといったら、水船のデッキを磨くことくらいでしょうか。水をあつかう仕事ですから、清潔に心がけ、競争で船を洗いました」

　そんな、地道な仕事であった。

　冬、港を吹き抜ける風は身をきるように冷たい。窓を閉ざすと空気がこもるため、水船の窓は真冬でも開け放たれている。

　水船が本船に近づくと、ロープがおろされる。そのロープをつたってするすると本船に乗り移り、給水孔に水船のホースをとりつける。しばらく給水のあいだは、ほっとしたひとときがあらわれる。

「アメリカの船の人は親切でした。カーペンターいいよる船の大工さんが、たいていは給水の係をしよりました。寒いから部屋へ来いいうて、ホットコーヒーを沸かしてくれたものです。たとえ言葉が通じなくても、そのときの親切は心の奥底まで温かくしたものです」

と、新田さんは、現役時代を回想した。島での寄り合いやゲートボールなどのあとで、ふるさとに戻った仲間でふとそんな思い出話に花を咲かすこともある、という。

　八幡宮の拝殿を建て替えるときは、新田さんはすでに年金暮らしであった。そして、寄附の呼びかけをすると、神戸や大阪で活躍する多くの佐柳島出身者から巨額の金が集まった。水船で働く仲間のなかには、吏員にすすめぬまま年老いてしまった人もいた。かれらからも同じように島へ志が寄せられてきた。

　新田さんは世話人として格別の思いをいだいた。そして、千人を超す寄附者一人一人に、律儀にも自筆の礼状をしたためたのである。

夫婦で稼ぐ ハシケの暮らし

佐柳島出身者には、神戸港で水船にのるとともに、ハシケ（艀）にのって暮らしをたてる人びとも多くいた。

　先の八幡宮の本殿改修寄附者の額には、住友神戸支店、神戸市大正運輸、神戸市田本組、そして大阪住友と阪神の企業の人びとの名が記されていたが、かれらは輸送会社や倉庫会社で働き、ハシケのりとして港湾労働で汗を流した人である。

　ハシケは水船とちがって、ふつう夫婦でのりこみ、学業前の子どもがいたら船の中で育てた。また、見習いとしてやとわれた「若い衆」も同乗していた。

佐柳島本浦の集落。集落背後に広がる畑には、昭和35年頃までは除虫菊が一面に白い花をつけていたというが、今は作物はあまり植えられていない

大正運輸のハシケに夫とともにのっていたという岩本クニさん（明治四二年生れ）が健在であった。

「いまは楽させてもろうてますが、憶えてこのかた働きずめでした。小学校から帰ると、母親が百姓しよる畑のわきで乳飲み児の子守です。母は乳がでなかったので、背中に負うた児がよく泣きよりました。ハラすかしてな。マメをペチャペチャかみくだいては口元にもっていったものです。日暮れちかくになると母より一足先に家に帰り、ご飯をたいてその児と二人で畑の母を待つ毎日でした。学校をおえると、こんどは岡山の紡績工場づとめです。主人といっしょになったのは二〇歳のときです。主人は一四歳で神戸に出て、ハシケにのっていましたので、私もいっしょに船の中で暮らすようになったのです」

幼いころ島で過ごした日々や、嫁いでからのハシケ暮らしを、岩本さんはくったくのない表情で語りはじめた。

「こわかったのは、何といっても台風のときです。下の娘が三つくらいやったろうか、三十数年前に大嵐にあいました。避難の途中で、曳船のロープがプツンと切れてね。いあわせた船にやっとの思いで舫《もや》わせてもろうたが、今度は、その船ともども流されたんよ。二隻とも嵐にやられてしまうと思って、泣き泣きロープをほどいたのですが、一時はもうダメかと思いました。せめて子どもの命だけはと思うて、トモに寝ていた娘をおこしてだきかかえました。海の中へとびこんだらだれかが助けてくれるのではないかと思うてね。そうこうしよるうちに救助船が近づき、命からがらのりうつったんです」

海が平穏であっても、海上での暮らしはちょっとの油断でたいへんなめにあう。とくに幼児のいる母親は、たえず気を配っていても、いつも心配のタネがつきなかった。

ある夏の晩、ハシケの上で家族そろって夕涼みをしていた。

「スイカを切ろうと下の娘に包丁を取りに行かせたんですが、なかなかもどってこない。上の娘に見に行かすと、あわてて帰ってきよるん。どうしたと聞くと、妹が海に浮いとるん、といいよるの」

岩本さんが大いそぎで引上げたところ、息があった。水もさほど飲んでいないようで、ほっと胸をなでおろした。

「子どもはえろう元気なもんです。ケロッとした顔しておきあがり、おかあちゃんスイカ、といいよるんです。あれだけ水のんでまだスイカをほしがるんよ」

と、岩本さんは、ひょうひょうとした表情で話す。

また、戦後まもないころの出来事であった。配給米を受け取りに出かけた夫が夜になってももどってこない。心配で、勤め先に問合せわると、ヤミ米を買いに行った者とまちがわれて、留置所に拘束されているらしいとのこと。その日は、夜中の一二時に荷役の仕事がはいっていた。

「夫がいないからいうて、船を出さないわけにはいけんのよ。曳船の船長さんに、やんわり曳いてや、いうて私がハシケの船頭になって舵をとりました。上の娘が五つか六つくらいのときやったろうか。眠い目をこすりながらロープの上げ下げを手伝うてくれてね……」

ハシケにのった人びとは、あるときは女が男の代役をつとめ、子どもまでその仕事を手伝ったのである。

苦労の多い仕事ではあったが、米をつくっていない島の暮らしを思うと、働きさえすれば白い米を思うぞんぶん口にできることは幸せであった。ハシケを所有する会社からは、男・女・子どもを問わず一日一人五合の白米の配給があり、それがハシケのりの大きな魅力であった。

「年に何度か島に帰ると、少しずつ残しておいた米でおむすびを山のようにこしらえて、隣近所に配ったものでした。ええ土産物だと喜ばれました。ハシケの人はええなあ、と島の人にうらやましがられたものです」

と、戦後間もないころの物質が不足していた時代を岩本さんは回想した。

ハシケの暮らしは、石油ランプを灯して明かりとし、煮炊きには、流木をひろったり、造船所で木の切れ端をもらってきて燃料とした。

野菜や日用品は、港に碇泊する船をめあてに売りあるく「ウロウ船」から買い求めた。また、ときには船からあがり、ハシケの女たちが連れだって市場に買出しに出かける。それは、ほっとしたひとときで、ささやかな楽しみでもあった。

洗濯と給水は、神戸港の突堤で行なうのがつねであった。

「水はほんとうは買わにゃいけんけど、私ら佐柳島の船はおおかたタグで使わせてもろうていました。給水所の人が佐柳島の出の人でしたから。給水所のお役人がいくら厳格いうても、そのあたりはおおめにみてもろうていました」

ある日、岩本さんが突堤で洗濯をしていたら、いつもとちがう人がみまわりにやってきた。そして、岩本さん

昭和2年、富島組神戸支店船夫一同が金刀比羅宮に奉納したハシケの絵馬。富島組のハシケに乗った佐柳島の人々も多い

をとがめた。よくみると里の隣の家の息子であった。実家の井戸によくもらい水にきていた家の子なので、子どものころの面影をよく憶えていた。そこで岩本さんがすかさずいった。

「何いうとるん、あんた、うちの井戸でうぶ湯をつかったやないの」

その人は驚き、岩本さんの顔をまじまじと見て、なつかしさのあまり声をあげた。

「クニさんかいなあ。ほうかいなあ。なんぼでもとれや、かまわん、かまわん」

かずかずの出来事の中にはそんなこともあった、と岩本さんはいいかけて、思わず笑いころげた。その明るい笑い声には、瀬戸内の女の無邪気さが漂っていた。

ハシケの船住いも昭和三〇年代半ばで終わりをつげた。岩本さんが神戸のまちへ陸上りすると、ハシケにのっていた佐柳島の仲間たちもしだいにそれにならい、近所に寄り添うように住みはじめた。そして、陸の家から弁当をもってハシケに通う暮らしに変わっていったのである。

また、そのころから港の浚渫《しゅんせつ》がすすみ、本船が埠頭《ふとう》に横づけされることがふえてゆき、コンテナ船などもではじめて荷役作業のあり方が変わっていった。そして、しだいにハシケそのものが少なくなっていった。

漁に生きる佐柳島の人びとが、明治以降さかんに畑をひらいて陸での生活をすすめるとともに、一方ではほかに活躍の場をみいだしていったのである。それは、近代にむけて躍動しはじめた都市への人びとの移動であり、そこには、賃金を目当てに日々定められた仕事にはげむ、という新しい暮らしのたて方があった。

同じ海に育まれた島であっても、ここ佐柳島では、おいたちのちがいから船乗りや職人として島外に出る伝統が育たなかった。やがて、新しい時代を迎えて、人びとがまちに出るようになっても、かれらは、手技を売って暮らしをたてるみちはたどらなかったのである。が、これらの人びともまた、近代都市形成にさまざまな関わりをもち、まちづくりのかくれた力になったことにはちがいない。

＊

佐柳島をあとにした船は、波静かな瀬戸内をすべるようにはしっていく。訪ね歩いた島じまの思い出が鮮やかによみがえってくる。

島をあとにした塩飽の人びとがまちに刻みつけた足跡は、やがて、歴史の渦に沈み消えていくのかもしれない。

そのまま島にもどらずまちに住みついた人びとが、子や孫たちに世代をゆずりわたすことがくりかえされている。そしてこの海に育まれた血がしだいにうすらいでゆく中で、次代を引き継いだ者たちは、親や祖父母たちの歩んできた跫《あしおと》をどのように聴きわけていくのであろうか。かれらは、これからまちでどのような歩みをみせ、どのような暮らしを築いていくのであろうか。

とりとめのない想いが浮かんでは消え、消えては浮かぶ。そうこうするうちに、塩飽の島かげは、はるか海の彼方に遠ざかっていった。

泊と笠島の人名会のこと

榊原貴士

塩飽本島の泊浦の家並　撮影・谷沢 明

下津井を出た丸亀行のカーフェリーは、三〇分の航行をして、泊浦の本島《ほんじま》港に入った。数台の車と五人ほどの乗降があっただけで、船はすぐまた港を出て行った。

塩飽本島を訪ねるのはこれで三度目になる。昨年は同じ研究所の仲間、谷沢明氏と周囲一六キロほどの本島を、阪神方面に出て稼いだという「塩飽大工」にまつわる話を聞いて歩いたのである。

お年寄りから体験談を聞いたり、路上での立ち話しに、「ここはニンミョウの島じゃから……云々」と、一般には聞きなれぬ言葉をしばしば耳にした。その「人名《にんみょう》」は本島だけでなく、塩飽諸島全体の歴史と深く関わってきたらしい。

「塩飽人名制」の生い立ちなどは特集本文に譲ることにしてこの稿では繰り返さない。だが、話を聞くうち、驚いたのは、本島の泊と笠島には今でも、「人名会」があるということであった。

一体、どうして現在も人名会があるのだろうか。そんな疑問がわいていた。そこで、今度の旅では現代の「人名」と「人名会」について詳しく知りたいと思った。

船の着いた本島港から南海岸に沿って歩き、泊集落のはずれまできて、そこから北へ延びた細い路地を抜け、入江幸一さん宅の玄関のベルを押した。二月中旬の晴れた日で、瀬戸の風にのって白梅の薫りがした。

*

入江幸一さん（大正九年生れ）は、昨年お世話になった方で塩飽の歴史に詳しい。また人名の後裔でもある。

「もともと人名の株は塩飽諸島の各集落に配分されておったのでして、江戸時代までは世襲が普通でした。それが明治時代になると、売買されるようになり、今では元は誰の株であったものか判らなくなっているものもあるんです」

明治時代を迎え、海の権利や共有山の持ち方などは、人名の島としての旧い慣習をある部分で、踏襲したところがあった。

特に、塩飽と海をへだてて対峙する下津井四カ浦の漁民達は、人名に入漁料を支払ってでも塩飽の海で操業せねば生活が成り立たなかった。地先のほとんどが塩飽に占有されていたからである。

そして、塩飽の海からあがる入漁料の配当を基に明治のいつ頃かはっきりしないが、泊人名会の任意団体として、金融を目的とする「同胞《どうほう》会」を経営したのである。

ところが、人名の株を担保に借金をし、返金できない人もでてくる。その株が同胞会持ちになる。その株を、明治以降になって本島に住みついた人で、人名の株を欲しがる人に売却したため、Aの株をBが買い、Bの株がCに渡るなどしているらしい。

入江さんが隣室から帳面を一冊取り出してきて、私の前にひろげた。なんでも、配当金をわけた際の帳簿で、持ち株の記載があるという。

*

「このとおりです」

泊人名会の共有山の小坂山。昭和58年の山火事で焼け、地肌や花崗岩が露出している　撮影・榊原貴士

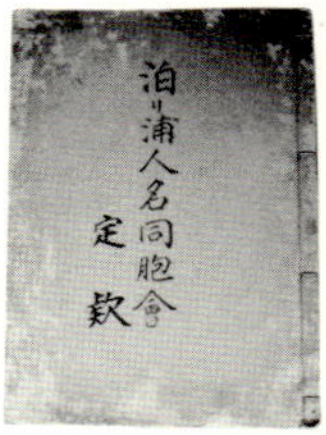

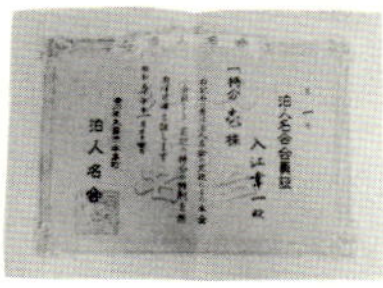

泊の人名会の定款（上）と持株数が記された会員証（下）
撮影・榊原貴士

指さされたところをみると、まれに二株持、三株持の人もいるが、大半が一株持である。何より驚いたのは、一・二株、〇・四株、〇・二株などと記載のある分持《ぶもち》の人名（会員）の存在だった。「人名株」一株をさらに分割し、分で持つとは、思いがけない所有の仕方だ。なるほど、現在の会員がそのまま昔からの人名（塩飽全体で六五〇株、泊では九〇株）とは限らない。それでいて、会員数は江戸時代の人名株数九〇と同数であるという。

さて、本島の人名の共有山は江戸時代から、泊九〇町歩、笠島百町歩程（本島全体の約三分の二に相当）ある。その分配や維持の仕方に、明治以後も人名の島として歩んだ歴史の名残をみせる。

泊の場合、明治以降人名の株と同様、売買されるようになり、現在は約五〇町歩程になっている。それに対して、笠島の場合は今日までほとんど減っていない。というのは、入江さんによれば、笠島人名会の共有山には昔から「本島石《ほんじまいし》」という花崗岩の石材が産出し、その石丁場《いしちょうば》（採石場）が幾つもあったため、そこから山手《やまて》料という収入が相当あったらしい。石丁場がなくなった現在でも、土地の借り主があるので、そこから賃貸料が人名会に入るのである。

泊人名会の場合、石丁場のような共有山からの収入がない。そこで、山に植えた黒松を盆栽の種木として売ったものだという。

本島の山は全体に土地が、やせていて、植えた松が伸びず、それがかえって盆栽には向いていた。盆栽の生産地として有名な鬼無《きなし》（高松市）あたりから毎年買い付けに来ていたという。

しかし、その収入は泊人名九〇株に配当するほどにはなく、もっぱら人名の共有山にかかる税金の支払いに用いたり、人名会の年に一度の総会の飲食代くらいで、それも昭和五八年九月五日小坂《こさか》山の山火事で全く入らなくなったという。

最近、小坂から生《いき》ノ浜にかけて道がぬけることになった際、人名の共有山を売却し、その金を、泊人名会九〇株に一株二〇万円ずつ配当したのが久しぶりという。

また、人名の共有山とは別に、分山《わけやま》といって山を縦に細長く分け、自家用の薪炭を取るために昔から個人持ちになっている所は、人名の株と一緒に売買されているという。

人名の共有山などの売却に際しても、笠島はあくまで人名の共有ということになっていて、売却そのものが困難であるが、それに対して泊の場合は代表名義人の印判ひとつで売却が可能だったらしい。

同じ「人名会」といっても泊と笠島とでは株の持ち方や、配当の仕方が大分違ってきているようだ。

＊

ところで、「人名」という江戸時代の封建制下でも例外的な身分の人たちは明治維新・版籍奉還を迎えて、どのような新しい身分に組み込まれていったのだろうか。

「あの時分の人名には、士族という意識があったのでしょうか。士族には明治政府から金がでているので、塩飽の人名たちは自分らも貰いたいと、村長を筆頭に政府筋に陳情して、一回は金を貰ったらしいんですが、後は陳情しても駄目だったようです。結局、身分としては士族になれず平民になったようです」

人名は明治という新しい国家体制の下では、平民となったわけだが、それは彼らの身分と組織体が法的、制度的に変化したのであった。そして、塩飽の人名全体による「島中《とうちゅう》会」を組織した。

その島中会も、

「本島の勤番所に、人名（旧人名）が集合していたのは、私の記憶では昭和の初め頃であったと思います。それも、塩飽各島の代表者だけが集まり、懇親会の様なものになっていたようです。しかし、はっきりとは判りません」

入江さんは判らないことは判らないとするお人柄で、知ったかぶりは決してされない。

奥さんが頃あいをみて、出してくれた熱いコーヒーを飲みながら話がはずむ。

第二次世界大戦後、塩飽の人名たちに大きな変化がおとずれる。江戸時代以来、大きな収益をあげ続けた塩飽の海での特権が、国債と引きかえに一度政府に移り、政府からさらに漁業組合に移ったものだそうだ。「農地解放」と同様な推移である。つまり漁場からの配当金は全く人名の手に入らなくなったのである。

そのころ、泊の「同胞会」も幾分持っていた土地を処分し、解散している。泊人名会自体もそれまで明文化した規約もなく、人名の株券もなかったものをあらたに作成して会も新しく出発しなおす時期であったといえる

漁場からの配当金がなくなると、塩飽中の人名が集まり、相談することも特になくなったという。配当金など会を維持する経費があるうちは、皆で酒を飲んで浄瑠璃を謡ったりで相当派手に会を開いたらしいが、自分持ちの寄合いまでは、やらなくなった。

それに、塩飽諸島が行政的に分断され、本櫃石《ひついし》島・岩黒石・与島・小与島が坂出市、本島・牛島・広島・手島・小手島が丸亀市に、佐柳島・高見島が多度津町、そして人名の島ではないが志々島・粟島が詫間《たくま》町などに属すようになると、島と島を結ぶ交通が途絶えてしまった。

「それでも、戦後のある時期までは、島を巡って郵便物を集配する船便がありよったが、それもなくなると、繋がりが切れてしまって、わざわざよその島から勤番所へくるゆうたら船を雇わなくてはならないし、それだったら丸亀へ集まったほうが便利がいいということになって……」

本島の郵便局長をしていた入江さんの話が熱気をおびだす。

「もちろん、郵便船といったって、それがそうそう交通の便に使われた訳じゃありません。朝行って、晩に帰ってくるだけの一日一便ですから」

話は現代の「人名会」に及ぶ。

「人名の株はあくまで長男が相続します。しかし、その人たちの多くは本島から出ているので、現在、人名会の定款には本島在住者に限るとしたんです。ところが、現実に他所《よそ》に行っている人も、本島に家もあれば土地もあるので、その人たちは今でも会員になっとる訳です。人名の株を譲渡する場合でも、新しい資格者は本島に住んでいて、昔からのつながりのある人でないと……。全くの他人さんは駄目だぞ、ということにしている訳なんです」

泊同様、人名会を持っている笠島との違いについて尋ねてみた。

「笠島の人名会とは特に交流はないです。歴史的にはむしろ対抗的で、人名の共有山にしても、泊のはずれまでが笠島人名会で、泊から西のはずれのカブラ岬までを泊人名会が持ち、本島全体の三分の二くらいを両方の人名会で占めているんです。人名の株数にしても、塩飽全体の六五〇株の本島分三〇六株のうち、笠島七八、泊九〇、甲生《こうしょう》一六、大浦二三、福田二六、尻浜四〇、生ノ浜三三ですから、株数にしても丁度ライバルなんです。以前は宮ノ浜の八幡様（本島の氏神）の御神輿さんでも、前が笠島で後ろが泊で、どちらが強かったとかね、いろんな事で対抗し、境の争いをしたりもしました。最近はそうしたことはなくなりましたが」

入江さんは一息入れて、言葉をついだ。

「それから泊と笠島では、性格的にもなんとなく違うように思うです。強いて言えば山陽と山陰みたいな違いがある。こちらは比較的明るいというか、あけっぱなしで……、笠島の人のほうがどうも、人間がしっかりしているように思います。それが人名会の形態の違いにもでてきていて、共有山にしても、泊が代表者の名義にしているのに対し、笠島はあくまで人名が共有して持っている。そのため、泊は財産を減《へ》らし、むこうは持ち伝えてきているのではないですか」

同じ本島の人名会ではあっても、その性格には隔たりもあるようだ。

泊人名会の総会について聞くと、

「ええ、年一度必ず開きますが、泊の場合は懇親会のようなものです。毎年四月から五月

くらいにやります。鯛や鰆《さわら》のとれる時期に、それでちょっとばかり酒を飲もうということで……」

と、入江さんの端正な顔がついほころぶ。そして、いつもの実に穏やかな話しぶりに戻って、

「戦争当時は、人名の特権意識はもう薄くなっていましたね。私よりもうひとつ前の時代のように、人名でないと村の寄合いに参加も出来ないようなことはなくなっていました。大正の初め頃までは人名の株の配当金も相当あった時代ですし、ウチの親父なんか沖で網をやっとったら、行って魚でも貰ってくるような……、自分が何か特権的なものを持っていることを意識していたようですし、その時分には、お祭りにしても儀式に参列するのは人名の人たちでないと駄目だというような事があったりしましたから……。もう私の時代になるとそれはなくなっておりまして、だから今まで気持のうえでの大きな変化はありませんでした。もう一世代前の人名の人ならば、終戦時など余程ショックに感じたでしょうけど、私の子供時分は人名なんて知らんかったくらいで、人名だぞ、などという意識はなかったですよ」

あっさりとした受け答えであった。

全く「人名」としての気負いなど微塵も感じられない人なのである。

「ですから、人名、人名いいますが、むしろ最近になってからのことでして……。この頃は観光のほうに人名が利用されるような形でして……。まあ、ちょっとニンミョウとは普通読んでくれないですよ。ジンメイとは何んのことかと」

声をたてて入江さんは笑った。

＊

入江さんの紹介で、役所勤めのかたわら「笠島人名会」の理事長を十数年していた小崎和夫さん（明治四一年生れ）を訪ねた。

「まあ、知っていることだけで、そういうことじゃったら……、お上りなさい」

火鉢をはさんで対座した。立春の過ぎた瀬戸内の島ではあるが、部屋の中にはまだ余寒があって、手を焙りながら話を聞いた。

「笠島の人名の株数ですか。全部で七八株が本当ですが、七株ほど人名会預かりになっています。株の売買は終戦直後はあったんですが、この頃は全くありません。会員の中には売りたい人もあるかも知れんが。まあ、そういう声もたまに聞きますから。しかし、現に株の売り買いがないので株の相場がたたんのです」

終戦直後は当時の金で、一株二～三万円の相場で取引があったらしい。

人名株は、あくまで七八分の一株であり、泊の人名会のような分持株は笠島にはない。

人名会の総会は泊同様年一回、五月に開かれ、今年の場合、一株あたり三万円程の配当があるらしい。すべて、人名の共有山からのものであるという。

「昔から人名の共有山があるんです。そこに昭和二〇年頃まででしょうか、本島石（花崗岩）の石丁場（採石場）があったんですわ。地形石《ちぎょういし》や路面電車の軌道敷に相当多く出したんですわ。石丁場は笠島の人名の共有山に一〇ヶ所くらいありました。そこから、山手《やまて》といって、一人前に働く採石工の人数によって一定の金額が人名会に入った。それに薪炭をとる木も売りよった。元は、それだけの金を人名に配当したんですわ」

今年一株三万円ほどになるという配当について聞くと、まず、二〇年程前に市の斡旋で、人名の共有の向笠《むかいかさ》島（向島）の八町歩ほどの土地を、和歌山県の泉南カントリークラブに売却した金が、四百万円ほどそっくり銀行に預けてあり、その利子が三年目くらいに一株に一万円ずつ渡るほどになるのがひとつ。本島港のそばにあるクルマエビの養殖池（塩田跡）も持っていて、四国化成に貸していた。そこからの賃貸料が年間一四二万円。つまり、会員一人一株あたり二万円になり、計三万円になるという。

これも、当初会員一人に配当が一万円になればいいと最近まで七一万円で貸していたものらしい。それを一人二万円になるように倍に値上げをしたのである。

人名の共有山の売買については、

「笠島にも泊同様個人持ちの分山はあるんで

人名中による大正5年の尾上神社再建寄附金の標石　撮影・谷沢 明

名の共有山は人名全員の判がいるから、某人名から売ったと、いちいち契約書を交している。向笠島の売却の場合もそうです」

と、いわれる。人名の共有山といっても与島や広島では、すでに大分以前に個人に分けてしまっているらしい。

泊の入江さんに聞いてもよく判らなかった「島中会」については、

「さあ、いつの頃か判りませんなあ、昔は鯛の漁場なんかの入漁料も島中会に納めよったんです。そうじゃろうと思う。島中会というのはあったことはあったんです」

と、小崎さんの話からも「島中会」の詳しい内容は判らなかった。

泊の入江さんに人名の株券をみせてもらっていたので、小崎さんにも頼んでみる。

「人名の権利書ですか、私の親父の名前のある明治二三年頃つくった書類があるはずですが……」

笠島の場合は泊のように個別の株券にはなっていないので、現在の理事長が代表で保管しているとのことだ。こんなところにも泊と笠島の人名会の微妙な違いがでている。

小柄だが元気のいい小崎さんである。その小崎さんに「人名」という言葉が持ってきた意味合いのようなものを聞くと、火鉢の向うで急に背筋をシャンとのばし、

「現在、人名や、なんて言ったら笑われますよ。そんなこと言ったら、それ何んなら、と言われますわ。今までも、他人もそうみてくれんかわりに、自分もそういう気持をあらわすこともなかったんですな……。人名を持っていることですか、特に負担にはなりませんな。また、特に人名をやめようとも思いませんし」

と、泊の入江さん同様、実になんと言うか乾いた答が返ってきた。その理由もまた、

「人名を持っとることで特別なことはないし、人に言いふらして、わしゃ人名持ちぞ、と言うていくほどの値打もなし、あってもなくても現在本島で生きていくには、なーんにも差支えない訳ですわ」

この最後の言葉を胸にしまい込んで、小崎さんのお宅を辞した。笠島の西のはずれにある尾上神社から山道を登った。誰もいない山道をズンズン登った。息が弾んできた。それでもかまわず登り続けた。枯葉を踏みしめる音と、時折小鳥の囀る鳴き声だけがした。

人名として生きてきた人独特の意識や感情があるのかと、はじめ思っていたが、入江さんにしろ小崎さんにしろ実にあっさりと受け流される。それがしかし、現代においては本当なのであろうと、つくづく感じた。

＊

登っている山は笠島の人名の山で、登りきったところに展望台がある。浅い春の夕映えの中に、瀬戸の海と島と、工事中の瀬戸大橋がみえた。

かつて内海交通の要所であった塩飽の海と島を、現代の橋は一直線にまたいで本州と四国を結ぼうとしている。その巨大な工事を行い得る現代が、塩飽の島々やそこに住む人々にどのような影を落していくのであろうか。

遠見山近くの展望台から笠島集落を眺む。集落のむこうの小高い丘は東山。塩飽海賊が砦を築き、沖ゆく船を見張った場所。その砦の麓につくられた集落が笠島で、塩飽海賊の根拠地であった。備讃の瀬戸には本四架橋の瀬戸大橋の完成も真近。橋の下にすっぽりしずんだのは岩黒島。船体を赤と白に塗りわけたフェリーが下津井に向う　撮影・榊原貴士

宮本常一が撮った

写真は語る

山口県周防大島

上　島の東端の伊保田。大島と愛媛県松山市の三津浜を結ぶ船の寄港地。手前には油田小学校の校舎が見え、山肌には段々畑が山頂近くまで開かれている。（昭和30年6月）

左　現在の上の小学校付近。かつて段畑がひらかれた山肌を竹と雑木が覆う。撮影地点へは雑木に覆われて進むことができず、学校の裏山から港を臨むこともできなくなっていた。同行した中尾君は「どこが畑かもうわからん」とつぶやいた（撮影：中尾拓也、平成23年1月）。

宮本常一の故郷・周防大島。宮本はこの故郷の風景を生涯にわたってあきることなく撮りつづけた。十六歳で島を離れて旅に生きた宮本であったが、一連の写真を見ると、いつも故郷周防大島の暮らしを気にかけていたように思える。

写真の中で特に目にとまるのは高台から集落や田畑の様子を写した写真である。「はじめて訪れた場所では高いところへ登れ」と父から教えられたというが、宮本は見慣れたはずの風景さえも何度も山へ登って写している。それは旅から帰る宮本が新鮮な感覚で故郷を見つめていたからであり、少年期を過ごした風景への強い思い入れがあったのかもしれない。

島の東部・伊保田は砂土で、雨量が少ない割に水はけがよく、必ずしも耕作に適した土地ではなかったが、藻や枯れ草をすき込み、作物が育つまでにした。それも一代だけでなく何代もつなぎながら山頂までつづく縞模様の景観を作った。島民の努力に、宮本も感じるものがあったに違いない。この写真をみた周防大島に住む六五歳の男性は、「よくここまで拓いたもんじゃねぇて思う。子どもの頃はどこでもこんな感じだったよ。まぁ生きていくためだったもん。しかし、ようこここまで拓いたもんよね。」と当時の記憶を話してくれた。

久賀の棚田の写真からも人びとの英知が感じられる。野面石を積んで暗渠を通した棚田は海抜二五〇ｍまで開かれている。多くが江戸時代に開墾されたが、

城山小学校付近の段々畑。所々にミカンが植えられてはじめている。
まだ水田やイモ、ムギの畑も多く見うけられる。（昭和35年1月）

人手を必要とする田植えはみんなが協力しあって行った。周防大島
ではこの手間替えを「コウロク」といった。（昭和32年5月）

久賀東部の山中にひらかれた棚田の石垣。久賀からは腕利きの石工が多く輩出された。後に久賀の棚田にもミカンが植えられていく。（昭和35年1月）

かつて水田であったところに植えたばかりのミカンの幼木。代々受け継いだ水田をミカン畑に換えることに抵抗を感じる人も少なくなかったが、地域が一体となって作付けの転換を行ったという。（昭和35年4月）

最も古いものでは鎌倉末期に作られたと言われる。石工たちの技術の確かさと田を守った人びとの営みを物語る写真である。一見すると何でもない石垣も先人たちの工夫の跡が刻まれているのである。

田植えをする姿も印象的である。機械化される以前の田植えは、腰をかがめて苗を一摘みずつ植えていき、実に骨の折れる仕事であった。しかし、宮本は「田植えは私には楽しいものであった。麦刈から田植えまでの間は実にいそがしい。しかも泥田の中で働くので疲れる。しかしその時期にはどの田にも人が出ていた。そしてみんな力いっぱい働いた。」（『私の日本地図9周防大島』）とその思い出を綴っている。共同体としての営みがそこにあったのだ。

昭和三〇年代半ばになると、その段々畑や水田にミカン木が植えられていく。先祖から受け継いだ水田をミカン畑に変えるには相当の抵抗があったという。米は今とは比べものにならぬほど貴重であったし、何より水田を開いて耕作した誇りがあったからだろう。それでも、地域が協力して作付け転換を行いミカンは島の特産品として売り出されるようになる。宮本が撮ったミカンの幼木の写真には、時代の変化を受け入れて何とか生活の向上を図る島民の思いが込められているのではないだろうか。

変化を記録しているといえば、海岸線が埋め立てられて防波堤が築かれる写真もある。埋め立てによって、家々の屋根を波が洗うようなことはなくなった。自動車の通るバイパスが整備されて軒先をかすめていたバスも悠々と通るようになった。一方で子供たちの遊び場で、

長崎の干潟を埋め立てて新たに波止と道を付ける。現在は道幅も広くなり、さらに埋め立てが進んで公共施設が建ち並んでいる。(昭和37年11月)

アサリや雑魚もとれた豊かな干潟は失われた。宮本は「このようにして人は自然から遠ざかってゆくのであろうが、そうしなければすまないような自然の変化、人の世の変化がそこにあった」(前掲書)と書き残している。埋め立ての進む防波堤で往時を懐かしみながら海を眺める老人が写真に写っている。宮本は老人の佇む姿に自らの思いを重ねながらシャッターを切ったのかもしれない。

宮本常一が亡くなって三〇年。人口減少と高齢化によって島の風景も大きく変わっている。昭和三〇年代に四万人を超えていた人口は現在二万人を切った。特に一次産業従事者の人口減少は著しい。周防大島文化交流センターでは、昨年から地域の人たちと一緒に宮本が撮影した写真の場所をめぐるフィールドワーク「古写真の風景をあるく」をはじめた。同じ場所を、できるだけ同じアングルで撮影し、また写真にまつわる聞き書きもしていこうという試みである。歩いていると、かつて山頂付近まで拓かれた段々畑や棚田が竹に覆われ、ミカンの木々をツタが覆っている様子をしばしば目にする。これから島を豊にしてゆくにはどうしたらいいだろう。写真が語る島の戦後史をたどりながら、みんなで話し合う機会になればと思っている。

(高木泰伸)

著者あとがき

「三原」のころ

香月洋一郎

『あるくみるきく』の「三原」の特集号は、当時宮本先生が監修され、武蔵野美大の生活文化研究会が受けていた『三原市史　民俗編』の作製作業のいわば副産物的な性格をもつ。地元の執筆者であった平田守氏の原稿（本巻では割愛）をのぞけば、ほかの九人の執筆メンバーは、みなこの自治体史の調査に関わっていたからである。この仕事は、本文にあるように三原駅前の取り壊し寸前の棟割長屋を調査基地として進めた。当時二十代半ばの私は、現地主任的な立場で、足かけ三年――通算すれば一年半ほど――、その長屋に、迷い込んできた十五匹の野良猫とともに住むことになる。

　私が三原に出発する少し前、「ここが君にとって初めて目の詰んだ調査をおこなう土地になる。それがどういう意味をもつことになるのか、今のわしにもそれはわからんよ」、そう宮本先生が言われた。三原では、よくその言葉を思い返していた。

　フィールドワークとは、それにたずさわるひとりひとりの次元でみれば、私的な一面をずっと引きずっていく作業のように思える。あるくことを始めた頃に、彼、もしくは彼女が多少なりとも目の詰んだ歩き方をした土地での体験は、その後その人が地域の文化を考えていく際のひとつの柱になっていく。もとよりその後さまざまな土地を歩き、調査の体験を重ねていくことで、初期のその体験は相対化されていくのだが、相対化されつつも、ある座標軸となってその人のなかに生きつづける。宮本先生の言葉の意味のひとつ――いくつかの意味がそこには含まれているように思う――はそうしたことであろう。

　だから、今から振り返ると、四十年近く前の三原という場所での時間は、近いようで遠い。私のなかのどこかには息づいていることを認めざるをえないのだが、あの時の体験をいく度も咀嚼しなおし、解釈しなおす時間は十分に流れている。

　現在、三原駅前は往時とはすっかり変わっている。長屋のあった場所を特定することすら困難なほどに。しかし、変わっていくもののみを追いかける目で見れば、眼前に展開するのはせわしないほどの変化の相貌のみであろう。本当にこの土地は変わったんだろうか、いや、そもそも「変わる」ってどういうことなんだろう、と問いをシフトしなおせば、私は、あいかわらずあのころの自分のままのような気もする。だから遠いようでも近い。

　と、勿体をつけて書いてきても、これは単に、それなりに年を食った、の一言に置き換わる感懐かもしれないのだが。

（なお、この「あるくみるきく」の三原特集号は、刊行当時、三原を扱った部分のみを別冊として編みなおし、いわばご当地向けのバージョンとして刊行したという珍しい号でもある。この別冊はたしか八百部か千部刷り、完売したのでさらに二百部を増刷した。その間、熱心な三原の読者から誤字、脱字の指摘が相つぎ、正誤表とさらに正誤表の続編をつくってはさみこんで販売したという、なんとも恥ずかしく申し訳ない思い出がある。今回、本巻の刊行にあたっては、それらのミスはすべて訂正していることを付記しておきたい。）

町衆の町―久賀を歩いて

今石みぎわ

本巻に収められている宮本常一氏の「町衆の町―周防大島郡久賀」は、氏の故郷である周防大島東和町の隣町、久賀について綴った思い出の記である。久賀の町誌編纂や民具収集運動を通じてこの町と交わることで、宮本氏は故郷における隣町という以上に深く、久賀を愛していたように思われる。

手記は宮本氏がまだ幼少の頃、祖父に連れられて徒歩で三蒲（旧大島町）の寺まで願掛けに参った思い出から始まっている。生家のある東和町から歩いて西を目指せば、東郷垰《たお》が久賀の入り口となる。この垰に立ち、眼下に広がる久賀の町を初めて目にした宮本少年は、なんと広い所であろう、と驚いたという。周防大島東部の人々にとって町といえば久賀であった時代は久しかったのである。

今、垰には竹が浸出して通り抜けは難しい。それでもピークを少し下ると、木々の間に久賀の町を眺望することができる。町は海の青さに沿ってゆるやかにカーブしながら、長くきちんと伸びている。その佇まいは清爽としていて、この町で出会った人々を思い出させた。宮本氏が讃した人々の気質―生活を大切にし誠実に生きる姿や人なつっこさ―といったものは現在でも健在なのだった。

垰のある東郷山は岩山で水田耕作に適さなかったが、東郷垰の谷筋にだけは棚田が拓かれていた。今ではその田にも杉やミカンが植えられ、あるいは放棄されて竹が繁茂しているが、律儀に積まれたままの石垣と、造りこまれた石の水道によって往時の姿を偲ぶことができる。荒れた杉林を突っ切って水道の暗い横穴を覗くと、奥にはまだ細く水が流れているのだった。久賀は水の町でもあったのだ。

久賀には近世に築かれたという水路がはりめぐらされ、海に沿って拓かれた町の背後には一面の水田が広がって灌漑や生活用水のための溜め池も方々に口を開けていた。町の人によれば、こうした池の傍らには必ず地蔵や墓地などがあって、参拝のついでに、池のちょっとした補修と管理も行なったものという。宮本氏は自然と共に生き抜くためのこうした技や知恵、そして人々の労苦を愛し、その姿を何十枚もの写真に残している。そうしたものも、現在ではほとんどが埋め立てられて宅地の下となった。水田がミカン畑に変わり、それすら放棄されようとしている今、石の水道や溜め池はひとつの役割を終えたのである。

氏の手記や写真を手にこうして町を歩けば、半世紀の時を経て変わったもの、変わらないものが眼に鮮やかである。この町には今でも「宮本先生」の印象が色濃く残っていて、人々は顔をほころばせて、たくさんの思い出話を聞かせてくれる。宮本氏がこの町を愛したように、人々もまた氏をあたたかく迎えたのだ。しかしそうした面影も、やがて時とともに薄れよう。

宮本氏が創刊して監修を勤め、時には自身が執筆した月刊誌『あるくみるきく』は、昭和という激動期を生きた人々の暮らしのひとコマひとコマを映しとったものだ。その膨大な手記や写真は、過去を訪ね、時代の変遷を辿り、あるいは日本の今や未来を考えるための優秀な手引書となる。収録再編されて生まれ変わったこの『あるくみるきく双書』を手に、もう一度ひとつひとつの地を訪ね、その今の姿を記録しておきたいものだと思う。

著者・写真撮影者略歴（掲載順）

宮本常一（みやもと　つねいち）
一九〇七年山口県周防大島の農家に生まれる。大阪府立天王寺師範学校卒。一九三九年に上京、澁澤敬三の主宰するアチック・ミュージアム所員となり、戦前、戦後の日本の農山漁村を訪ね歩く。民衆の歴史や文化を膨大な記録、著書にまとめると共に、地方の住民たちと膝を交えて語り、地域振興に尽力した。一九六五年、武蔵野美術大学教授に就任。一九六六年、後進の育成のため近畿日本ツーリスト（株）の要請で日本観光文化研究所（観文研）を創立し、翌年より『あるくみるきく』を発刊。一九八一年、東京都府中市にて死去。著書『忘れられた日本人』（岩波書店）、『日本の離島』『宮本常一著作集』（未來社）など多数。

工藤員功（くどう　かずよし）
一九四五年、北海道生まれ。武蔵野美術短期大学芸能デザイン学科専攻科修了。一九七二年より日本観光文化研究所所員となり主に民具調査・収集に従事。一九八九年より武蔵野美術大学美術資料図書館民俗資料室専門職。現在、武蔵野美術大学非常勤講師。著書に『日本の生活と文化6　暮らしの中の竹とわら』（ぎょうせい）、共著に『琉球諸島の民具』（未來社）、『絵引 民具の事典』（河出書房新社）などがある。

相沢韶男（あいざわ　つぐお）
一九四三年茨城県水戸市生まれ。武蔵野美術大学建築学科卒。宮本常一の教えを受け、日本観光文化研究所に入り、福島県南会津郡下郷町の大内宿の保存運動にかかわる。武蔵野美術大学教授（民俗学・文化人類学）。著書に『大内の暮らし』（ゆいでく有限会社）がある。

青柳正一（あおやぎ　しょういち）
一九五〇年東京都生まれ。明治大学卒業。青柳事務所代表、編集・町づくりプランナー。日本観光文化研究所では読者交流会「あむかす集会」の講座・野外実習等の企画運営、『あるくみるきく』の編集に携わる。著書に『学校給食は教育なのだろうか』『本当の牛乳を飲みたい』『ゴミを出さない暮し』などがある。

田村善次郎（たむら　ぜんじろう）
本巻の監修者。略歴は監修者欄に記載

香月洋一郎（かつき　よういちろう）
一九四九年福岡県生まれ。一橋大学社会学部卒業。日本観光文化研究所所員を経て、一九八六年から神奈川大学経済学部助教授、日本常民文化研究所所員。一九九五年から〇九年まで同教授。専攻民俗学。著書に『景観のなかの暮らし―生産領域の民俗』、『山に棲む　民俗誌序章』（いずれも未來社）『海士のむらの夏―素潜り漁の民俗誌』（雄山閣）訳書に『ハワイ日系移民服飾史―絣からパラカへ』（平凡社）など。

赤井夕美子（あかい ゆみこ 旧姓町井）
一九四七年三重県生まれ。長崎県で育つ。武蔵野美術短期大学専攻科卒業後、宮本研究室にて緊急民具調査に従事。後に三鷹きもの学院講師として転出し教科書・会報の発行及び編集に携わる。現、（株）東京プランニングセンターにて医学会関係の運営・設営に従事。共著　に『三原市史第七巻民俗編・衣生活』『広島県史民俗編・衣生活』など。

印南敏秀（いんなみ　としひで）
一九五二年愛媛県生まれ。武蔵野美術大学卒業。愛知大学教授（民俗学）。日本観光文化研究所に参加。現在、食文化、入浴文化、日本の沿海文化等の研究に勤しんでいる。著書に『京文化と生活技術』（慶友社）、『里海の生活誌』（みずのわ出版）、『島の生活誌』（山口県東和町）などがある。

小林　淳（こばやし　じゅん）
一九五二年神奈川県相模原市生まれ。武蔵野美術大学商業デザイン科卒業。大学で宮本常一と出会い、民俗学を志す。日本観光文化研究所では三原市史民俗編や奥会津地方の民俗調査に参加。また周防猿回しの会の設立時には、猿の調教過程を記録し『あるくみるきく』に発表した。その後、海外を目指し一九八二年にインドを経由し、アフリカを目指し旅立ち、現在に至る。

高橋建爾（たかはし　けんじ）
一九五〇年仙台市生まれ。建築士。法政大学建築学科卒業後の二年間、大学時代の仲間と瀬戸内海沿岸の民家調査を行う。日本観光文化研究所で三原市民俗調査や福島県奥会津地方の民俗調査に参加した後、仙台に帰郷し建築設計事務所に勤務。二〇〇八年に独立し設計事務所を開設し、現在に至る。

神崎宣武（かんざき　のりたけ）
一九四四年岡山県生まれ。旅の文化研究所所長。宇佐八幡神社（岡山県）宮司。日本観光文化研究所では民具や食文化の調査を行なう。著書に『盛り場のフォークロア』（河出書房新社）、『江戸の旅文化』（岩波書店）、『しきたりの日本文化』（角川学芸出版）など。

香月節子（かつき せつこ　旧姓吉田）
一九四五年福岡県生まれ。武蔵野美術短期大学卒業。元日本観光文化研究所所員。専攻・民俗学。著書・共著に『むらの鍛冶屋』（平凡社）、『鉄と火と技と―土佐打刃物の今―』（未來社）、『土佐打刃物―伝統的工芸品産地指定にともなうプロセスと活動報告』（編著　高知県土佐刃物連合共同組合）、『日本刀松田次泰の世界』（雄山閣）など。

朝岡康二（あさおか　こうじ）
一九四一年京城に生まれる。東京芸術大学卒、同大学院修了。沖縄県立芸術大学教授、国立歴史民俗博物館教授・同民俗研究部長を経て、沖縄県立芸術大学学長、人間文化研究機構理事を務める。日常の生活文化、なかでも鉄器文化の調査研究に従事する。著書に『鍛冶の民俗技術』『鉄製農具と鍛冶の研究』『鍋釜』『日本の鉄器文化』などがある。

森本　孝（もりもと　たかし）
一九四五年大分県生まれ。立命館大学法学部卒。日本観光文化研究所所員を経て、平成元年からＪＩＣＡ専門家として発展途上国の水産・漁村振興計画調査に従事。この間、水産大学校教官、周防大島文化交流センター参与等を務めた。著書・編著に『舟と港のある風景』（農文協）、『鶴見良行著作集フィールドノートＩ・II』（みすず書房）、他がある。

須藤　護（すどう　まもる）
一九四五年千葉県生まれ。武蔵野美術大学建築学科卒。日本観光文化研究所員、放送大学教員を経て、現在は龍谷大学国際文化学部教授（民俗学）。著書に『暮らしの中の木器』（ぎょうせい）『東和町史各論編4―集落と住居』（東和町教育委員会）、『木の文化の形成―日本の山野利用と木器の文化』（未來社）などがある。

谷沢　明（たにざわ　あきら）
一九五〇年静岡県生まれ。法政大学大学院修士課程修了。博士（工学）。日本観光文化研究所所員を経て、現在、愛知淑徳大学交流文化学部教授。著書に『瀬戸内の町並み―港町形成の研究』（未來社）、『楢川村史』（共著）、『瀬戸田町史』（共著）、『東城町史』（共著）などがある。

榊原貴士（さかきばら　たかし）
一九五〇年東京都生まれ。日本観光文化研究所では、マチの民俗研究や『あるくみるきく』の編集・執筆に従事した。放送大学元非常勤講師。著作（私家版）に『評伝　鳥居龍藏・甲野勇・八幡一郎・鹿野忠雄・国分直一・宮本常一』、『日本映画にみる庶民生活史（暮らしと生活用品を中心として）』などがある。

高木泰伸（たかき　たいしん）
一九八一年熊本県山鹿市生まれ。広島大学大学院文学研究科博士課程前期修了。二〇〇九年四月より周防大島文化交流センター学芸員。福山市史編さん専門委員、山口県史編さん調査委員。編著書等に『宮本常一農漁村採訪録12淡路沼島調査ノート』（周防大島文化交流センター）、『宮本常一離島論集』第五巻（みずのわ出版）他がある。

今石みぎわ（いまいし　みぎわ）
一九七九年広島県生まれ。東北芸術工科大学大学院にて民俗学を学ぶ。芸術工学博士。二〇〇九年十一月より周防大島文化交流センター学芸員。一一年四月より東京文化財研究所研究員。論文に「削りかけ状祭具にみる人と樹木との関わり」（『民具研究』一四一号）、「宮本常一が語る菅江真澄」（『真澄学』六号）など。

監修者略歴

田村善次郎（たむら　ぜんじろう）
一九三四年、福岡県生まれ。一九五九年東京農業大学大学院農学研究科農業経済学専攻修士課程修了。一九八〇年武蔵野美術大学造形学部教授。武蔵野美術大学名誉教授。文化人類学・民俗学。
大学院時代より宮本常一氏の薫陶を受け、国内、海外のさまざまな民俗調査に従事。『宮本常一著作集』（未來社）の編集に当たる。著書に『ネパール周遊紀行』（武蔵野美術大学出版局）、『棚田の謎』（農文協）ほか。

宮本千晴（みやもと　ちはる）
一九三七年、宮本常一の長男として大阪府堺市鳳に生まれる。小・中・高校は常一の郷里周防大島で育つ。東京都立大学人文学部人文科学科卒。山岳部に在籍し、卒業後ネパールヒマラヤで探検の世界に目を開かれる。一九六六年より近畿日本ツーリスト・日本観光文化研究所（観文研）の事務局長兼『あるくみるきく』編集長として、所員の育成・指導に専念。
一九七九年江本嘉伸らと地平線会議設立。一九八二年観文研を辞して、向後元彦が取り組んでいた「（株）砂漠に緑を」に参加し、サウジアラビア・UAE・パキスタンなどをベースにマングローブについて学び、砂漠海岸での植林技術を開発する。一九九二年向後らとNGO「マングローブ植林行動計画」（ACTMANG）を設立し、サウジアラビアのマングローブ保護と修復、ベトナムの植林事業等に従事。現在も高齢登山を楽しむ。

あるくみるきく双書
宮本常一とあるいた昭和の日本 5 中国四国 2

2011年6月25日第1刷発行

監修者　田村善次郎・宮本千晴
編　者　森本　孝

発行所　社団法人　農山漁村文化協会
郵便番号　107－8668　東京都港区赤坂7丁目6番1号
電話　03（3585）1141（営業）　03（3585）1147（編集）
FAX　03（3585）3668
振替　00120（3）144478
URL　http://www.ruralnet.or.jp/

ISBN978－4－540－10205－9

印刷・製本　（株）東京印書館

郷土の歴史・文化・資源を生かし内発的地域振興策を考える農文協の本
＜中国四国＞

ムラは問う―激動するアジアの食と農
中国新聞「ムラは問う」取材班著
B6判　232頁　1524円＋税

中国山地の限界集落を取材し、ムラ崩壊寸前の実情と、崩壊を食い止め、ムラと農を再建させようとする人々の懸命の努力を描く。さらに東アジアの食と農を取材し、グローバル化の危険を訴える出色のルポルタージュ。

舟と港のある風景
森本孝著
四六判　400頁　2762円＋税

昭和40年代後半から50年代に、下北から糸満まで津々浦々の漁村を訪ね、海に生きる人々の暮らしの成り立ちや知恵、文化を聞き書きした珠玉のエッセー。伝統漁船、漁具、漁法等の一級資料でもある。

吉野川事典
(財)とくしま地域政策研究所編
A5判　342頁　3048円＋税

川が産業と暮らし、文化と自治、人・物・情報のネットワークを育て、地域個性を産み出した典型が吉野川。約400項目を一般読者に読めるように解説。自然を軸にした地域づくり、流域交流、地域学習を支援する。

小さい農業―山間地農村からの探求
津野幸人著
B6判　224頁　1762円＋税

島尾文学を生んだ南海の離島・奄美。その地元紙のコラム「奄美春秋」から精選した心洗われる珠玉のエッセー。島民と同じ目の高さで人と四季の営みを描き「中央」を相対化する。

日本の食生活全集　全50巻
各巻2762円＋税　揃価138095円＋税

各都道府県の昭和初期の庶民の食生活を、地域ごとに聞き書き調査し、毎日の献立、晴れの日のご馳走、食材の多彩な調理法等、四季ごとにお年寄りに聞き書きし再現。

地域資源を生かし文化を培った食生活の原型がここにある。

●鳥取の食事　●島根の食事　●岡山の食事　●広島の食事
●山口の食事　●徳島の食事　●香川の食事　●愛媛の食事
●高知の食事

江戸時代　人づくり風土記　全50巻（全48冊）
揃価　214286円＋税
各巻定価4286円＋税

地方が中央から独立し、侵略や自然破壊をせずに、地域の風土や資源を生かして充実した地域社会を形成した江戸時代、その実態を都道府県別に、政治、教育、産業、学芸、福祉、民俗などの分野ごとに活躍した先人を、約50編の物語で描く。

●鳥取　●島根　●岡山　●広島　●山口　●徳島
●香川　●愛媛　●高知

写真ものがたり　昭和の暮らし　全10巻
須藤功著
AB判　240頁　各巻5000円＋税
揃価50000円＋税

高度経済成長がどかどかと地方に押し寄せる前に、全国の地方写真家が撮った人々の暮らし写真を集大成。見失ってきたものはなにか、これからの暮らし方や地域再生を考える珠玉の映像記録。

①農村　②山村　③漁村と島　④都市と町　⑤川と湖沼
⑥子どもたち　⑦人生儀礼　⑧年中行事　⑨技と知恵
⑩くつろぎ

シリーズ　地域の再生　全21巻（刊行中）
各巻2600円＋税　揃価54600円＋税

地域の資源や文化を生かした内発的地域再生策を、21のテーマに分け、各地の先駆的実践に学んだ、全巻書き下ろしの提言・実践集。

[1]地元学からの出発　[2]共同体の基礎理論　3自治と自給と地域主権　[4]食料主権のグランドデザイン　5手づくり自治区の多様な展開　6自治の再生と地域間連携　[7]進化する集落営農　8地域をひらく多様な経営体　[9]地域農業再生と農地制度　10農協は地域になにができるか　11家族・集落・女性の力　[12]場の教育　13遊び・祭り・祈りの力　14農村の福祉力　15雇用と地域を創る直売所　[16]水田活用新時代　17里山・遊休農地をとらえなおす　18林業―林業を超える生業の創出　19海業―漁業を超える生業の創出　20有機農業の技術論　[21]百姓学宣言
（□巻は平成二三年六月現在既刊）